LA

PLÉIADE FRANÇOISE

Cette collection a été tirée à 248 exemplaires numérotés
et parafés par l'éditeur.

230 exemplaires sur papier de Hollande.
 18   —   sur papier de Chine.

———

EVVRES EN RIME

DE

IAN ANTOINE DE BAIF

SECRETAIRE DE LA CHAMBRE DU ROY

Avec une Notice biographique et des Notes

PAR

Ch. MARTY-LAVEAUX

TOME TROISIÈME

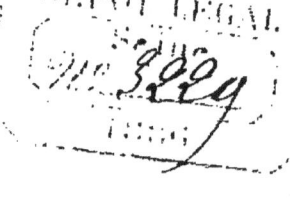

PARIS
ALPHONSE LEMERRE, ÉDITEUR
—
M DCCC LXXXVI

LES IEVX DE

IAN ANTOINE

DE BAIF

A

MONSEIGNEVR LE

DVC D'ALENÇON.

A PARIS,

Pour Lucas Breyer Marchant Libraire tenant sa boutique au second pilier de la grand' salle du Palais.

M. D. LXXIII.

AVEC PRIVILEGE DV ROY.

XIX. ECLOGVES.

TRAGEDIE ANTIGONE.

COMEDIE LE BRAVE.

COMEDIE L'EVNVQVE.

IX. DEVIS DES DIEVX
PRIS DE LVCIAN.

A MONSEIGNEVR

LE DVC D'ALENÇON.

Honorant *selon ma puissance*
De mes dons les Princes de France,
O Sang Royal, Dvc d'Alençon,
Dieu m'en gard, que ie vous oublie,
Vous à qui mon deuoir me lie
Déja de plus d'vne façon.
Quand vous ne seriez que le Frere
De mon Roy, *pourroy-je bien taire*
Vostre nom en mes vers rimez ?
Mais vostre liberale grace
Ie crein trop qu'elle ne me face
L'vn des plus ingrats estimez.
Ie veu me sauuer d'vn tel vice :
Si vous m'auez esté propice
Iusqu'icy, ie vous conuiray
Me l'estre encores dauantage,
Quand au dauant de mon ouurage
Vostre beau nom ie publiray.
A vous, qui de vostre nature
Aimez la gentile écriture,

Qui bien les perſonages fait,
De mes Ieux l'œuure ie dedie,
Où ma Muſe, baſſe & hardie,
Dieux, Roys & Bergers contrefait.
Combien que honteux ie confeſſe
Que bien loin dauant moy ie leſſe
L'honeur des ſiecles anciens,
Qui ont vu les fables chantees
Sus leur ſcene repreſentees,
Aux Teatres Atheniens.
Car leurs vers auoyent la meſure,
Qui d'vne plaiſante bature
Frapoit l'oreille des oïans.
Et des Chores la belle dance
En chantant gardoit la cadance,
Au ſon des hauboys s'égayans.
Les hommes du ſiecle barbare,
Rejettant cette façon rare,
Ont à dédain de la gouſter.
Si jamais la France proſpere,
En paix floriſſante, i'eſpere
Ce degouſtement leur ouſter.
Nous auons la muſique preſte :
Que Tibaud & le Ieune apreſte,
Qui leur labeur ne deniront :
Quand mon Roy benin & ſa Mere,
Et ſes Freres, d'vn bon ſalere
Nos beaux deſirs enhardiront.
Si mes petites chanſonnétes,
Que ie tien comme des ſornettes
Ecrites en vers meſurez,
Courant par les bouches des Dames,
Ebranlent les rebelles ames
Des Barbares plus aſſurez.
I'en ſçay l'art : la Muſe amiable
Me viendra touſiours ſecourable,
Si toſt que ie l'imploreray,
Auſſi toſt qu'au nom des trois Freres

Et leur Mere, à moy debonaires,
De m'ayder les adjureray.
Soit que vouliez voir sur la Scéne
 Entonner d'vne haute aléne
 Des Tyrans les soudains malheurs :
Soit que d'vn langage vulgaire,
 Cherchiez du menu populaire
 Ouïr les ridicules meurs :
Soit que derechef on desire
 Voir en la sauuage Satyre,
 Les Sylvains bondir des forêts :
Silene la teste penchante
Desur la beste rincanante,
 Soutins des Satyres folets :
Soit qu'il faille d'vn son plus graue,
 D'vn Heros sage, heureux & braue
 Chanter les faits auantureux :
Ie suis apris à plus d'vn stile,
 Pour courir d'vn esprit agile,
 Doux en bas, en haut vigoureux.
L'Iambe dru ie sçay rebatre,
 Redoublant le pas qu'il faut batre
 En tems & lieu, sans foruoyer :
L'Anapeste ie sçay conduire,
 Egaler la demarche : & duire
 Le Chore qu'il faut convoyer.
Ie sçay d'vne assiete acordee
 Balansant le pesant Spondee,
 Le legier Dactile ranger.
Ie conoy la longue & la bréve :
 Si l'accent baisse ou se reléve.
 Le François ne m'est étranger.
J'en ay fait desia l'ouuerture :
 Conseruons nostre langue pure :
 Reglons-la telle comme elle est.
Ce seroit grande moquerie,
 De maintenir la Barbarie
 Pour vn vain abus qui nous plaist.

Ie ne fuis novice à la rime:
Comme vn autre ie m'en efcrime:
Autant qu'vn autre j'en ay fait.
Mais en l'erreur ie ne me flate:
Et ne porteray l'ame ingrate
De l'honneur que France me fait.
O France, ton Empire croiffe:
Fay que ta valeur aparoiffe,
Soit aux armes, foit au fçauoir:
Seconde-moy : j'ay le courage,
Sans depraver ton doux langage,
Bien mefuré le faire voir.
Que nul me blamant ne m'outrage,
Qu'outrecuidé ie m'auantage
De forger vn parler nouueau.
Ie fuy du commun la parole:
Des bien parlans j'ayme l'école,
Et leur parler ie trouue beau.
Ie m'y regle, ie m'y conforme:
Et fans donner nouuelle forme,
Tel qu'il eft le veu prononcer.
Mais fuiuant fa propre nature,
Ie veu que la droite écriture
Aux étrangers l'aille anoncer.
Le vray comm' il eft ie propofe:
Que noftre parler fe compofe
Du Son voyel & confonant:
Voyelles fonent apar elles:
Confonantes fans les voyelles
Ne fe vont jamais entonant.
Tant foit peu quiton noftre vfance,
(Mais noftre fauffe acoutumance,)
Et nos voyelles recherchons:
Tentons chacune confonante:
Si faifons ainfi, ie me vante
Que trouuerons ce que cherchons.
Autant que fentons de voyeles
Diferantes, autant pour elles

Il faut de lettres aſſurer.
Autant qu'aurons de conſonantes,
Il faut de marques diferantes,
Pour chacun Son bien-figurer.
Ainſi prenant ſa droite forme,
L'écrit au parler ſe conforme :
Ainſi lon note le vray ſon,
Des ſyllabes & des diftongues,
Des breves d'auecque les longues,
Et du haut & du grave ton.
Qui par ce chemin s'achemine,
L'obſcure ignorance ruine,
N'enſeignant que la verité,
Et fait que la langue Françoiſe,
Egale au Grec & Romain, voiſe
Saine & ſauue en ſa purité.
O FRANÇOIS, *François de nature,*
Et Franc de bonne nourriture,
L'entrepriſe fauoriſez :
A fin que la France honoree,
De ſa langue ſoit decoree,
Comme de ſes faits tant priſez.

LES EGLOGVES.

AV ROY.

EGLOGVE I.

Charle, j'auoy joué fus ma baſſe muſette
De nos gentils bergers en mainte chanſonnette
Les jeux & les debats, quand en ſonge voicy
La maigre Pauureté, qui me reprend ainſi :
  Briſe tes chalumeaux, creue ta cornemuſe :
Au malheureux meſtier des Muſes ne t'amuſe.
Pauure homme, adonne toy pluſtoſt à beſongner
A quelque œuure de main dou tu puiſſes gaigner.
Fay fiſcelles de jonc à cailler des laitages :
Fay des formes d'oſier pour faire des formages :
Va les vandre en la ville, & raporte du gain
Dont tu puiſſes chaſſer la miſerable faim.
  Elle me dit ainſi : & j'aloy deſia prendre
Mes tuyaux pour les rompre, & ſans plus rien attendre
I'alloy ietter au feu mes eſcorces de bois
Eſcrites des chanſons de ma ruſtique voix :

Quand la Muse voicy (qui mit iadis Titire
Et Tirse pres des Rois) qui l'oreille me tire,
Et me tance disant : Que veux tu faire icy,
Dans ce desert, où nul de tes vers n'a soucy ?
Nul que la vaine Echon, qui tes chansons recrie
Par les monts cauerneux, & semble qu'elle en rie ?
Tu meurs icy de faim : Vien te monstrer aux lieux
Où les donneurs des biens, les bons & riches Dieux
Tiennent leur grande court : Et fay la reuerence
Au grand Charle Pasteur des peuples de la France.
Depuis le grand Daphnis nul d'vn cœur plus entier
N'a cheri ceux qui font des Muses le metier.
  Elle me dit ainsi : là dessus ie m'éueille
Plein de creinte & d'espoir, plein de douce merueille.
Icy la pauureté de frayeur m'étonnoit :
La Muse d'autre part bon confort me donnoit.
A la fin i'arrestay de te choisir pour maistre,
CHARLE, *te presentant de ma Muse champestre*
Les sauuages chansons, present de petit pris :
Car des petits bergers les presens sont petits.
Mais souuent les grands Dieux d'vne persone basse
En aussi bonne part ont pris vne fouasse,
Que cent bœufs d'vn plus grand, regardans au vouloir
Plustost qu'à ce que peut leur ofrande valoir.
  CHARLE, *bien que je vienne auecque ma musette*
Vestu en vilageois, dans le poing la houlette,
Affublé d'vn chapeau, la surquenie au dos,
Des guêtres sur la jambe & chaussé de sabos,
Ta bonté pour cela ne laissera de prendre
En bonne part mon offre, & sans me faire attendre
(Possible) tu voudras me departir de quoy
Ie puisse m'adonner aux Muses à requoy.
  PRINCE, *ce que je veu n'est guere grande chose*
Pour ta grandeur, qui fait que tout honteux je n'ose
Te demander si peu : ce peu qui ne t'est rien,
S'il te plaist l'ottroyer, me seroit vn grand bien.
Ie ne veu cent troupeaux en diuers pasturages,
Ie ne souhette point mille gras labourages,

Ny des couſtaux de vigne, où cueillir mille muis:
Plus que ce qu'il me faut deſirer je ne puis.
Ie veu tant ſeulement pour vn petit ménage
Vne maiſon petite : vn petit paſturage
Pour vn petit troupeau : auec vn petit clos
Vn petit champ fertil, pour en viure à repos.
Sur tout j'aime les chams : ſur tout les Pierides
Aiment les chams auſſi, les fontaines liquides
Et les valons cachez, & les bocages noirs,
Et des antres deſerts les retirez manoirs.
Que Pallas face cas de ſes villes gentiles
Qu'elle a voulu garder : je n'aime point les villes,
Sur tout j'aime les chams : Adon les aima bien ;
Auſſi fit bien Paris, le beau Dardanien.
   O ſi je puis vn jour auoir ma maiſonnette
En des chams qui ſoyent miens : ſi comme je ſouhette
Par toy j'ay tant de bien ! en l'aiſe où je ſeray
O les belles chanſons qu'à repos je feray !
Alors j'oſeray bien, ainſi que fit Titire,
D'vne moins foible voix plus haut ſuget élire
Apres ces paſtoureaux. Lors je diroy des cieux
Les tournements certains : & qui cache à nos yeux
La Lune deſfaillante, & qui la monſtre entiere,
Et qui fait apparoir cornuë ſa lumiere,
Oeuures de la nature admirable en ſes faits,
De qui j'entreprendroy rechercher les effaits,
Bon Prince, à ton aueu : Voire en des vers plus graues
De tes nobles ayeux les entrepriſes braues
Hardy ie chanteroy : Tes anceſtres vaillants
Ie feroy commander entre les bataillans,
Et chaſſer la frayeur de leur troupe animee
Sur l'ennemy qui fuit leur foudroyante armee :
Et ie ne teroy pas du grand Henry l'honneur,
Ny l'honneur de ſes fils : Que touſiours le bon heur,
O grand paſteur du peuple, & vous mene & vous ſuiue
Contre vos ennemis : & que long temps ie viue
Pour chanter vos vertus, me couronant le front
De palme & de lorier entrelaſſez en rond.

Tay toy petit flajol : ô petite muzette
Hauſſant ta foible voix ne fay de la trompette.
Garde qu'en te voulant ſans forces eſleuer
Ton petit ventre enflé tu ne faces creuer :
Repren ton premier ton, & ſans auoir la grace
De Charle, n'entre pas en vne telle audace :
Mais, Charle, on ne ſçauroit eſtre petit ſoneur
Depuis qu'on entreprend d'entonner ton honneur.
Or, s'il te plaiſt chaſſer la pauureté chetiue,
Qui retient les efforts de mon ame creintiue,
Mon humble Muſe alors braue s'enhardira
Et d'vn plus graue ſon tes louanges dira :
Quand le repos heureux conuenable à produire
Des fruits de plus grand pris, me laiſſera deduire
Des vers à mon loiſir polis ſoigneuſement
A fin de contenter ton gentil iugement.
Alors i'inuoqueray Apollon pour m'aprendre
Vn chemin non frayé, par où j'aille entreprendre
Vn œuure tout nouueau dont ie te chanteray.
Apollon à mon aide alors i'inuoqueray,
Soit qu'il s'aille bagnant dans la belle eau de Xante,
Soit qu'il prenne le frais en la foreſt plaiſante
Dont Parnaſſe eſt veſtu : l'ombre il delaiſſera
Si Charle il m'oit nommer, le fleuue il quittera.
Ou pluſtoſt ta faueur ſera ma Pieride,
L'argument de mes vers, & de mes vers la guide :
Ton nom ſera par tout : Tu les commenceras,
Tu ſeras au milieu, à la fin tu ſeras.

BRINON.

EGLOGVE II.

Pvcelles, qui aimez les verdoyans riuages,
Et pres du bruit des eaus la fraicheur des ombrages,
Vous qui ne dedaignez, ô Nymphes aux beaux yeux,
Nos champeſtres chanſons par ces champeſtres lieux :
Aidez ma voix champeſtre. A Brinon je veu dire
Vn chant que ſa Sidere vne fois daigne lire,
Vn chant de mon Brinon, que ſa Sidere vn jour
Ne liſe ſans jetter quelque ſoupir d'amour.
Nul, Nymphes, ne vous ſuit en plus grand'reuerence
Qu'il adoroit les pas de voſtre ſainte dance :
C'eſt pour luy que ie veu, Naiades, vous prier :
Voudriez vous à Brinon vos preſans dénier ?
Pucelles, commencez : (ainſi la bande fole
Des Satyres bouquins voſtre fleur ne viole :
Si vous dancez, ainſi ne trouble vos ébas,
Et ſi vous repoſez, ne vous ſurprenne pas).
Pucelles, commencez : où vous touchez, pucelles,
Où vous mettez la main toutes choſes ſont belles :
Chantez auecques moy : de Brinon langoureux
Recordon les amours en ce chant amoureux.
Tandis par ces halliers mes cheures camuſettes
Brouteront les jettons des branches nouuelletes.
Ie ne chante à des ſourds. Ce valon & ce bois
Deſia ſe tiennent preſts pour reſpondre à ma voix.

 Nymphes, quel mont lointain, quelle foreſt ombreuſe,
Quel fleuue, quel rocher, quelle cauerne creuſe
Vous detint, quand Brinon d'amour tout éperdu
Son ame ſanglotoit deſſus l'herbe étendu ?
Eſtoyent ce les loriers dont Helicon verdoye,

Ou l'eau qui doucement au beau Permeſſe ondoye,
Ou l'antre deſiré du roc Aonien,
Ou le ſommet cornu du mont Parnaſſien?
Car vous n'eſtiez alors ſur les riues de Seine,
Où l'amant languiſſant de l'amoureuſe peine
Couché piteuſement, toute choſe allumoit
De pitié, fors le cœur de celle qu'il aimoit.
Meſmes les Geneuriers, & meſmes les Eſpines
Plourerent ſon malheur : les ondes argentines,
Qui nettes parauant couloyent par les ruiſſeaux,
Et crurent de leurs pleurs, & troublerent leurs eaus.
Tout y acourt des chams : le beſtail, qui s'étonne
De ſe voir ſans paſteur, tout triſte l'enuironne.
Bergers & Paſtoureaux là ne faillirent pas,
Ceux cy d'vn train peſant, ceux là d'vn viſte pas,
Venans des enuirons : & chacun luy demande:
Mais d'où te vient, Brinon, ceſte langueur ſi grande?
Louïſet y acourt encores tout mouillé
D'auoir contre les loups toute la nuit veillé,
Louïſet le berger qui la bonne nature
De Brinon façonna de bonne norriture,
Son enfance inſtruiſant : Si tout le grand ſçauoir
Contre le feu d'Amour euſt eu quelque pouuoir.

Tous les Dieux qui des chams ont le ſoin & la garde
Viennent de toutes pars : Mercure point ne tarde,
Mais tout premier y volle, ayant aiſlé ſon chef,
Et ſes talons aiſlez : Doù te vient ce meſchef?
(Dit-il) de quel ennuy, de quelle maladie,
Miſerable Brinon, as-tu l'ame étourdie?
Où ſont perdus tes jeux quand tu pendois le pris
A qui chantoit le mieux d'entre les bons eſpris?
Faune n'y faillit pas, ſecouant ſur la teſte
De grans Lis argentez vne branlante creſte
Et de Geneſts fleuris. Palês y vint ſoudain
La panetiere au flanc, la houlette en la main.
Auſſi Pomone y vint : vn chapeau de fruitage
Luy tendoit ſur le front vn gracieux ombrage.
Là couuert de Lorier Apollon paſtoral,

Le bon Dieu medecin, qui euſt gueri ſon mal,
Si le mal qu'il auoit euſt receu medecine,
Ou par enchantements, ou par juſt de racine :
Mais luy-meſme jadis qui ne s'en put guerir
Pres d'Amphryſe, luy Dieu ſouhetta de mourir.
Pan de Menale y vint : de Pin vne couronne
Affuble ſes cheueux, & ſon front enuironne :
La peau d'vn Louceruier ſur ſon dos s'eſtandoit,
Sa fluſte à ſept tuyaux de ſon col luy pendoit :
Pan de Menale y vint : & nous vîmes ſa jouë
De Meures toute peinte, & ſi faiſoit la mouë
Qu'il fait accouſtumé depuis qu'il entonna
Les premiers chalumeaux que Pallas luy donna.

  Qui te pouſſe, Brinon (dit-il), en telle rage?
Où ſont tous tes troupeaux? où eſt leur paſturage?
Sçachans que tu en as du tout quitté le ſoin,
Sans guide la plus part ſont eſcartez au loin.
A tes pleurs & ſanglots ne veux tu mettre poſe?
Et quoy? ne feras-tu deſormais autre choſe
Que de pleindre & languir? Amour de tout cecy,
Amour, le fier Amour, ne prend aucun ſoucy.
On ne voit point ſouler ny les cheures de fueilles,
Ny de Thym odorant les auares Abeilles,
Ny de douce roſee au mois de May les fleurs,
Ny le cruel Amour ne ſe ſoule de pleurs.
Sidere, cependant que tu languis pour elle,
Sidere, ton ſoucy, où ſon plaiſir l'appelle,
Peu ſoigneuſe de toy, court ſus les claires eaux
Par les prez bien-fleuris ſous les frais arbriſſeaux.

  Las! que feray-ie, helas! (dit Brinon, à grand'peine
Parmy triſtes ſanglots recouurant ſon aleine)
Ha, Sidere cruelle! Ha, Sidere de fer,
Qui te plaiſt de me voir en ce cruel enfer!
Las, que feray-ie, helas! il me plaiſt à la chaſſe
Fait veneur, courir tant que ma douleur s'en paſſe :
Il me plaiſt tout ſoudain broſſant dedans les bois,
Ayant la trompe au col, animer les abbois
Des chiens bien ameutez ſur la beſte élancee.

Il me semble deja, ie fein en ma pensee
Qu'à trauers les cailloux, atrauers les halliers
L'épieu dedans le poing i'enferre les Sangliers :
Il n'est mont si pierreux ny si tofu bocage,
Ny fleuue si profond, ny si facheux passage,
Que dispos ie ne passe : Helas, quasi qu'Amour
Se peust par ces trauaux adoucir quelque iour !
Quasi que pour le mal qu'vn homme sçache prendre
Amour, ce dieu cruel, plus doux se puisse rendre !
Las, que feray-ie donc? Bien loin outre la mer
Ie veux aller bien loin mon âge consumer :
Ie veux aller bien loin en vn païs barbare,
Où iamais n'aborda nul nautonnier auare :
En ce païs desert pour le moins écarté,
Ie pleindray mon malheur en plus grand' liberté.

 Sous la Bize gelee en ce païs iray-je
Où la terre est tousiours blanchissante de neige?
Où l'Ocean glacé dessus son large dos
Sans flechir sous le faix soustient les chariots?
M'en iray-je aux sablons, où les plaines bruslees
Loin sous le chaud Midy s'estendent reculees?
Où du Soleil voisin les Ethiopes noirs
Se deffendent, creusans des souterrains manoirs?
Que dy-je, malheureux? Pour chemin que je face
Amour ne me lairra : par tout, & dans la glace
Du Nort, & du Midy dans l'extreme chaleur,
Par tout où que j'iray me suiura mon malheur.
On fuit bien la chaleur, on fuit bien la froidure,
On change de païs : mais Amour tousiours dure,
Amour nous suit par tout. Tout ploye & se met bas
Sous Amour : contre Amour nous ne gagnerons pas.
Apres tant de malheur vn bien il faut attendre :
Tandis de mes Amours sus leur escorce tendre
Grauon ces Chesneteaux : ils croistront tous les iours,
Tous les iours auec eux vous croistrez mes amours.

 Deesses, il suffist : icy vostre Poëte
Seul a chanté ces vers, tandis que sus l'herbette
Sous ce Chesne fueillu de vergettes d'osier

Pour donner à s'amie il laçoit vn pannier.
Muſes, faites ma rime à Francine agreable,
Autant que ſes beautez me la rendent aimable
Auecques ſes vertus, puiſque ſa douce amour
Autant dedans mon cœur s'accroiſt de jour en jour,
Que le jeune Peuplier planté ſus l'eau courante
En la ſaiſon nouuelle à vuë d'œil augmente.
 Leuon-nous, il eſt nuit, petit troupeau refet,
Le Soleil eſt couché, ſus retournez au tet.

LE VOEV.

EGLOGVE III.

TENOT. TOINET.

Tenot.

Vov, Toinet, qui te meut de chercher cet ombrage
Au loin de tous bergers, dans ce deſert bocage?
Quand tu pourrois bien mieux, aſſis ſur le ruiſſeau
Qui arrouſe nos prez, au gazouillis de l'eau
Ioindre ta douce voix, ou ioindre ta voix douce
(S'il te plaiſoit ainſi) au Roſſignol qui pouſſe
Là mille ſons tremblans degoizez doucement.
Et là tu remplirois tout d'ébaïſſement:
Ou là quelque berger d'vne gajure amie
Feroit eſſay de ſoy contre ta chalemie:
Et vous pourriez ſonner des chants melodieux
Mettans gages en jeu pour qui jouroit le mieux.
Mais ou tu ne dis mot, ou bien ta voix perduë
Icy dans ce deſert n'eſt de nul entenduë:
Vrayment ſi te dit-on ſçauoir ſi bien chanter,
Que nul de chanter mieux n'oſeroit ſe vanter.

TOINET.

Tenot, mon bon amy, ne me contrein de dire
Ce qui fait qu'alécart ainſi ie me retire.
Il ne faut plus parler de faire ces beaux jeux
Entre les Paſtoureaux : ils ſont trop outrageux.
Ce qui n'eſtoit qu'ébat de noſtre ſimple vie,
Ce ſont triſtes debas pleins de meurdriere enuie.
Les iuges, tant ils ſont de iugement peruers,
Aux pires donneront l'honneur des meilleurs vers.
Serois-ie pas bien ſot de mettre alauanture
L'honneur de mes chanſons pour en ſouffrir l'injure
Qu'on me donroit à tort? Il vaut mieux loin d'émoy
Mes chanſons ne chanter qu'aux Nymphes & à moy.

TENOT.

Tu me fais ébaïr : mais dy, quelle furie
Tourmente les garçons de noſtre bergerie?
Conte moy ie te pri dou vient cette rancueur
Qui des plus grans amis empoiſonne le cœur?

TOINET.

Ie ne ſçay, s'elle n'eſt ſortie ſur la terre
Des enfers pour troubler noſtre paix de ſa guerre.
Tant y a qu'aujourdhuy il n'eſt plus (ô pitié!)
Aux chams, comme il ſouloit, nulle vraye amitié.
Mais ſi tu veux gagner des ennemis ſans nombre
Entre les paſtoureaux, va chanter deſſous l'ombre :
Et ie gage en vn rien de tes plus grans amis,
O malheur! tu feras tes plus grans ennemis.
Vois-tu la chalemie, ô Tenot, que ie porte
Toute vieille à mon col? Tu la vois de la ſorte
Qu'eſtoit celle qu'Egon pres Sebethe ſonna,
Et c'eſt la meſme encor que Titire entonna.
D'vn vieil Sicilien Titire l'auoit uë
Qui l'auoit ſur vn Pin auparauant penduë :
Elle y fut iuſqu'à tant que Titire l'y prit,
Et le nom d'Amarille aux foreſts en aprit :

Puis l'y remit encor : & nul depuis Titire
Comme le bon Egon n'en a sceu si bien dire,
Qui beaucoup d'ans apres en Tuscan en joua
Si bien qu'en tous païs vn chacun l'en loua.
Ianet premierement l'apporta d'Italie,
Qui pour lors comme il put, les tuyaux en ralie :
Depuy, l'ayant de luy, telle ie la rendy,
Et telle comme elle est, à mon col la pendy.
La vois-tu, cher Tenot, n'estoit que ie la prise
Pour l'honneur des joueurs, deja ie l'usse mise
En cent pieces cent fois : tant me deplaist de voir
Pour ce peu que i'en sçay tant d'ennemis auoir.

TENOT.

Toinet, il ne faut pas croire ainsi ton courage :
Ne sois pas si soudain : Volontiers le dommage
Suit l'auis trop leger, & nous fait ressentir
Pour vn courroux trop court d'vn trop long repentir.

TOINET.

Ie ne l'ay fait aussi : mais ie me delibere
De la vouer à Pan dans ce bois solitaire
Luy apendant d'vn Pin : & certes il le faut
Puis que rien qu'ennemis rien elle ne me vaut.
Tout maintenant encor que tu m'es venu prendre
Icy dedans ce bois ie songeoy de la pendre ;
Et quand tu es venu deja i'étois apres
Pour faire sur mon vœu quelque chant tout expres.

TENOT.

Berger, voudrois-tu bien en si grande jeunesse
Quitter la Chalemie ? En ta morne vieillesse
Tu pourras assez tost en faire à Pan vn veu,
Qui lors, non maintenant de toy luy sera deu.
Toutefois, compagnon, si tu n'as rien que faire
Qui te tire autre part, ne vueilles pas me taire
Ce que tu composois pour mettre au mesme lieu

Auquel tes chalumeaux tu dedirois au Dieu.
Icy tout est bien coy, nulle fueille ne tremble,
Et l'herbe s'offre à nous : il n'est rien qui ne semble
D'vn silence ententif tout autour s'apprester
Pour ouïr ta chanson, si tu veux la chanter.

TOINET.

Tenot, seons-nous donc : ie ne puis t'en dedire,
Ny ne le voudroy pas, car sur tout ie desire
Estre escouté de toy : de mon chant quel loyer
Plus grand que cestuy-cy pourroit-on m'otroyer?
   Pan Dieu des Pastoureaux, ô Pan Dieu d'Arcadie,
S'il est vray que pensant accoler ton amie
Pres du fleuue Ladon, sur le bord de ses eaux
Trompé tu accolas seulement des roseaux :
Desur eux soupirant vne piteuse plainte
Tu fis sortir vn son comme d'vne voix feinte :
S'il est vray, que touché de cette douce voix
Tu dis : Iamais ne soit que sous l'ombre des bois
Ou sur les hauts sommets de quelque aspre montagne,
Ou du long des ruisseaux, de vous ne m'accompagne.
Et ie ne parle à vous : Et si lors des roseaux
De cire tu joignis les cauez chalumeaux
Inegaux en pendant, faisant la chalemie,
Toy premier inuenteur au nom de ton amie :
Si nous te la deuons : Reçoy d'vn œil benin
De ma main ceste cy que je pen à ton Pin.
   Pan Dieu des Pastoureaux, dés mon enfance tendre
I'aimay la chalemie, & j'en voulus apprendre :
A peine je pouuois alonger tant mes bras
Que ma main ateignist aux rameaux les plus bas :
Quand Ianot m'instruisit si bien, que par merueille
Lon venoit pour ouïr ma chanson nompareille
En vn âge si bas : lors de sçauoir chanter
Sur tous mes compagnons j'usse pu me vanter.
Puis l'enfance quitant, quand la jeunesse verte,
Qui d'vn poil foleton ma jouë auoit couuerte,
Me mit au ranc des grands, j'aimay tousiours de voir

Ceux qui dans nos pastis auoyent bruit d'en sçauoir :
Et tous je les hantay, qui firent quelque estime
Dés le commencement de ma nouuelle rime :
Et d'eux ie fus aimé : mais, las! ceste amitié
Fut destruitte bien tost par vne mauuaistié
D'infinis enuieux, qui par traitresse enuie
Qu'ils portoyent, les serpents, sur l'honneur de ma vie,
De moy mille rapports feignirent aux bergers
Qui leur ajoustoyent foy : trop bons & trop legers
Ils creurent leur mensonge, & quelque remonstrance
Que leur fisse, vn long temps m'ont porté malveillance :
Et tout cecy m'aduient pour auoir sceu jouër,
O Pan, de ces roseaux que je veu te vouër :
Ie veu te les vouër, puis que dés mon jeune âge
Pour les sçauoir sonner je reçoy tout dommage,
Haï de tant de gens : bon Dieu des Pastoureaux,
Las, combien d'ennemis m'acquerroyent ces roseaux
Deuant que ie vieillisse ! O Pan, je te les voue
Les pendant à ton Pin ; & si jamais j'en joue
Qu'on voye les Sureaux de grappes se charger,
Sur les Ifs leur rayons les abeilles ranger :
Qu'on voye le Corbeau le blanc plumage prendre,
Et le Cygne le noir, qui me verra dependre
D'icy ma Chalemie : alors qu'on me verra
Y entonner ma voix, le poisson parlera.
Reçoy-l'en bonne part (ainsi d'vn meilleur âge
Vienne quelque berger, qui à moins de dommage
La depende d'icy, pour ta gloire en sonner)
En gré pren-la de moy qui te la vien donner.
Pan, la prenant en gré, garde mes pasturages,
Et nourry mes troupeaux, à fin que les laitages
Ne defaillent jamais à tes autels couuers,
Soit aux plus chauds Estez, soit aux plus froids Hiuers.
Et si par mes chansons je ne t'en ren les graces,
Ie les rendray de cœur. Rom les folles menaces,
O Pan, de mes haineux : & pour leur folle erreur
Leur esprits forcenez espoin de ta fureur.
A dieu ma Chalemie à ce Pin apendue,

En son arbre à ton Dieu par moy Toinet rendue.
Quelque vent te souflant témoigne en triste voix
Le dépit qui me fait te laisser dans ce bois.

TENOT.

Tousiours pleine de miel, & pleine de rosee,
De qui la fueille en May reuerdist arrosee,
Pleine ta bouche soit, puis que d'vn si doux son
Tu sçais, mon cher Toinet, attremper ta chanson.
Vrayment ie ne croy point, si tu voulois te taire
Te retirant ainsi sous l'ombre solitaire,
Que tout n'en lamentast. Compagnon, il vaut mieux
Meprifer les medits de tes sots enuieux.
Mais, mon Toinet, à fin que ton chant ie guerdonne,
Que te puis-ie donner? Et vrayment ie te donne
Vn beau Rebec que i'ay, de si belle façon
Que tu ne me diras ingrat de ta chanson.

TOINET.

Grand mercy de ton don, Tenot, mais que ie l'aye :
Mais vois-tu le Soleil derriere ceste haye,
Comme il s'en va coucher? Berger, retiron-nous
Auec nostre bestail : voicy l'heure des Loups.

TENOT.

Allons : nous en allant, voudrois-tu point redire
Cette belle chanson qu'encores ie desire?
Baille-moy ta houlette, & nous l'irons chantant :
En chantant, le chemin ne durera pas tant.

MARMOT.

EGLOGVE IIII.

IAQVIN. MARMOT. FELIPOT.

IAQVIN.

Dy moy, Marmot, qui est le pauure & simple maistre
Qui t'a ainsi donné tous ses troupeaux à paistre,
Et comment si soudain d'vn ord vilain porchier
Que tu estois entan, tu t'es fait vn vachier ?

MARMOT.

De quoy te soucis-tu ? tu as bien peu que faire,
Iaquin, de t'enquerir ainsi de mon affaire.

IAQVIN.

O malheureux le maistre ! ô bestail malheureux !
Cependant que Marmot de Margot amoureux,
Qui a peur qu'en Amour Belin ne le deuance,
A fin d'entretenir de ses dons sa bobance,
Pour vendre le laitage à toute heure le trait,
Aux vaches & aux veaux derobant tout le lait.

MARMOT.

Tout beau, Iaquin, tout beau : ne me contrein de dire
Ce que ie sçay de toy, quand tu nous fis tant rire,
Derriere ce buisson (tu m'entens), au sentier
Qui meine dans les bois.

IAQVIN.

> Aa, ce fut deuanthier
A l'heure volontiers, que tu me vis defcendre
Par le mur d'vn jardin, dou je venoy de prendre
Tous les Coins les plus beaux du bonhomme Bigot
Que ie luy derobay pour donner à Margot.

MARMOT.

Mais pourquoy rompis-tu (creuant en ton courage)
La flûte de Belin, de defpit & de rage
De ne l'auoir gagné? Tu fuffes enragé,
Si, comment que ce fuft, tu ne t'euffes vangé.

IAQVIN.

Vrayment ce fuffe-mon : ce n'eft rien de merueilles
De perdre au jugement de fi begues oreilles.
Que maudit foit Robin! Mais ne te vy-ie pas
Par le paroy percé, comme tu derobas
A Toinet vn agneau : quand fa grande Louuette
Aboyant apres toy te prit à ta jaquette,
Et te la deffira? monftre la feulement,
Si tu le veux nier je luy donne à ferment.

MARMOT.

Voire da : mais pourquoy ne m'euft-il pas renduë,
Puis qu'il auoit gagé, la gajure perduë?
Cet agnelet (à fin que tu le fçaches bien)
Qu'à chanter je gagnay, de bon gain eftoit mien.

IAQVIN.

A chanter, toy Marmot? mais us-tu de ta vie
A toy pour en jouer, aucune chalemie?
Que tu gagnas Toinet? comment le gagnas-tu?
Tu ne fouflas jamais que dedans vn feftu.

MARMOT.

Il ne faut qu'essayer si j'en sçay quelque chose :
Bien qu'il te vaudroit mieux tenir la bouche close,
Que d'en faire l'essay : Si confus sans loyer
Deuant qui que ce soit je veu te renuoyer.

IAQVIN.

Que tu me renuoiras? Me prendre à toy j'ay honte,
Tant s'en faut que i'ay' peur que je ne te surmonte :
Et pour ce que tu vaus tu ferois dedaigné,
Mais tu dirois, vantard, que tu m'aurois gagné,
Comme tu as Toinet. Or je te veux apprendre,
Que le foible ne doit à vn plus fort se prendre :
Et que le Geay criard ne doit pas se vanter,
Ainsi comme tu fais, mieux qu'vn Cygne chanter.
Dy, que gageras-tu?

MARMOT.

    Que sert tant de langage?
Vois-tu ceste Genisse? & vrayment je la gage
Que ie te gagneray : gagne, tu la prendras.
Si je te gagne aussi, qu'est-ce que tu perdras?

IAQVIN.

Tu cuides m'estonner, parlant ainsi d'audace,
Bout d'homme que tu es. Tu as la mesme grace
Que la grenouille auoit, qui vouloit folement
Contrefaire en creuant du bœuf le muglement.
Laisson-là le bestail : i'ay mon pere & ma mere
Qui ne faillent iamais (& ma sœur leur eclere)
De le comter au soir.

MARMOT.

   Mé ce que tu voudras,
Et ie t'y respondray, aussi bien tu perdras.

IAQVIN.

Voy, tu t'asseures bien : monstre donc, je te prie,
Monstre nous vn petit ta belle Chalemie :
Et voyons la, Marmot : ie te pry la monstrer.
Comme vn pourceau d'vn mors tu t'en sçais accoustrer.

MARMOT.

Et bien, tu la verras : elle est icy derriere,
Où je l'auoy laissee auec ma pannetiere.
La vois-tu bien ? Bauet m'a dit que sa chanson
De celle de Belot a tout le mesme son.

IAQVIN.

O quel juge de foin ! je le voudroy bien croire :
Ie croirois aussi tost que la neige fust noire.
O combien aujourdhuy de tels juges nouueaux,
Comme asnes entandus, jugent des Pastoureaux !

MARMOT.

Quoy ? si Roulet luy mesme en a dit d'auantage ?

IAQVIN.

Roulet en a dit plus ? Aa, Roulet est trop sage,
Ie le cognoy trop bien : je te jure ma foy
Qu'il te vouloit flatter, ou se moquer de toy.

MARMOT.

Laissons tous ces brocards : & sans plus loin remettre,
L'vn & l'autre disons ce que nous voulons mettre :
Puis que tu n'oserois gager rien du troupeau,
Songe que tu mettras.

IAQVIN.

Ie va mettre vn vaisseau,
Vn beau vaisseau de buys, que cherement je garde,

De l'œuure de Francin : aucun ne le regarde
Qui, pâmant de le voir si proprement ouuré,
Ne s'enquiere de moy, dou je l'ay recouuré.
 Sous le ventre Silen le creux du vase porte.
Monté dessus son asne, & se roidist de sorte
Qu'on voit son col nerueux s'enfler sous le fardeau,
Comme s'il ahanoit à porter le vaisseau.
Tout alentour de luy vne vigne rampante
Traine à mont du vaisseau mainte grappe pendante :
Maints amoureaux aislez & derriere & deuant
De sagettes & d'arcs touchent l'asne en auant,
Et maints autres tous nus sans arcs & sans sagettes,
Grimpans à mont les ceps, de tranchantes serpettes
Coupent les raisins meurs en des petits cosins ;
D'autres foulent en bas en des cuues les vins.
A l'enuiron du pié maint sautelant Satyre
Les Tygres & Lyons de longues resnes tire,
Qui conduisent Bacchus de pampre couronné,
Assis dessus vn char d'Ierre enuironné.
Ie mettray ce vaisseau fait de telle bossure,
Tout neuf comme je l'u : car pour vray je t'assure
Qu'à ma bouche jamais nul ne l'a vu toucher,
Mais je te le mettray, combien qu'il me soit cher.

MARMOT.

Du mesme ouurier Francin j'ay aussi vne tasse
Bossee de façon tout de la mesme grace,
Fors qu'elle est de Cyprés, & que l'entaillement
Autour est imagé d'histoires autrement.
Sur le pié, où la mer ondoyante se joue,
Amphion est porté sur vn Daufin qui noue :
Amphion touche vn Lut : maint poisson écaillé
Saute deçà delà, dans la mer entaillé.
Maint poisson d'vn costé, mainte belle Nerine
De l'autre sur des Tons trauerse la marine,
Et de l'autre costé maint Triton my-poisson
Sa trompe laisse là pour ouïr sa chanson.
Ie mettray ce vaisseau fait de telle bossure,

Tout neuf comme je l'u : car pour vray je t'aſſure
Qu'à ma bouche jamais nul ne l'a vu toucher,
Mais je te le mettray combien qu'il me ſoit cher.

IAQVIN.

Et qui nous jugera?

MARMOT.

Voudrois-tu te ſoumettre
A Felipot qui vient? je t'oſe bien promettre
Que nos marches n'ont point (& je n'en flatte rien)
Entre tous les bergers vn plus homme de bien.

IAQVIN.

Ouy, je l'en croiray : fay ſeulement qu'il vienne.

MARMOT.

Ie te ſupply qu'à toy, Felipot, il ne tienne
Que tu ne mettes fin bien toſt à nos debats,
Mais à luy ny à moy ne fauoriſe pas.

FELIPOT.

Quel eſt voſtre debat?

MARMOT.

Ie dy que mieux ie chante
Que Iaquin, & Iaquin de chanter mieux ſe vante :
Tu orras l'vn & l'autre; &, comme tu verras
Que nous aurons chanté, tu nous apointeras.

FELIPOT.

I'y ſuis preſt de ma part, & ie n'ay point d'affaire
De tel empeſchement qu'il m'en puiſſe diſtraire :
S'il vous plaiſt de garder ce que i'en jugeray,
Mais que ce ſoit bien toſt, ie vous eſcouteray.

MARMOT.

Allons fous ces Peupliers fur la gaie verdure,
Aupres de ce ruiffeau qui fait fi doux murmure,
Roulant fes claires eaux fur le pierreux grauois :
Nous joindrons à ce bruit gracieux noftre voix.

IAQVIN.

Vrayment tu as raifon de chercher cet ombrage
Sous les Peupliers tremblans, pres du bruyant riuage,
A fin que Felipot perde ta rude voix,
Que l'onde effourdera roulant fur le grauois.
Allons pluftoft deçà fous cefte roche ouuerte
Paifible de tout bruit : de belle mouffe verte
Tout l'alentour du creux eft fi bien tapiffé,
Et tout par le deffus de mouffe eft lambriffé :
Regarde qu'il eft beau : voy cefte belle entree
Comme de verd lierre elle eft bien accouftree :
Qu'il fait beau voir de là les ruiffeaux ondoyans
Blanchir en longs deftours dans les prez verdoyans !
Allons-y, Felipot : là tu pourras comprendre
Sans que murmure aucun t'empefche de l'entendre,
Comme ce beau Marmot fçait doucement chanter,
Qui de gagner Toinet ofe bien fe vanter.

MARMOT.

Chacun berger l'honneur de Poëte me donne,
Et Iaquin tu fçais bien que i'en eu la couronne.

IAQVIN.

Tu l'us, il m'en fouuient : quand on te la bailloit,
Sur toy tirant la langue vn chacun s'en railloit.

MARMOT.

Iaquin, tu es fafcheux : fans fin tu m'injuries,
Toufiours tu ne me dis que toutes moqueries :
Laiffe tous ces propos, il eft temps de penfer
Par où noftre chanfon il faudra commencer.

IAQVIN.

Bien, bien : mais, Felipot, vien vn peu recognoiſtre
Dou ſont les chalumeaux que porte ce bon maiſtre :
Voy ſi ce ne ſont pas les vieux tuyaux caſſez
De Roulet & Belot & Toinet ramaſſez?

MARMOT.

Ie te laiſſeray là, ſi tu ne veux te taire :
Mé fin à tes brocards : tu me mets en colere,
Ie ne m'en puis tenir, c'eſt trop fait : pleuſt à Dieu,
Qu'il n'y euſt maintenant que nous deux en ce lieu.

IAQVIN.

Que ferois-tu, Marmot? Felipot, ne t'arreſte
A ce que tu oys dire à cette folle teſte :
Il ſe fume tout ſeul ſans y eſtre irrité.
Ie meure, ſi j'ay dit rien que la verité.

FELIPOT.

Que faites vous, Bergers? ces facheuſes querelles
D'injurieux brocards, entre vous ne ſont belles :
Si vous voulez tous deux en chantant vis à vis
Par jeu vous eſſayer, j'en diray mon auis :
Mais ſi vous ne voulez appaiſer voſtre noiſe,
I'ay bien affaire ailleurs, où faut que je m'en voiſe :
Voicy venir Perrot & Belot & Belin
Et Toinet, qui pourront à vos plaids mettre fin.

LES SORCIERES.

A IAQ. DV FAVR.

EGLOGVE V.

MARTINE. MAVPINE.

Svyvans, Dv Favr, *d'vne gentile audace*
Des vieux Gregeois la mieux eslite trace,
Et des Romains, maugré les ignorans,
De vers hardis nos Muses honorans:
Le chant Sorcier, & l'amour de Martine,
Et les efforts des charmes de Maupine
Faits sous la nuit, ores nous redirons.
 A leur horreur les eaux des enuirons
Contrerampans d'vne fuitte rebourse
Ont aresté leur trepignante course:
De ceste voix le Lyon estonné,
A, non recors, le Fan abandonné.
 Il estoit nuit, & les aisles du somme
Flatoyent desia toute beste & tout homme,
Faisant cligner les Astres par les cieux,
Non des amans les miserables yeux.
Nus pieds adonc & toute detressee,
Martine s'est aux charmes adressee:
Entre ses bras trois fois elle cracha,
Entre ses dents trois mots elle mascha:
Et son rouët, qui par trois fois sejourne
Entre ses mains, par trois fois elle tourne:
Puis tout acoup & d'vne mesme fois
Elle reprend son rouet & sa voix.

MARTINE.

Flammes du ciel qui suiuez la charrette
De la nuit brune : ô vous bande secrette
Les dieux des bois, ô vous nocturnes dieux,
O sous qui sont tous les terrestres lieux,
Tes aspres loix les Tartares escoutent,
Mesmes les chiens te craignent & redoutent
Quand des enfers sus la terre tu sors
Te pourmenant par les tumbes des mors,
O Proserpine, ô royne aux trois visages,
Des mots diuins tu monstres les vsages
Des jus espreins tu guides les effets :
Ren, s'il te plaist, ren mes charmes parfaits,
A fin qu'en rien ne cede ta Martine
Soit à Medee ou soit à Melusine,
Si je retien mon Gilet de retour.
   Tourne rouet, tourne d'vn roide tour.
Tout se taist ore, ores les eaux se taisent,
Le bois se taist, les Zefires s'apaisent,
Tout s'assoupit sous la muette nuit :
Mais mon ennuy qui sans repos me suit,
Ne se taist pas au dedans de mon ame,
La tempestant d'vne felonne flâme,
Qui tout mon cœur enueloppe alentour.
   Tourne rouet, tourne d'vn roide tour.
Le froid serpent se creue en la prairie
Estant charmé : par son enchanterie,
Circe jadis rendit des hommes porcs,
Puis les remit en leurs anciens cors :
L'enchantement les estoilles detache.
Auienne aussi que mon chanter arrache
De mon esprit ceste genne d'amour.
   Tourne rouet, tourne d'vn roide tour.
Gilet me brusle, & sur Gilet j'enflâme
Ce lorier cy : comme dedans la flâme
Il a craqué tout à coup allumé,
Et tout à coup je l'ay vu consumé,

Et n'a laiſſé tant ſoit peu de ſa cendre :
En poudre ainſi Gilet puiſſe deſcendre
Eſtant répris du feu de mon amour.

Tourne rouet, tourne d'vn roide tour.
Ça cet oyſeau, ça ce panier, Toinette :
Attache eſtroit ceſte bergeronnette :
De trois ribans en trois nœus ſoyent liez
De trois couleurs ſes aiſles & ſes pieds.
Laſſe les fort : & murmure en voix baſſe
(Ce las d'amour contre Gilet je laſſe)
Contre Gilet laſſe ce las d'amour.

Tourne rouet, tourne d'vn roide tour.
De la roſee vn verdier on voit naiſtre
Au mois de May : dont le coſté feneſtre
Cache vn oſſet propre pour emouuoir,
Et le dextre ha ſon contraire pouuoir.
Le gauche oſſet d'amour les cœurs enflâme :
Le dextre éteint d'amour la meſme flâme :
Toinette, fen en deux parts ce greſſet,
Contre Gilet tire le gauche oſſet,
(Serre le ſang) pour moy le dextre tire,
A fin qu'amour en ſon rang le martyre,
Et de ſon mal je me moque à mon tour.

Tourne rouet, tourne d'vn roide tour.
Garde le ſang : car ſi Gilet retarde
A m'aleger, des drogues je luy garde
Dans vn coffret que Rouſſe me donna,
Par qui ſouuent maint parc elle étonna,
Se deſpouillant de l'humaine figure,
Et d'vne Louue affublant la nature.
De ces poiſons contre luy dés demain
Tout le meilleur je triray de ma main :
Auec ce ſang le foyë & la moëlle
D'vn vierge enfant deſſeuely par elle
Ie luy broiray pour breuuage d'amour.

Tourne rouet, tourne d'vn roide tour.
Pren ceſte aguille, & poin ceſte imagette,
Et dy, Ie tien l'amoureuſe ſagette

Contre Gilet, de qui je poin le cœur,
Le meurdriſſant d'amoureuſe langueur.
Gilet ainſi d'vne pointure pire
Reçoiue au cœur ce qu'on fait à la cire
Nauré pour moy de la fleche d'amour.
   Tourne rouet, tourne d'vn roide tour.
Porte dehors ceſte poudre, ſerree
Là où s'eſtoit vne Mule veautree :
Et jette la (mais ne te tourne pas)
Par ſus ta teſte en l'eau qui coule à bas.
Ne bouge, non : oy comme j'eſternuë,
(Ce vienne à bien) n'eſt-ce point la venuë
De mon amy ? le dois-je croire ? ou bien
Ainſin amans ſont grand'choſe de rien ?
Mais qui ſeroit en ceſte heure par voye ?
Harpant en vain du ſueil de l'huis n'aboye :
Gilet reuient bienheurer mon amour.
   Ceſſe rouet, ceſſe ton roide tour.
   Ces charmes faits, la ſorciere Martine
Arreſte là ſon rouet : Et Maupine
De l'autre part qui d'vn ſaut s'élança
Nu chef, nus bras ſes charmes commença.
De vert Lorier effueillé dans la dextre
Vn long rameau, ſous l'aiſſelle ſeneſtre
Pour vn autel trois fois trois gaʒons verds
Elle portoit de veruenne couuers.
Lors à ſon gré choiſiſſant vne place
S'arreſte court : & de ſa verge trace
Deſſus la terre vn cerne tout autour
L'arondiſſant d'vn égalé contour :
Et les gaʒons dans ce rond elle arrange
Ioins trois à trois, mainte parole eſtrange
Non ſans effect, à chef bas marmonnant
Sur chaque rang qu'elle alloit ordonnant.
   Ce fait ainſi ſa chambriere elle appelle
Luy commandant apporter auec elle
Vn vieil pannier, auquel mis elle auoit
Mainte poiſon, qui aux charmes ſeruoit :

Outre vn rechaut comblé de braife ardente
Et le mortier : d'vn trepié la méfchante
Faifoit fon fiege, & des drogues triant,
Ce qui luy plut, dit ces mots s'écriant.

MAVPINE.

O ciel, ô terre, ô mer, je brufle toute,
Toute d'amour en larmes je m'égoute :
I'aime Nicot, Nicot ne m'aime point,
Et pour l'aimer je languis en ce point.
De ce Nicot la forte Amour me domte,
Mais le felon de mon mal ne tient comte,
Qui ja neuf jours, ingrat, paffer a pu
Sans qu'vne fois feulement je l'ay' vu.
Seroit-ce point autre amour qui le lie,
Et qui fait qu'ore en la forte il m'oublie?
Ie le fçauray, telles drogues je fçay
Dans ce pannier, pour en faire l'éffay :
Ten-le moy toft, que j'y prenne, Michelle,
De frais pauot vne fueille nouuelle :
Rien ne defaut que les mots à cecy.
 Charmes charme₂ mon amoureux foucy.
Ha, laffe-moy? je fuis je fuis perdue!
Deffus mon poing cefte fueille étandue,
Las! fous ma main frapante n'a dit mot.
(Quoy, tu t'en ris, ô mefchante?) Nicot
A ce que voy, m'a donques delaiffee?
Donc il a mis en autre fa penfee?
Mais penfe t il en demeurer ainfi?
 Charmes charme₂ mon amoureux foucy.
Non en vain, non : j'ay fait experience
Du plus fecret d'vne telle fcience :
Non en vain non d'vn tel art j'ay pris foin,
Pour n'en vfer à mon plus grand befoin :
Ca ce rechaut : foufleras-tu la braife
Qui fe meurt toute? ach, qu'ainfi ne s'appaife
De mon amour le brafier adoucy.

Iean de Baif. — III.

Charmes charmez mon amoureux soucy.
De l'encens masle en ce brasier j'egraine,
Et du pauot la someilleuse graine.
Comme le tout en vn rien enfumé
Se voit ensemble en vn rien consumé :
Ainsi Nicot (si l'amour d'autre femme
Le tient encor) puisse perdre sa flâme :
Ainsi le feu dans son cœur allumé
D'oubly fumeux s'enfuye consumé.
Mais si dans luy vn autre feu n'a place,
Comme l'encens s'escoule, se desface
La cruauté de Nicot endurcy.
   Charmes charmez mon amoureux soucy.
Tel soit Nicot, quel pour la biche aimee
Le cerf en rut, & la forest ramee
Et la riuiere, & monts & plains courant
Sans reposer, forcené se mourant,
D'vn feu caché se destruit, & n'a cure
S'amenuisant ny d'eau ny de pasture :
Mais furieux sans repos sans repas,
Suit jour & nuit sa biche pas à pas :
Tel soit Nicot, & par telle folie
Mis hors du sens, & le viure il oublie,
Et le dormir de mon amour transi.
   Charmes charmez mon amoureux soucy.
Pren ces deux cœurs d'vn pair de tourterelles,
Qui s'entre-aimans l'vne à l'autre fidelles,
Voyans ce jour en vn couple viuoyent,
Et d'arbre en arbre ensemble se suiuoyent :
Tant que l'vn vit l'autre viuant demeure
Sans diuorcer : mais aussi tost que l'heure
A l'vn auient, l'autre icy ne veut pas
De son consort suruiure le trespas.
Ainsi Nicot m'aimant d'amour naïue
Ferme, loyal, moy viuant icy viue,
Et moy mourant, ne puisse viure icy.
   Charmes charmez mon amoureux soucy.
Ne puisse y viure, ains desire la mort.

Ces cœurs, Michelle, enfile & laſſe fort
De ce cheueu, diſant (Deux cœurs je preſſe
De deux amans d'vne amoureuſe leſſe)
Son cœur au mien accouplé ſoit ainſi.
 Charmes charmez mon amoureux ſoucy.
Vn de ces cœurs de ce cheueu deffile
En ce mortier, & dy : Le cœur je pile
Et j'amolis de Nicot, endurcy.
 Charmes charmez mon amoureux ſoucy.
Dans ce panier mainte herbe & mainte graine
(Que ſous les rais d'vne Lune ſereine
De ma main propre en vn temps bien ſerein
I'allay cueillant d'vn ſerpillon d'erein)
Ie garde encore : entre autres la plus chere
En vn ſachet la graine de fougere,
Qu'en plein minuit nous cueilliſmes entan
Deniſe & moy la veille de ſaint Ian.
Ie garde encore & du nid & de l'aiſle
Auecque l'œuf d'vne Orfraye mortelle,
Et du Poulain la loupe priſe au front,
Loupe d'amour, breuuage le plus promt :
Ie ſçay, je ſçay comme on les miſtionne :
Et, s'autre ſoin de moy il ne ſe donne,
Contre Nicot je garde tout cecy.
 Charmes charmez mon amoureux ſoucy.
Mais fole moy, qui le temps & la peine
Enſemble per d'vne entrepriſe vaine,
Tachant mouuoir vn fier cœur, non de chair,
Ainçois, je croy, d'imployable rocher :
Quand ma chanſon, qui les aſtres arreſte,
Retient les flots, accoiſe la tempeſte,
Sur ce felon de fer n'a le pouuoir
Pour à pitié de mon mal l'émouuoir.
La nuit s'en va : auecque la nuit brune
Dans l'Ocean s'en va plonger la lune :
L'aube deſia dechaſſant l'obſcurté,
L'air eclaircy reblanchiſt de clarté :
Le jour reuient, non pas Nicot encore.

Contre le feu, las! qui mon cœur deuore
Ny jus ny mots ne peuuent rien auſſi.
Charmes ceſſez, & ceſſe mon ſoucy.

LES AMOVREVX.

ECLOGVE VI.

Paissez douces brebis ces herbeux paſturages,
Paiſſez & n'eſpargnez de ces chams les herbages :
Autant que tout le jour d'icy vous leuerez,
Le lendemain autant vous y retrouuerez,
Qui reuiendra la nuit : vos pis en abondance
S'empliront de doux lait : de lait à ſuffiſance
Pour charger les paniers de fourmages nouueaux,
Et donner à teter à vos petits agneaux.
Robin, en cependant qu'elles broutent l'herbette,
Mon bergerot, tes yeux hors du troupeau ne jette,
Mais garde le moy bien, & me le ſay ranger,
Que les loups de ces bois ne m'en viennent manger.
Puis quand d'herbe il aura toute la panſe pleine
Mene le ſagement pour boire à la fonteine.
Où que tu le menras, ne dor point, ſay bon guet,
Que le loup cauteleux ne te trompe d'aguet :
Tandis me repoſant deſſous cette aubeſpine,
Sur ce tertre boſſu, de ma chere Francine
Les amours à par moy ſeul ie recorderay,
Et ſur mes chalumeaux je les accorderay.

 O ma belle Francine, & ne viendra point l'heure
Que nous facions tous deux aux chams noſtre demeure,
Sans qu'ainſin eſtant loin touſiours de mes amours,
Et loin de tout plaiſir, ie me plaigne touſiours?
Sans toy rien ne me plaiſt : maintenant toute choſe

Deuant moy par les chams à rire se dispose,
Et le Soleil serein de cet Automne beau
Semble nous ramener encor vn renouueau.
Ces costaux verdoyans de vignes plantureuses
Ne resonent de rien que de chansons joyeuses :
Par les granges on oit du matin iusqu'au soir
Geindre sus les raisins l'ecrouë & le pressoir :
Où le gay vendengeur de ses piés crasseux foule,
Trepignant sur la met, la vendange qui coule :
Mais sans toy tout ceçy ne me peut consoler,
Non plus que si l'orage émouuoit par tout l'air,
Non plus que si par tout ou l'oisiue froidure
Du triste yuer figeoit les eaux de glace dure,
Ou les vents tempesteux comblans le ciel d'horreur,
Par tout deracinoyent les arbres de fureur.
  O si ces prez herbus, si ces forests ombreuses,
Si ces ruisseaux bruyans, si ces cauernes creuses
Te pouuoyent agreer, si tu pouuois vn jour
En ces chams auec moy faire vn heureux sejour!
O lors ces prez herbus, lors ces forests ombreuses,
Lors ces ruisseaux bruyans, lors ces cauernes creuses,
O lors heureux ces chams, mais moy bien plus heureux
Qui jouïrois alors du desir amoureux.
  O lors belles les fleurs, ô lors les ombres belles,
Les eaux belles & beaux les antres auec elles :
O lors beaux tous les chams qui belle te verroyent,
Mais toy plus belle encor que les chams ne seroyent!
  Ie ne souhette paistre en vne large plaine
Mille troupeaux de bœufs & de bestes à laine :
Mais si je te tenoy, Francine, entre mes bras,
Pour tous les biens de Rois ie ne ferois vn pas.
  I'ay vn bel antre creux entaillé dans la pierre,
De qui la belle entree est toute de lierre
Couuerte çà & là : trois sourgeons de belle eau
Sourdans d'vn roc percé font chacun son ruisseau,
Qui d'vn bruit enroué sur le grauois murmure,
Et va nourrir plus bas d'vn preau la verdure :
Des loriers tousiours verds y rendent vn doux flair

Faisans vn tel ombrage, & rempliſſent tout l'air.
Et j'ay là tout joignant vn bien toffu bocage,
Où les roſſignolets degoiſent leur ramage,
Les gais roſſignolets leur chanſon au printemps,
Les petits oiſillons leur ramage en tout temps.
  Dedans cet antre cy tu ferois ta demeure,
Ma Francine, auec moy : là touſiours à toute heure
Ie ferois auec toy : & de nuit & de jour
Ou nous en parlerions ou nous ferions l'amour.
Le Soleil fuſt qu'il vint donner lumiere au monde
Au matin, fuſt qu'au ſoir il la plongeaſt dans l'onde
De ſon hoſte Ocean, enſemble il nous verroit
Quand il s'iroit coucher, quand il ſe leueroit.
Il nous verroit enſemble au matin mener paiſtre
Dans les paſtis herbeux noſtre beſtail champeſtre :
Le mener au matin quand il ſe leueroit,
Le ramener au ſoir quand il ſe coucheroit.
  Francine, quelquefois j'irois à ta requeſte,
Denicher les ramiers grimpant au plus haut feſte
Du cheſne le plus haut : au pié tu m'attendrois,
Et pour me receuoir tes bras tu me tendrois :
Quelquefois cependant que nos beſtes paiſſantes
Brouteroyent par les chams les herbes verdiſſantes
A l'ombre retirez (l'ombre nous chercherions
Tout l'eſté, tout l'yuer au ſoleil nous ferions)
Nous redirions tous deux en gaye chanſonnette
Nos heureuſes amours ſur ma douce muſette :
De ma muſette moy j'atremperoy le ſon,
Toy tu accorderois ta voix à ma chanſon.
Parfois tu chanterois, parfois comme enuieuſe
Sur ma douce muſette, en façon gracieuſe
Entrerompant ſon chant de ma bouche l'otrois,
Et ſur ma bouche au lieu ta bouche tu mettrois.
Voſtre grace, ô bons Dieux, me ſoit tant fauorable
Que ie puiſſe jouïr d'vn heur ſi deſirable.
O que cecy nous peuſt vne fois auenir!
Lors ie ne voudroy pas Roy des Rois deuenir
Pour perdre ma fortune : encores que la greſle

Me gataſt blés & vins, encor que pelle-meſle
Tout mon beſtail mouruſt, plus riche ie ſeroy
(Ce me ſeroit aduis) que le plus riche Roy.
    Mais cecy n'aduiendra non ſeulement en ſonge:
Iamais ne ſoit qu'en toy toutefois ie ne ſonge,
Touſiours deuant mes yeux ta face recourra,
Touſiours dedans mon cœur peinte elle demourra.
Et Francine, combien que loin tu ſois abſente,
Pluſtoſt ſoy-ie muet que nos amours ne chante:
Vous rochers & vous bois, qui touſiours entendrez
Mes amours, auec moy mes amours apprendrez.
Soit qu'entre mes troupeaux à l'ombre ie me tienne,
Soit que ie buſche au bois, ſoit que chez moy ie vienne,
Soit que ie voiſe aux chams, tout ce que ie feray,
O Francine, par toy ie le commenceray.
Ie diray nos amours, de toute ma poitrine,
De tout mon cœur tout tien te ſouſpirant, Francine.
Les Faunes de ces monts, les Nymphes de ces bois
(S'ils y ſont) entendront mon amoureuſe voix:
Et ſi par ces rochers & ces foreſts eſpaiſſes
Il ne ſe trouue plus de Dieux ny de Deeſſes,
A ce bois & ces monts ſi perdray-je ma voix
Faiſant bruſler d'amour & les monts & les bois.
Pluſtoſt ſeront haïs les verdiſſans herbages
Des ſimplettes brebis, & des beſtes ſauuages
Les arbreuſes foreſts: les poiſſons dans les eaux
Ceſſeront de hanter, & dans l'air les oyſeaux:
Pluſtoſt que de mon cœur l'amour que ie te porte,
Pour y loger vn autre, ô ma Francine, ſorte.
Vrayment tu ne dois point craindre que la langueur
Où ton amour me tient, s'arrache de mon cœur:
D'autant que du Printemps qui en May renouuelle,
La joyeuſe verdeur plus que l'yuer eſt belle:
D'autant que du beau jour la lumiere qui luit
Eſt plus claire que n'eſt l'obſcurté de la nuit:
D'autant Francine auſſi tu me ſembles plus belle
Et plus chere tu m'es que nulle autre pucelle:
Ces monts m'en ſont temoins, & ces antres cauez

En plus de mille endroits de ces vers engrauez :
Les gardons des counils hanteront les tannieres,
Et les counils au lieu des gardons les riuieres,
Où se couche le jour le Soleil leuera,
A l'heure que Toinet Francine quittera.
Mais cependant qu'icy ie flatte ma pensee,
Du Soleil abaissé la chaleur est passee,
Et la fraicheur reuient : mais d'amour la chaleur
Ne se peut rafraichir au profond de mon cœur.
Le Soleil desia bas estand l'ombre allongee,
Et sa flambe s'en va dans l'Ocean plongee :
Il est heure d'aller retrouuer mon troupeau
Pour garder que les loups n'endommagent leur peau.

IANOT.

ECLOGVE VII.

PERROT. BELOT.

Vne vache auant-hier des autres écartee
De fortune s'estoit dedans les bois iettee,
Et deux heures auoit qu'à tous les pastoureaux
Que ie pouuoy trouuer qui ussent des toreaux,
D'elle ie m'enqueroy, sans qu'aucune nouuelle,
Ayant long temps couru, j'usse pu sçauoir d'elle :
A la parfin tout las n'en pouuant presque plus
Ie vins où deux pasteurs l'vn contre l'autre esmus
Se deffioyent l'vn l'autre à qui auroit la gloire
De sçauoir mieux chanter auecque la victoire :
Ils estoyent prests de dire, & n'auoyent que besoin
D'vn tiers, qui d'en juger voulust prendre le soin.

Ces deux eſtoyent Perrot & Belot, tous deux gardes
De beſtail, mais diuers : l'vn des cheures gaillardes,
L'autre auoit des brebis : chacun eſt bon joueur,
Et bon chantre chacun, & chacun en la fleur
De ſon âge : Belot ſonne de la muſette,
Perrot ſur le rebec jouë ſa chanſonnette :
Ont mis gages en jeu : Perrot mit deux cheureaux,
De la part de Belot furent mis deux agneaux.
 D'auſſi loin que Perrot m'apperçoit, il m'appelle :
Toinet, vien-t'en icy, ie te diray nouuelle
De ta vache égaree : elle eſt en ce troupeau
Là bas dedans les prez, où coule ce ruſſeau.
Ne t'en tourmente plus : il n'y a point de perte :
Mais ſi tu as loiſir, vien deſſus l'herbe verte
T'aſſeoir auecque nous : tu te repoſeras,
Et de noſtre debat le juge tu feras.
Icy deſſous ce Pin le doux vent de Zephire
Rafraichiſſant le chaud molletement ſouſpire :
Icy par ces rameaux deſſus nous eſtendus,
De l'ardeur du Soleil nous ſerons deffendus.
 Qu'uſſé-je fait alors ? & ſi j'auois mes hayes
A redreſſer encor, & ſi j'auoy les clayes
De mes parcs à laſſer : mais ie voyoy l'ébat
De Perrot & Belot qui eſtoyent en debat.
Ie penſe quelque peu que c'eſt que ie doy faire :
A la fin pour leur jeu ie quitte mon affaire.
Car j'eſtoy tout en eau d'auoir couru ſi loin,
Et de me repoſer j'auoy tout bon beſoin.
Donc entre eux ie m'arreſte : à chanter ils ſe mirent,
Et chantans tour à tour l'vn l'autre ils ſe ſuiuirent :
Belot reſpondoit là, Perrot chantoit icy :
Aux Muſes il plaiſoit qu'ils chantaſſent ainſi.

PERROT.

Muſes, mon cher ſoucy, faites que j'oſe dire
Vne chanſon pareille à celles de Titire :
Sinon, comme ſon chant approche de celuy
D'Apollon, que le mien puiſſe approcher de luy.

Belot.

Phebus dieu paſtoral, ce t'eſt choſe facile
De me faire pareil à Dafnis de Sicile :
Si ie n'y puis venir, te vienne bien à gré
Ma muſette pendue à ton lorier ſacré.

Perrot.

Sandrine m'aime bien : quand ie paſſe aupres d'elle,
Tant loin qu'elle me voit, elle ſe fait plus belle.
Combien m'a t elle dit de propos gracieux ?
Vents, portez-en vn mot aux oreilles des dieux.

Belot.

Liuette me hayt-elle ? hier comme ie paſſe
Deuant ſon huis, la belle (ô Dieu, de quelle grace !)
Me jette vn beau bouquet : & moy de m'approcher :
Ie me baiſſe, & le pren, & le garde bien cher.

Perrot.

Quand le ciel courroucé d'vn horrible tonnerre,
Tempeſte parmy l'air, ſous luy tremble la terre,
Fait bondir les eſclats, tout bruit d'ire irrité :
Telle Sandrine m'eſt en ſon œil depité.

Belot.

Quand le joyeux printemps de diuerſes fleurettes
Peint des prez verdiſſans les herbes nouuellettes,
Par tout ſereine rit la gaye nouueauté,
De Liuette telle eſt la riante beauté.

Perrot.

Hé, les vignes en fleur craignent la greſle dure,
Les arbriſſeaux fueillus de l'yuer la froidure,
Et la gueule des loups eſt la mort des moutons :
Mais le cruel amour eſt la mort des garçons.

BELOT.

Les abeilles des fleurs, les fleurs de la rosee,
La rosee de l'ombre au printemps se recree :
Des tendres jouuenceaux tousiours les jeunes cœurs
Sont aises de souffrir amoureuses langueurs.

PERROT.

A ma gente Nymphete vn Ecureuil ie donne :
Si j'aperçoy demain qu'il plaise à ma mignonne
Vn autre j'ay tout prest, lequel apres demain
A ma mignonne encor ie donray de ma main.

BELOT.

Vn Sansonet mignon dans vne belle cage
L'autre jour luy donnay, qui outre son ramage
Suble mainte chanson : si elle l'aime bien,
Vn autre j'ay tout prest qu'elle peut dire sien.

PERROT.

Ma Sandrine m'appelle, & puis elle se cache,
Et me jette vne pomme, & rit, & se detache,
Et se decoiffe exprés, à fin que si ie veux
Ie voye son beau sein & ses jaunes cheueux.

BELOT.

Ma Liuette m'attend au bord de la riuiere :
Là elle me reçoit en si douce maniere
M'acolant & baisant, que sur le bord de l'eau
Moy-mesme ie m'oublie auecque mon troupeau.

PERROT.

L'air sera pluuieux, & trouble l'eau courante,
Le pré se fanira si ma Nymphe est absente :
Mais si elle suruient, l'air s'aille esclaircissant,
Et l'eau deuienne claire, & le pré fleurissant.

BELOT.

Tout le bois verdira, l'eau fera claire & nette,
Le pré fera fleury, s'ils fentent ma Nymphette :
Mais fi elle s'en part, les fueilles fletriront,
L'onde fe troublera, les fleurs fe faniront.

PERROT.

Quiconque atteint d'amour heureufement foupire,
Si par les antres creux quelquefois il vient lire
Nos deux noms engrauez, ó qu'heureufe il dira
Celle pour qui Perrot amoureux languira !

BELOT.

Bergers, qui par ces lieux gardez vos brebiettes,
Sur l'efcorce des troncs lifant mes amourettes
Beniffez le berger, qui aprit tous ces bois
De refpondre le nom de Liuette à fa voix.

PERROT.

Priape, fi tu veux à ma flâme amoureufe,
Sandrine adouciffant, mettre vne fin heureufe :
Si tu me peux guerir : jamais ton autelet,
Soit Hyuer, foit Efté, n'aura faute de lait.

BELOT.

Nymfes des enuirons toufiours dans vos chapelles
Maints chapeaux tortiffez de fleurettes noūuelles
Ie vous prefenteray, fi vous daignez toufiours,
Comme vous auez fait, me garder mes amours.

PERROT.

O Nymfe, fi tu es plus fraiche que la rofe,
Plus blanche que du lis la fleur de frais éclofe,
Plus belle qu'vn beau pré : veilles te fouuenir,
Si tu aimes Perrot, à ce foir de venir.

BELOT.

O Nymfe, eſtime moy plus piquant que l'eſpine,
Beaucoup moins qu'vn oignon, plus amer qu'aluïne,
Si ce jour ennuyeux ne m'eſt plus long qu'vn an :
Ne fau donc de venir où ce ſoir ie t'atten.

IANOT.

L'vn apres l'autre ainſi ces deux Paſteurs chanterent,
Et leur chanter finy mon aduis demanderent :
Alors comme voulant de tous deux l'amitié,
Entr'eux deux ie party l'honneur par la moitié.
Paſteurs viuez amis : que l'vn à l'autre jure
Vne entiere amitié : changez voſtre gajure.
Perrot, pren de Belot ces jumeaux agnelets,
Belot prendra de toy tes cheureaux jumelets :
De leur ſang vous teindrez l'autel des neuf pucelles,
Les Dames d'Elicon, les neuf ſœurs immortelles,
Qui vous ont de leur gré tant de beaux vers donnez,
A fin que de leur main vous ſoyez couronnez.

LE CYCLOPE

ov

POLYFEME AMOVREVX.

ECLOGVE VIII.

A PIERRE LE IVMEL.

En vers enflez autre que moy rechante
Du fier Cyclop la cruauté mechante,
Comme jadis ſous l'Ethnien rocher
Il a ſoulé ſa faim d'humaine chair :

Quand le fin Grec par le vin Maronee
Sa cruauté vengeur a guerdonnee:
Luy creuant l'œil : moy, IVMEL, que Cypris
M'ornant de Myrte a pour son Poete pris,
Du doux Cyclop ie dy la douce flâme.
 O le pouuoir de la puissante dame !
Quand ce felon que nul hoste estranger
Ne vit jamais sans dommage ou danger,
Cet inhumain, l'horreur des antres mesmes,
Ce mespriseur des demeures supresmes
Et de leurs dieux, sent que c'est du brandon
Qu'allume en nous son enfant Cupidon.
Ia nonchalant de sa troupe escartee,
Il brusle tout du feu de Galatee,
Si que souuent son bestail sans berger,
S'en vient espars aux antres heberger.
Tandis il met toute sa diligence
A se parer : à toute heure il s'agence :
Or d'vn rateau sa perruque pignant,
Or d'vne fau sa grand' barbe rognant,
Dans la mer calme il se mire, & nettoye
Son front crasseux, se polist, se cointoye :
La soif de sang, l'inhumaine rigueur,
Dauant l'amour deslogent de son cœur.
Ia les vaisseaux à seurté vont & viennent,
Et sans danger à la rade se tiennent,
Tandis qu'amour de son feu le fait sien,
L'empesche tout, & ne le lasche à rien :
Lors que son ame est du tout arrestee
Pour amollir sa dure Galatee :
Mais plus ardant il l'aime & la poursuit,
Plus elle froide & le hayt & le fuit
Par les forests : tandis il se lamente,
Et de son dueil l'air & l'onde tourmente
Creuant de voir son corriual Acis
Dans le giron de sa mignonne assis,
Et luy suer en sa poursuitte vaine.
 Or vne fois pour alleger sa peine

Il se vint soir sur le dos d'vn rocher
Faisant ses pieds à fleur de l'eau toucher:
Et s'efforça, souflant sa chalemie
A cent tuyaux, de flechir son amie
D'vn chant d'amour, que l'eau mesme sentit,
Chant que le mont alentour retentit:
Maint Satyreau, mainte Nymfe ententiue
Sous les bosquets à ceste voix plaintiue
Tindrent leurs pas, quand Cyclops langoureux
Emplit le Ciel de ce chant amoureux.

O belle Nymfe, ô blanche Galatee,
O trop de moy par amour souhettee,
Belle pourquoy me viens-tu reboutant
De ton amour, moy, moy qui t'aime tant?

Plus que les lis, ô Nymfe, tu es blanche,
Ton teint plus frais que la pome plus franche,
Plus delicate est ta douillette chair;
Que le poussin frais esclos, à toucher:
Plus esclattant luit ta beauté fleurie
Qu'au beau Printemps la diuerse prairie:
Bien plus lascif est ton maintien folet
Que le gay bond d'vn aigneau tendrelet
Et ton œil vif la belle estoille efface.
Voire diray que ta grand' douceur passe
Le raisin meur, si tu me veux aimer:
Sinon sinon, plus fiere que la mer,
La fiere mer, où tu fais ta demeure.
Plus rude encor que la grappe non meure,
Et plus cruelle en ta brute beauté
Que des Lyons la fiere cruauté.
Moins que ces rocs de mes larmes ployable,
Plus que cet eau trompeuse & variable:
Et ce qui plus me nuit que ton dedain,
Deuant mes pas plus fuiarde qu'vn Dain.

Tu viens icy tandis que ie sommeille,
Mais tu t'en cours si tost que ie m'éueille,
Et tu me fuis comme fuit le ramier
En l'air suiuy du Faucon passagier:

Bien qu'apres toy ma courſe ie n'auance,
Comme l'oyſeau ſur le pigeon s'elance,
Pour t'offenſer, mais l'amour qui m'eſtraint
A te ſuiuir forcené me contraint.

Premier premier de ton amour la braiſe
Par l'œil au cœur me deſcendit; Mauuaiſe,
Quand vous alliez aux fraiſes dans les bois
(Et qu'à mon dam chetif ie vous guidois)
Ma mere & toy, toy meſchante, elle bonne,
Depuis ce temps le dur mal ne me donne
Vn ſeul repos, ne me laſche vn repas,
Et toutesfois tu ne t'en ſoucis pas.

Ah, te cognoy; deeſſe toute belle,
Ie cognoy bien pourquoy tu m'es rebelle:
Ce poil eſpais tout-rebours, cet œil rond
Que i'ay ſi large au milieu de mon front,
De mon grand corps ceſte geante maſſe,
Sont les horreurs qui m'oſtent de ta grace.
N'ay-ie qu'vn œil? le tout-voyant Soleil
Qui luit par tout, luit-il de plus d'vn œil?
Et ſi ie porte epaiſſe cheuelure,
L'arbre eſt-il beau ſans epaiſſe fueillure?
Et ſi membru ie ſurmonte en grandeur
Mes compagnons, n'eſt-ce pas vn grand heur?
Et pourquoy donc me fuis-tu, dedaigneuſe?
Car ſi tu crains ma barbe trop hideuſe,
N'ay-ie du feu? prens-en, bruſle la moy,
Ie le veu bien, pour t'oſter cet eſmoy:
Puis qu'en mon cœur de mon bon gré j'endure
Pour ton amour, vne ſi chaude ardure:
Bruſle cet œil, ie ne veu t'empeſcher,
Bien qu'il me ſoit ſur toutes choſes cher:
Mais plus que luy tu m'es encores chere.
Quoy? eſt-il rien que ie ne tâche faire
Pour toy felonne? & trop humble, combien
Que ie fay tout, tout ne me ſert de rien:
Quand pour cela ta rigueur ne s'alente,
Quand ta douceur pour cela ne s'augmente.

Plus ie te suis en tout obeïssant,
Plus ta fierté s'ostine orgueillissant.
Mais si l'amour que constant ie te porte,
Pour te flechir ne te semble assez forte,
T'esmeuue donc l'espoir de tant de biens,
Qui miens encor, si tu veux seront tiens.
Mille troupeaux & de bestes à laine
Et de grans beufs au mont & dans la plaine
Paissent pour moy : & de cheures aussi
Mille troupeaux pour moy broutent ici.
Soir & matin tant de lait on m'en tire,
Que, s'il me plaist, sans mentir j'ose dire
En pouuoir faire vne mer ondoyer,
Sous qui ces prez tu verras se noyer :
Et s'on pouuoit dans la basse campagne
Le pressurer tout en vne montagne,
Le mont caillé qui s'en assembleroit,
De sa hauteur ce mont egalleroit.
Maint beau fruitier d'an en an me raporte
Fruits sauoureux & de diuerse sorte :
Iour n'est en l'an que ie n'aye à foison
Fruitages meurs, chacun en sa saison.
Dans mes vergers si tu veux, pucellette,
Tu en feras de ma main la cueillette,
Si tu ne veux nostre terre blasmer
Pres des grans biens qu'on reçoit en ta mer.
Mais quel plaisir dessous la mer chenuë
Pourroit-on prendre auec l'enjance muë?
Ou, si tu sors de ton moite manoir,
Mille Cyclops icy tu pourras voir
Sous le doux son de ma flûte entonnee
A faire sauts passer vne journee,
Et parmy eux mille Nymfes aussi
Qui pour m'aimer prennent peine & souci :
Ingrattement mainte Nymfe pourchasse
Mon cœur; helas! que ta fierté dechasse,
Cœur martyré par ton cruel dedain,
Mais desiré de mille autres en vain.

Iean de Baif. — III.

Que ne naquy-je, alheure que premiere
Sur moy luisit de ce jour la lumiere,
Comme vn daufin auec des ailerons?
Ainsi cueillant en tout temps les fleurons,
(Au doux Printemps des perces violettes,
Au chaud Esté des roses vermeillettes.)
I'irois aux flots mon corps abandonnant
Te les donner : & là, te les donnant,
Baiser, sinon ta bouchette vermeille,
Au moins ta main à ces roses pareille :
Mauuaise, au moins ce doux attouchement
A mon grand feu donroit allegement :
Au feu d'amour, qui dedans ma poitrine
Me cuit le cœur, & mes moelles mine
Dedans mes os : ô moëlles, ô cœur,
Chetif apast de l'amoureuse ardeur !
Mais cet ardeur ne sera consumee
D'autre que toy, qui me l'as allumee :
Que toy qui peux d'vn clin d'œil me guerir,
O ma deesse, ou me faire mourir.
Moy Polyfeme, qui ne crain ne redoute
Ce foudroieur, que creint la terre toute,
Qu'on dit brandir le tonnerre en ses mains,
Tant redouté de ces chetifs humains.
Ie crein toy seule, à toy seule i'abaisse,
Me tapissant, de mon cœur la hautesse :
Moy qui tous dieux mesprise egallement,
Ta deïté i'adore seulement.
Sor donc des eaux, & vien icy t'esbatre,
Laisse les flots contre leurs riues battre :
Sor Nymphe, sor, vien domter en tes bras
Vn que les dieux, non, ne domteroyent pas.
Vien Galatee, vien t'en : si bon te semble,
Les pis laiteux nous étreindrons ensemble,
Ensemble icy le lait nous caillerons :
Nous d'vn accord le bestail menerons,
Menans vnis vne si bonne vie,
Que ces beaux dieux y porteront enuie.

Mais, ô moy sot, quand tout ce que ie dy
Se perd en l'air par les vents assourdy.
   Cyclops, Cyclops, mais où s'est égaree
De ton bon sens la constance asseuree ?
Pourquoy suis-tu l'ingrate qui te fuit,
Fuyant ingrat vne autre qui te suit?
« *Celuy vrayment estre en malheur merite,*
« *Qui de son gré son bonheur mesme euite.*
Laisse la là, ta besongne repren :
Recueillir fruit d'vne mer n'entrepren.
   Ainsi chantant sa douleur a flattee
L'vnœil Cyclops, lors que sa Galatee
Poussa le chef hors de l'onde, & soudain
Se replongeant se cacha par dedain :
Et, laissant là Polyfeme en sa rage,
Vers son Acis entre deux eaux renage,
Où le doux fruit à son mignon rendoit
Que l'autre en vain languissant attendoit.

PAN.

ECLOGVE IX.

D'vn *vers Sicilien ma Muse par la France*
Ne rougissant de faire aux champs sa demeurance,
A bien daigné jouër, & par elle enhardy
Ces roseaux que j'entonne à mon col ie pendy :
En ces roseaux Titire affoiblit son haleine
Pour le bel Alexis, & pour chanter Silene :
Silene il a chanté, Silene ie teray,
Mais la belle chanson de Pan ie chanteray.
   Toy, soit que les estats du peuple tu ordonnes,
Les rangeant sous tes loix, soit que seul tu t'adonnes

Sous l'antre Aonien, vien voir bien auancé,
O CHARLE, *à ton aueu l'ouurage commencé.*
Muſe, ſuy ton propos, de moy rien ie n'auance :
Sans ton aide ma voix n'auroit point de puiſſance.
Deeſſe aide moy donc, dicte moy, j'eſcriray :
Ce que tu me diras aux autres ie diray.
   Menalcas & Mycon paſtoureaux d'Arcadie
Virent Pan endormy : ſur luy ſa chalemie
A vn rameau pendoit : ſon chapeau de Pin vert
En terre eſtoit coulé de ſon front decouuert :
De ſa main ſa maſſuë eſtoit cheute en la place
Où le Dieu s'eſtoit mis tout laſſé de la chaſſe :
A l'ombre d'vn Sapin le ſommeil l'auoit pris.
Là ces deux paſtoureaux endormy l'ont ſurpris,
Et d'vn accord tous deux le lier deliberent :
Soudain de hars d'oſier, qu'à propos ils trouuerent,
Le viennent garroter : Drymon aux longs cheueux,
La Najade Drymon ſe mét d'auecques eux :
Et comme il commençoit d'entrevoir la lumiere,
Ses cornes & ſon front barbouille par derriere
Des Meures qu'elle auoit. Luy d'eux ſe ſouriant,
Pourquoy, ce leur dit-il, me venez-vous liant ?
Enfans, deſliez-moy : Paſtoureaux vous ſuffiſe
D'auoir conduit à fin voſtre fine ſurpriſe :
Deſſaites ces liens : Enfans, pour ma rançon
La chanſon vous aurez, c'eſt pour vous la chanſon :
Car i'ay pour ceſte-cy ſa récompenſe preſte.
Ils desfont les liens : à chanter il s'appreſte :
Alors vous euſſiez veu tout autour de ces lieux
D'vn branle ſauteler Nymphës & Demy-dieux,
Dryades & Satyrs dancer par les bocages,
Les Najades des eaux pouſſer leurs beaux viſages
Hors des ondes, en rond ſe mener par la main,
Et iuſques au nombril decouurir tout le ſein.
   Il chantoit de ce Tout les ſemences encloſes
Dans le Chaos brouillé, ſource de toutes choſes,
Le feu, l'air, & la mer, & la terre, & comment
Tout ce qui vit ſe fait de chacun element :

Comme en bas s'assembla la plus pesante masse,
Dessus qui s'estendant Neree prit sa place :
Et comme peu à peu le monde se forma,
Comme dedans le Ciel le Soleil s'alluma :
Faisant tout esbaïr de sa belle lumiere
La Terre, qui n'estoit de la voir coutumiere :
Les fleuues & les monts & les champs découuers,
Et les bois, & de tous les animaux diuers :
Puis des hommes le genre, & leur âge doree
Qui sauuage vagoit par les bois égaree,
Viuant des glans cueilliz : & comme des forests
Ils quitterent les fruits pour les dons de Cerés.
Il chanta des dragons les couples attelees
Au char Athenien : puis les gens reculees
Sous le Soleil leuant que Bacchus surmonta,
Et le present des vins qu'en Grece il aporta.
 Il ajouste Venus d'Adonis amoureuse,
Comme son fils Amour la rendit langoureuse,
Quand la venant baiser sa gorge il esleura
D'vn trait, dont le venin dans elle demeura.
Le coup n'aparoist point : plus grande est la blessure
Que la montre n'en est : petite est la pointure,
Mais le venin coulant au profond de son cœur,
Peu apres decouurit vne grande langueur.
Adon a tout son cœur : de Paphe & d'Amathunte
Et de Cnide & d'Eryce elle ne fait plus comte.
Elle quitte le ciel, le ciel plus ne luy plaist :
Plus que le ciel Adon, son cher Adon luy est.
Adon vange en Venus de sa mere l'outrage,
Venus à son Adon donne tout son courage,
Et le tient & le suit, & ne fait rien, sinon
Que pour sembler plus belle au gré de son mignon.
Ajant le jarret nù, la robe recourfee
Sur les hanches, ainsi que Diane troussee,
Elle accompagne Adon : atrauers les halliers,
Atrauers les cailloux elle suit les limiers.
Si quelque Nymphe icy sent la pointure amere
Qu'Amour fait de ses traits, qu'elle voye sa mere,

Sa mere qui son cœur n'en a peu garentir :
Quel autre se pourroit sauuer de la sentir ?
Monts & bois elle broſſe : ah, que la ronce dure
Ne teigne de son sang la douillette charnure !
Ah, que le dur caillou, s'elle haste ses pas,
Les plantes ne meurdriſſe à ses pieds delicas !
Aſſiſe quelquefois sous quelque frais ombrage,
Creintiue preuoyant son ja prochain domage,
Elle aduertit Adon, si pour l'en aduertir
Son malheur trop voisin elle eust peu diuertir.

  Aux Sangliers, aux Lyons ny aux Ours ne t'adreſſe :
Encontre les hardis que vaut la hardieſſe ?
Celles bestes poursuy qui ne se deffendront,
Et n'aborde jamais celles qui t'attendront.
De ton âge la fleur, & de ta belle face
Le teint frais & poly, & toute celle grace
Que tu as, qui a pu ta Venus émouuoir,
Sur les cœurs des Sangliers n'auroit point de pouuoir.

  Adon ne laiſſe pas de croire son courage,
Et de l'épieu touſiours la beste plus sauuage
Il attend, tant qu'vn jour vn Sanglier luy cacha
Ses deffenſes en l'egne, & nauré le coucha,
Nauré las, à la mort ! Voicy Venus atteinte
D'vne grieue douleur, qui fait sa triste plainte :
Les bois & les rochers de son dueil douloureux,
Respondent tristement à ses cris langoureux.

  Demeure Adon, demeure, à fin que ie t'acole
Ceste derniere fois, & que ie me console
De ce dernier baiſer : repren cœur mon Adon :
Que ie reçoiue au moins de toy ce dernier don :
Baiſe moy cependant que ton baiſer a vie,
Ains que l'ame te soit entierement rauie :
De ta bouche en ma bouche auecque ton doux vent
Dans mon cœur ie feray ton ame receuant.
Ton ame dans mon cœur pour confort de ma peine
Coulera doucement auecque ton aleine :
Par ce baiſer aimé l'amour ie humeray
Qu'à iamais dans mon cœur pour toy ie garderay,

*Pour toy, car tu me fuis : tu t'en fuis fous l'empire
De ce Roy fans pitié, Roy de chagrin & d'ire:
Tu meurs, tu fuis, ie vy, & pource que ie fuis
Exemte de mourir, te fuiure ie ne puis.*

 *Venus de fes doux yeux autant de pleurs larmoye
Qu'Adon perd de fon fang, qui de fa playe ondoye,
Et tout degoutte en terre, où du fang & des pleurs
A coup (miracle grand!) naiffent de belles fleurs.
Lis de blanche couleur & blanches violettes
S'engendrerent en bas des claires larmelettes:
Du fang vermeil coulant tous fleurons vermeillets
Rofes teintes de rouge, & de rouges œillets.*

 *Il chante apres l'Amour d'Alphé & d'Arethufe :
Le fleuue la pourfuit, la Nymphe le refufe,
Et pres Pife fe jette aux vagues de la mer
Et nage en Ortygie : Alphé brufle d'aimer,
Si bien que trauerfant l'eau des vagues falees
Apres elle il conduit fes ondes aualees
Au profond Ocean : & luy porte en tout temps,
En tout temps fon eau douce, & des fleurs au Printemps
Pour dons de fon amour : fans qu'il mefle fon onde
Auec l'onde marine où elle eft plus profonde.
O qu'Amour eft peruers & faux petit garçon,
Qui les fleuues apprend à faire le plonjon !*

 *Il chante apres, comment de l'amoureufe rage
Pygmalion fut point, efpris du propre ouurage
Que fes mains auoyent fait : mourant il languiffoit
Pour ne pouuoir jouïr dont plus il jouïffoit.
Venus en ut pitié : vn jour il s'émerueille
De fon yuoire blanc qui prend couleur vermeille,
Et de fes bras qu'il fent mollement enfoncer
Sur l'yuoire atiedy le voulant embraffer :
Son image prend vie : adonques il approuche
D'vn baifer plus heureux la bouche fur la bouche :
La pucelle en rougit : & de fes yeux poureux
Auffi toft que le jour connut fon amoureux.*

 *Diray-ie comme il dit l'outrecuidé Satyre,
Qui ofa follement de fa flûte la lyre*

D'Apollon assaillir? qui ecorché n'auoit
Par tout son corps sanglant qu'vne playe qu'on voit?
Le fleuue de son sang, dont les ondes plaintiues
Portent encor son nom, qui dans leurs tristes riues
Sourdans dessous le pié du miserable Pin
Par les champs Asiens bruyent sa triste fin?

 Diray-je comme il dit de Midas les oreilles
Qu'Apollon luy fit d'asne, & les grandes merueilles
De tout ce qu'il touchoit qu'il faisoit or soudain,
Et pour estre soul d'or sa malheureuse faim?

 Apres il racontoit le banquet de Tantale
Qu'il fit de son fils propre, & Cerés qui auale
L'épaule de l'enfant : puis l'yuoire il chanta
Qu'au lieu de son épaule à Pelops on anta.

 Puis il chante Amphion, qui au son de sa Lyre
Bastit les murs de Thebe : apres il vient redire
Les nosses d'Armonie & de Cadme, tous deux
Qui muez en serpents se trainerent hideux :
Le Dieu chanta cecy, tout cecy dequoy l'âge
Abolist la memoire : Il chanta : le bocage
Retentit sa chanson jusqu'à tant que la nuit
Aux Cieux, qu'il retenoit, les estoilles conduit.

LES BERGERS.

ECLOGVE X.

CLAVDIN. IANET.

Svt, sut, allez camuses brebiettes,
Puis que de paistre ore soules vous estes :
Allez au frais sous les fueillus ormeaux,
Au bord herbu de ces bruyantes eaux :

Puis que du jour la hauteur plus brulante
Darde du Ciel son ardeur violante,
Aux champs grillez : or que par les buissons
Les grezillons reueillent leurs chansons.
　Sous ces ormeaux allons mes brebiettes :
Là vous orrez mes gayes chansonnettes
Auec les eaux bruire si doucement
De mes amours, que d'ébaïssement
Vous en perdrez de pasturer l'enuie :
En allant donc ceste pree florie
Paissez troupeau : Toy Louuet cependant
Tien l'œil au guet vers ce tertre pendant.
Là deuant hier vn loup bauant de rage
Vint se ruer, tâchant faire dommage
Sur le bestail que Robin y menoit :
Vne brebi dans sa gueulle il tenoit
Et l'emportoit : quand le berger l'auise,
Haste son chien, luy fait lascher sa prise :
Guette Louuét, si bien que pas à pas
Le loup tresné ne nous dommage pas.
　Mais qu'est ce là que ie voy sous vn orme ?
Ie ne puis bien juger d'icy sa forme,
Si c'est vn homme à le voir, ou si c'est
Quelque souchon tiré de la forest.
Or maintenant ie voy que c'est vn homme,
Ie le sçay bien, & Ianet il se nomme :
Car tout aupres son remachant troupeau
Ie reconois à voir sa noire peau.
C'est ce Ianet, qui dans nostre contree
Seul a si bien sa musette accoustree,
Que seul de tous (tant il sçait bien chanter)
Peut à bon droit mon pareil se vanter.
　Or sommes-nous arriuez à l'ombrage :
Bestail par trop ne te fie au riuage.
Ne voy-tu pas le belier de Ianet,
Qui tout honteux aupres de ce genet
De l'autre part sa peau seche au soulage ?
« Bienheureux est qui de l'autruy dommage

« Sage ſè fait. Donc brebis ſerreʒ vous
Que ne ſoyeʒ la paſture des loups.
  Ianet, tu dors : de bout, & te reſueille.
Qu'eſt-ce Ianet, qui ſi fort t'aſſommeille?
Quoy? paſſes-tu pareſſeux à ſejour
De meſme train & la nuit & le jour?
Comment? j'ay veu qu'entre la bergerie
Il n'y auoit (ie dy ſans raillerie)
Que pour Ianet à garder & veiller:
Et maintenant qui te fait ſommeiller?

IANET.

Claudin berger, apres la minuit coye
Dedans ma borde en repos ie dormoye,
Quand mes maſtins m'eſueillans tout à coup
Pres de mon parc aboyerent au loup:
Leué ſoudain, au loup, au loup, ie crie
Iuſques au jour : depuis ma bergerie
Ie recontay piece à piece, & depuis
Ie n'ay bougé de la place où ie ſuis,
Où lè ſommeil m'a tins juſqu'à ceſte heure.

CLAVDIN.

Ie n'en veu pas vne excuſe meilleure,
Mais doux Ianet, à ton col, cependant
Que te ſeruoit ton flageolet pendant
De la jartiere (il m'en ſouuient) qu'Annette
T'y mit antan pour vne chanſonnette
Que tu luy fis? n'es-tu plus amoureux?

IANET.

Si ſuis vrayment, & m'en eſtime heureux:
Et toy compain, n'aimes-tu pas encore?

CLAVDIN.

Si fay, ſi fay : mais Ianet, veu-tu qu'ore
Nous recordions quelque belle chanſon

De nos amours ? moy j'accordray au son
De ton flageol : toy à ma chalemie :
Chacun de nous chantant de son amie,
D'Anne & Lucette : & bien, le veux-tu pas ?

IANET.

Ie ne voudroy refuser tels ébas :
Tu sçais trop bien qu'à peine ie refuse
Qui que ce soit des chansons de ma Muse :
Mais toute nuit au loup j'ay tant hué
Au loup, au loup, que j'en suis enroué.
Donc si tu veux d'excuser me promettre
Ma rude voix, ie veu bien me soubmettre
A ton vouloir.

CLAVDIN.

   Ouy da, c'est raison :
Tu tiens compain à bien peu d'achoison :
Car de l'honneur nous ne voulons debatre,
Tant seulement nous voulons nous ébattre.
Iuge ny gage entre nous ne sera,
Pour le guerdon de qui mieux chantera.
Or si Ianet tu me dis de ta belle
Tout maintenant quelque chanson nouuelle,
Ie te donray ce flageol marquetté
D'iuoire blanc, qu'auant-hier j'achetay
Au bord de Sene : Vn pescheur du vilage
Me le vendit, & disoit qu'au peschage
Comme ses rets hors de Sene il leuoit,
Par les poissons fretiller il le voit.
Comme ie croy, quelque mignon de ville
Le maniant d'vne main mal habille
Iouant sur l'eau l'y perdit : de ma main
Ce flageolet, que l'autre pleint en vain
Ie te donray, si quelque chanson gaye
Tu veux chanter.

IANET.

Plus Claudin ne t'efmaye,
Ie fuis tout preft : & fi tu veux auffi
Dire auec moy ton amoureux foucy,
Ie te donray cefte belle houllette.
Ne vois-tu pas au manche la poulette
Qui de fon bec femble en bas picoter,
Et le regnard qui femble la guetter ?
Ce beau bafton tu auras : mais commence
Ie te fuiuray : pour plus grande plaifance
L'vn apres l'autre efcoutons noftre amour :
La Mufe plaift qui fe fuit tour à tour.

CLAVDIN.

Ventelet, qui du bocage
 Viens de tes ailettes
 Douces & mollettes
Rafraifchir ce verd riuage,
Trauerfe dans le village :
 Porte à ma gente Lucette
 Cefte chanfonnette.

IANET.

Eau, qui d'vn fouef murmure
 Coules claire & belle,
 Ma chanfon nouuelle
Reçoy dans ton onde pure,
Et par le bord qui l'emmure
 Bruy-la d'Annette à l'oreille
 L'outrant de merueille.

CLAVDIN.

Quand le tiedelet Zefire
 Le printemps amene,
 La mer & la plaine

Et l'air autour semblent rire,
Les fleurs par tout on voit luire :
Telle saison met Lucette
Où qu'elle se mette.

IANET.

Quand la Biʒe violente
Soufle la froidure,
La morte verdure
Sa beauté morne aualante
Tapist piteuse dolente :
Telle saison ma maistresse
Me laissant me laisse.

CLAVDIN.

Vne genisse amoureuse
D'vn torel éprise,
L'amour qui l'attise
Suit par les bois langoureuse,
Sans luy mugit douloureuse :
Si Lucette m'est rauie
Pareille est sa vie.

IANET.

Vne genisse amoureuse
Du toreau compagne
Iouë en la campagne,
Ne suit les bois langoureuse,
Ne mugist point douloureuse :
S'Annette ne m'est rauie,
Pareille est sa vie.

CLAVDIN.

Ma gente brune Lucette,
Plus que miel sucree,

Et plus que la pree
Belle flairante doucette:
Vien de ton Claudin garcette,
Vien, si tu as cure aucune,
　　(Tu sçais) sous la brune.

Ianet.

Ma belle blanche Annelette
　　Dont le teint egale,
　　Ou plustost rend pale
La rose plus vermeillette:
Vien, s'à ton Ianet garcette
Iamais tu voulus complaire:
　　Vien, tu sçais quoy, faire.

Claudin.

O Deesse Cytheree
　　Si l'heure promise
　　En oubly n'est mise
Par ma Luce desiree:
O dame en Paphe adoree,
Ie te fay vœu de deux belles
　　Blanches tourterelles.

Ianet.

O Cupidon, si à l'heure
　　Entre elle & moy ditte,
　　Anne ma petite
Me tient sa promesse seure:
D'vn vœu certain ie t'asseure,
D'vn pair de Paisses lasciues
　　Que ie garde viues.

Claudin.

C'est grand plaisir tandis que l'esté dure
De s'ombroyer, & durant la froidure

Se foleiller : mais vn plus grand plaifir
Qu'ouïr ton chant, ie ne fçaurois choifir.
Le fucre eft doux, l'ouurage de l'abeille
Eft doux auffi : mais douce eft à merueille
Ta douce voix. Tien, demeurons amis,
Voila Ianet, le flageolet promis.

IANET.
C'eft grand foulas, par la chaleur plus vaine
Sa foif efteindre à la fraifche fontaine :
L'yuer, de vin : mais vn plus grand foulas
Que d'efcouter ton chant, ie ne fçay pas.
Douce eft de May la manne doucereufe
Qui chet du ciel, mais ta voix fauoureufe
Me fent plus dous : Ta houlette voicy,
Garde la bien, & noftre amour auffi.

LE DEVIS.

ECLOGVE XI.

TOINET. PERROT.

TOINET.

M AIS *eft il vray, Perrot, que durant ce rauage*
Qui l'autre jour noyoit tout noftre pafturage,
Des pluyes qui du ciel fi groffes deualoyent
Qu'on euft penfé qu'aux cieux les terres fe mefloyent :
Eft-il vray que Belin & Guillemot chanterent
Deuant toy leurs chanfons, & quand ils demanderent
Ce que tu en penfois, que tu les couronnas,
Et qu'à chacun des deux fon prefent tu donnas ?

PERROT.

*Il est ainsi, Toinet : & qu'ussions-nous pu faire
Par les chams en vn temps au labeur si contraire ?
Sur le sueil de mon huis ie regardoy pleuuoir,
Quand jettant l'œil dehors ie commence à les voir.
Mouillez iusqu'à la peau : La pluie estoit passee
Atrauers leurs habits, leur chemise percee :
Belin vint nu d'vn pié, car son gauche soulier
Luy estoit demouré dans le prochain bourbier :
A Guillemot du vent la siflante tempeste
Luy auoit emporté le chapeau de la teste.
Les voyant en tel point, ie les priay tous deux
De s'en venir passer chez moy ce temps hideux.
Ils me prindrent au mot : & dans ma maisonnette
Entrerent quand & moy. Incontinent Pernette
Leur allume vn beau feu d'vn fagot tout entier,
Maint esclat par dessus rangeant dans le foier.
Ils sechoyent leurs habits : tandis des seruiettes
Sur la table elle met, & tire des noisettes
Qu'elle auoit dans son coffre, & des noix & des fruits,
Des guignes, des pruneaux, des raisins crus & cuits,
Et les vouloit seruir : quand ie la vin reprendre
De ce qu'elle alloit faire. Il te faut tout apprendre,
(Di-je) qui te verroit ces fatras apprester
Diroit que tu aurois des enfans à traitter.
Laisse-moy tout cecy : de ces armoires tire
Ce bon languier fumé : puis qu'il te faut tout dire,
Auein-nous ce jambon : & tire-nous du vin
Vieil & nouueau, pour voir lequel est plus diuin :
Voila ce qu'il nous faut : le salé nous fait boire,
Et boire le bon vin reueille la memoire
De mille mots joyeux : le vin nous fait sauter,
Resiouïst nos espris, nous émeut à chanter.
Ainsi ie luy disois : &, comme ie commande,
Tout soudain sur la table elle sert la viande,
Et nous verse du vin : pour boire & pour manger
Les deux pasteurs ie fy à la table ranger.*

Apres s'eſtre ſecheʒ : & quand à ſuffiſance,
Nous nous fuſmes repeus en toute éjouïſſance,
Apres maint bon propos des deux parts auancé,
Sans qu'on retint en rien ce qu'on auoit penſé :
Car lors à qui mieux mieux ſans les tenir ſecrettes,
Vn chacun racontoit ſes gayes amourettes :
Nous nous diſions heureux d'eſtre en cet âge néʒ,
Où tant de Paſtoureaux aux Muſes adonneʒ
Font retentir les bois, ſi bien qu'on pourroit dire
Eſtre reſuſciteʒ Coridon & Titire:
Et nous diſmes de toy qu'entre nos paſtoureaux
Tu ſçais le mieux de tous ſonner les chalumeaux.

   Apres tous ces propos j'apporte vne Muſette
Que Raſi Lyonnois à Marot auoit faitte,
Auecques vn Rebec d'Ebenne marqueté,
Et d'yuoire parmy l'Ebenne entrejetté :
Et les leur preſentant, Pren ceſte Cornemuſe,
(Di-je à Belin) & toy Guillemot ne refuſe
De ma main ce Rebec : teneʒ-les & chanteʒ,
Et de voſtre chanſon voſtre hoſte contenteʒ :
Ce ſeul payement ie veux : encor ie vous les donne
Quand vous aureʒ chanté : donc enfans qu'on les ſonne
Chantans l'vn apres l'autre. Ils les prennent gayment,
Et ces vers paſtoraux me chantent en payment.
Mais dauant que chanter au doit mouillé ils tirent
Qui dira le premier, puis leurs chanſons ils dirent:
Le ſort chet ſur Belin, & le premier il dit,
Guillemot en ſon rang apres luy reſpondit.

BELIN.

Nymphes, que j'aime tant, donneʒ moy telle grace
Que qui m'orra chanter, die que voſtre terre
Eſt heureuſe d'ouïr les vers que ie compaſſe.

GVILLEMOT.

Paſteurs de ces paſtis, couronneʒ de lierre
Voſtre Poëte qui croiſt, à fin que Marmot creue
De deſpit du chapeau qui ja ſes temples ſerre.

Belin.

Cerés, ſi de nos blés grande planté ſe leue,
Nous te ferons de marbre, & d'eſpis couronnee,
Par deſſous ton ſurcot tu monſtreras la greue.

Gvillemot.

Bacchus, ſi tu nous veux donner bonne vinee,
Nous qui antan de marbre auons fait ton image,
Nous te la referons toute d'or cette annee.

Belin.

I'ay pour tout mon yuer chez moy force chaufage,
Et quoy qu'il face froid ie n'en ay non plus cure
Qu'vn édenté du pain, quand il a du potage.

Gvillemot.

I'ay vne belle caue, où tant que l'eſté dure
Mon beſtail ie retire : &, bien que tout ſe ſente
Du chaud qui grille tout, rien du chaud ie n'endure.

Belin.

Qui croira que Palès vn chapeau me preſente,
Vn chapeau de lorier qu'elle-meſme m'apreſte
Pour le plaiſir qu'elle a d'ouïr ce que ie chante?

Gvillemot.

Quoy, ſi Pan le cornu luy-meſme tend la teſte
Parmy les bois ombreux, oyant ma Cornemuſe,
S'il ſaute & dance & fuit & recourt & s'arreſte?

Belin.

Henry lit mes chanſons, ne dedaigne ma muſe
Bien qu'elle ſoit champeſtre : ô ma Muſe champeſtre,
S'il t'aime, à ton Henry tes beaux dons ne refuſe.

GVILLEMOT.

Titire fit jadis aux grandes cours paroiſtre
Ses ruſtiques chanſons : par les herbeuſes plaines
Le bel Adon jadis les brebis mena paiſtre.

BELIN.

A celuy de doux lait bouillonnent les fontaines,
Qui t'aimera, TIBAVT : à celuy de doux bame,
Et de ſucre & de miel toutes choſes ſoyent pleines.

GVILLEMOT.

Face cas de Bauin, que les poix il entame,
Qu'il bride les oyſons, que les porcs il atelle,
Qui ne te hayt, Marmot, & qui tes vers ne blame.

BELIN.

Colin, enuoye moy Charlotte ta rebelle :
Plus qu'autre elle me plaiſt : car, quoy que ie luy face,
Elle me rit touſiours, & ſon mignon m'appelle.

GVILLEMOT.

Ie l'aime bien auſſi : car d'vne bonne grace
Vn long adieu adieu la belle me vint dire,
De pleurs pour mon depart mouillant ſa belle face.

BELIN.

O ſi ie puſſe voir, comme ie le deſire,
Ces ruiſſeaux ondoyer de miel & de laitage,
Quel ſejour plus heureux pourroit-on bien eſlire ?

GVILLEMOT.

O ſi les cornes d'or, de faye le pelage
Tu auois, beau beſtail : quel autre berger meine
Autre beſtail qui euſt ſur nous quelque auantage ?

BELIN.

Di moy, quel animal eſt d'ame tant humaine
Qu'aux rayons de la Lune à genouil il ſe baiſſe,
Et pour ſe nettoyer deuale à la fontaine?

GVILLEMOT.

Di moy, quel eſt l'oiſeau qui luy-meſme ſe dreſſe
Son feu pour ſe bruſler, eſtant ſeul ſans femelle,
A fin que puis apres de ſa cendre il renaiſſe?

BELIN.

O fleuues & paſtis, ſi quelque chanſon belle
Belin vous dit jamais, que vous ayez cherie,
Fourniſſez ſon troupeau de verdure nouuelle:
Pour Guillemot autant faites-en je vous prie.

GVILLEMOT.

O fontaines, ô prez, ſi Guillemot ſurpaſſe
A gringoter ſa voix, le roſſignol ramage,
Engraiſſez ſon beſtail : & ſi Belin y paſſe,
Faites à ſon beſtail tout le meſme auantage.

PERROT.

L'vn apres l'autre ainſi les deux paſteurs chanterent,
Et partans de chez moy mes preſens emporterent
Couronnez de ma main : & pour telles chanſons,
Non Toinet, je n'ay point de regret à mes dons.
Di moy, qu'en penſes-tu?

TOINET.

     Toutes mes deux oreilles
Me bourdonnent encor de ſi douces merueilles,
Qui m'ont raui l'eſprit. I'en ſuis tout éjouï:
Les chams depuis Alcon, rien de tel n'ont ouï.

PERROT.

O que ſi tu voulois celle chanſon redire
Que tu dis à Tenot? Ny Alcon ny Titire
Ne te gagneroyent pas, s'il eſt vray ce qu'on dit.
De l'ouïr de ta bouche auray-je le credit?

TOINET.

Paſteur, vn' autre fois nous aurons plus d'eſpace:
Tu vois bien au Soleil comme le jour ſe paſſe.

PERROT.

Demain donc: car ie l'ay ouï fort eſtimer.

TOINET.

Qui fait le mieux qu'il peut, il n'eſt point à blaſmer.

LE PASTOVREAV
DE THEOCRITE.

ECLOGVE XII.

I<small>E</small> *cuidoy prendre vn baiſer des plus doux*
De mon Alis, mais pleine de courroux
Me dedaignant, puis ſe prenant à rire
De ma façon, ces brocards me vint dire:
  Fuy-t'en de moy : qui te fait (toy vacher)
Si hardiment à ma bouche toucher?

Va, malotru : de baiser à la guise
Des villageois ie ne suis point aprise :
Les villageois ne sont mes compagnons,
I'aime sans plus des villes les mignons.
O le teint frais? ô la barbe douillette?
O belle teste? ô perruque blondette?
Quel beau regard? quel maintien de paysant?
Que ton parler est mignard & plaisant?
Va-t'en vilain, fi de tes leures pales :
Fy que tes mains sont crasseuses & sales :
Fy que tu pus : fuy-t'en viste de moy :
Le cœur me faut d'estre si pres de toy :
Non pas de fait de tes leures ne touche
Non en songeant ma vermeillette bouche :
Fuis-t'en vilain, tu m'empuneziras :
Ie m'en iray, ou bien tu t'en iras.

Ayant parlé d'vne colere telle
Vne & deux fois crachota dauant elle :
Et sans cligner à me reuoir se met
Depuis les piés iusqu'au haut du sommet :
Et mignardant à merueilles sa face,
Et se raillant d'vne riante grace,
Tout bas tout bas des leures marmotoit,
Et d'yeux lascifs dru dru me guignotoit.
Tandis le sang bouillonnoit dans mes veines
Qui me batoyent de despit toutes pleines,
Et ie rougi de grand rage & douleur,
Comme au Soleil la rose prend couleur.

Alis s'en va m'ayant fait cet outrage,
Et sous le cœur j'en emporte la rage
De ce qu'ainsin la mechante m'auoit
Pris à dedain, & contre mont bauoit.

Dittes moy vray, bergers, sans moquerie,
Si ma beauté ne s'est point defleurie?
Mais quelque dieu tout acoup m'auroit point
Me faisant autre, enledi en ce point?
Car parauant vne beauté plaisante
Par tout sur moy se voyoit florissante,

Comme vn lierre alentour de son tronc.
Par mon menton poignoit la barbe adonc :
Et ma perruque en ma teste veluë
Comme persil se frisoit crepeluë.
Vn front poly sur mes yeux blanchissoit,
Vn sourcil double au dessous noircissoit :
Deux yeux plus bas d'vne verdeur bien claire
Verdoyoyent mieux qu'vn verre de fougere.
La bouche aussi bien plus douce j'auois
Que lait caillé, doù couloit vne voix
Plus douce encor que le miel de la cire,
Quelque instrument que ie voulusse eslire,
Ou qu'il me pleust la vielle sonner,
Ou le Rebec, ou me pleust d'entonner
Dans le flageol, la flûte ou la musette
En plaisant ton ma gaye chansonnette.
  Pour beau ie suis des filles estimé
Par tout le bourg, d'elles ie suis aimé,
D'elles baisé par follastre maniere
Presque à l'enuy : mais ceste villotiere
Ne m'a baisé, ains s'est mise à fuir
En passant outre, & n'a daigné m'ouïr,
Pource que suis vn vacher (ce dit-elle)
Ne sçachant pas qu'Apollon, la rebelle,
Tout dieu qu'il est entre les pastoureaux
Paist sur Amphrys d'Admete les toreaux :
Elle ne sçait que Venus la doree
Fut d'vn pasteur en Ide enamouree,
Qui son Adon encor viuant guetta
Sous les buissons, & mort le regretta
Sous les buissons. Qui fut Endymion
Sinon pasteur? Si chaude affection
Diane prit, que d'Olympe en Latmie
Elle voloit en sa bouche endormie
D'vn baiser doux desaigrir son ennuy,
Par les bosquets sommeillant auec luy.
Ton doux bouuier, Cybele, aussi tu pleures.
Laisses-tu pas tes celestes demeures,

Grand Iupiter, pour ton jeune vacher,
Forcé pour luy sous l'Aigle te cacher ?
Mais Alis seule, & plus que toy rebelle,
Et plus encor que ta mere Cybele,
Plus que Diane, & plus que toy, Cypris,
Tient d'vn pasteur le baiser en mespris.
Puis qu'ainsin est, que plus ton flambeau n'arde,
Meure ton ceste, & sa force flatarde :
De ton enfant les cordes & les arcs
Soyent depecez, & sa trousse & ses dards.
Belle Cypris, sans amy le jour veille
Et sans amy toute la nuit sommeille.

LES PASTOVREAVX.

ECLOGVE XIII.

IAQVIN. TOINET.

Svr *les riues du Clain, deux pasteurs, qui bruslerent*
De l'amour de deux seurs, vn jour se rencontrerent :
Chacun aimoit la sienne, & bien diuersement
Chacun en est traitté : l'vn n'auoit que tourment
Sans pouuoir échauffer le cœur de sa cruelle :
L'autre tenoit la sienne en flâme mutuelle
Receuant tout plaisir. Iaquin & Marion
Couuoyent dedans leurs cœurs pareille affection.
Mais le pauure Toinet pour sa fiere Francine
D'amour cruel brusloit dans sa folle poitrine,
Brusloit d'amour cruel, mais Amour n'allumoit
Vne seule bluette en celle qu'il aimoit.
Presques au desespoir ou du long des riuages

Ou dans les antres creux ou par les bois sauuages
Toinet alloit tout seul : & là se degorgeoit
De l'Amour qui felon ses entrailles rongeoit:
S'en allant seul ainsi d'vne rencontre heureuse
Il trouue vn compagnon à sa flâme amoureuse:
Et s'ayant decelé l'vn l'autre leur amour,
Sur les riues du Clain ils s'assirent vn jour
A l'ombre d'vn Peuplier : & sonnans leurs Musettes
Là Iaquin & Toinet dirent ces chansonnettes,
Chacun de son amour decouurant le souci:
Et commençant premier Iaquin chanta ceci.

IAQVIN.

Marion, ma douceur, plus fraiche que la rose,
Plus blanche que du lis la fleur de frais éclose,
Plus douce que le miel, pourroy-ie plus tenir
De nos gentils esbats le plaisant souuenir?
Ny les baisers lascifs des Tourtes fretillardes
N'aprochent des baisers de nos bouches mignardes:
Ny du lierre amy les forts embrassements
N'egallent de nos bras les doux enlassements.
Ie n'aime sans party : si i'aime bien ma belle,
Ma belle m'aime bien, & ne m'est point rebelle:
Nymphes, vous le sçauez : qui doit le sçauoir mieux?
Car vous aimez tousiours les plus sauuages lieux:
Et vous l'auez pu voir par les lieux plus sauuages
Seulette me chercher : vous les obscurs ombrages
Des bois les plus tofuz : vous antres les plus creux
Vous sçauez bien aussi nos plaisirs amoureux.
Combien de fois lassé du jeu des amourettes
M'at elle en son giron plein de fraiches fleurettes
Fait reposer la teste, &, pauure pastoureau,
A la mercy des Loups j'oublioy mon troupeau!
O là combien de fois me prenant par l'oreille
Elle m'a rebaisé de sa bouche vermeille!
O là combien de fois, jurant les aimer mieux
Qu'elle n'aimoit les siens, elle a sucé mes yeux!

5*

Ainſi jadis Venus d'amour humaine eſpriſe
En ſon diuin giron mignardoit ſon Anchiſe :
Anchiſe ta Venus te face bienheureux,
Iaquin de Marion veut mourir amoureux.

Iaquin finit ainſin, & ſe leuant de terre
Tout gaillard fit vn ſaut : Toinet, qu'vn grand dueil ſerre
Apres trois chauds ſouſpirs que ſon cœur ſanglota,
Sa muſette embouchant cette plainte chanta.

TOINET.

Francine ſans pitié, plus que la mer cruelle,
Plus qu'vne jeune poutre & farouche & rebelle,
Plus dure qu'vne roche : Amour inceſſamment
Croiſtra-il ta rigueur auecque mon tourment?
L'autre jour dans vn bois comme tout triſte j'erre,
Vn grand cheſne ie vy embraſſé de Lierre,
Et deux Tourtes dedans ſe baiſer à l'enuy :
Veu le dueil que j'en eu comme eſt-ce que ie vy?
Las! j'aime ſans party : las! j'aime vne cruelle,
Ma cruelle me hait, & m'eſt touſiours rebelle :
Nymphes, vous le ſçauez : qui doit le ſçauoir mieux?
Car vous aimez touſiours les plus ſauuages lieux,
Et vous m'auez pu voir par les lieux plus ſauuages
Seul m'en aller plaignant : vous les obſcurs ombrages
Des bois les plus tofuz : vous antres les plus creux
Vous ſçauez bien auſſi mon tourment amoureux.
Combien de fois cherchant vos paiſibles retraittes
Lors que ie decouuroy mes douleurs plus ſecrettes
M'auez-vous ouy plaindre, &, pauure paſtoureau,
A la mercy des Loups j'oublioy mon troupeau.
Las, ô combien de fois quand pres d'elle ie paſſe,
Ie la voy deſtourner de moy ſa fiere face!
Las, ô combien de fois la cuidant approcher
Ie la voy des deux mains ſes oreilles boucher!
Las! en tel point me met ſa rigueur imployable
Que j'eſpere la mort plus qu'elle ſecourable :
Voyez comment ie ſuis malheureux amoureux,

Puis que la feule mort me feroit bienheureux.
 Toinet *fe teut icy, quand Iaquin luy vint dire:*
Il eft bien-malheureux qui fans efpoir defire,
Efpere : L'efpoir eft des viuans le confort:
On ne peut efperer depuis que l'on eft mort.
 Cecy dit, à Toinet il donne fa houlette,
Toinet à luy la fienne : & d'aliance faite,
Pour ce qu'en mefme temps les deux fœurs ils aimoyent,
Eftans freres d'amours freres ils fe nommoyent.
Amoureux de deux fœurs freres ils fe nommerent,
Et toufiours du depuis comme freres s'aimerent,
Et toufiours amoureux amis ils ont vefcu
Sans que nul d'eux entre-eux fuft vaincueur ou vaincu
A chanter leur amour: l'vn qu'vn feu doux attife
Chantant du doux Amour la douce mignardife:
L'autre qu'vn feu cruel brulle cruellement,
Trifte fe complaignant de fon cruel tourment.

LES MOISSONNEVRS

DE THEOCRITE.

ECLOGVE XIIII.

MILON. BATTE.

Milon.

Pavvre *oufteron haflé, quelle fortune*
T'eft arriuee? & qu'y-a-il que tu ne
Sçais plus mener ton fillon en auant
Droit fans gauchir, ainfi qu'auparauant?
Ton compagnon au bled que tu moiffonnes
Tu n'affuis point, mais le dauant luy donnes,

Comme vn mouton qui a le pié blecé
De quelque espine, en arriere laissé.
Quel seras-tu, veu que tu ne commences
Qu'ore à sier, & que rien tu n'auances?
Quel seras-tu sous le midy bruslant,
Ou sur le soir le Soleil s'en allant?

BATTE.

Milon sieur, qui iusqu'au soir endure
A moissonner, piece de pierre dure,
Iamais n'auint que tu receusses soin
Pour le desir d'vn qui de toy fust loin?

MILON.

Iamais, ma foy : mais de chose lointaine
Quel desir prend vn qui est à sa peine?

BATTE.

Iamais n'aduint que fusses amoureux,
Et que d'amours veillasses langoureux?

MILON.

Ny ne m'aduienne : vn chien qui s'afriande,
Trop malement s'echaude à la viande.

BATTE.

Mais moy, Milon, ja depuis vnze jours,
Ou peu s'en faut, ie suis espris d'amours.

MILON.

Tu prans du bon aux muys en abondance:
Mais moy ie n'ay vinaigre à suffisance.

BATTE.

Tout est encor comme ie l'ay couché

L'enfemençant, fans que i'y ay' touché,
Deuant mon huis.

MILON.

    Mais dy moy qui eft celle
Qui t'a peu mettre en vne gefne telle?

BATTE.

C'eft Polybot qui m'a fi fort troublé
Pres d'Ipocon, où nous fions le blé.

MILON.

Dieu a trouué fon mefchant : affouuie
Eft de tous poins maintenant ton enuie:
Auec ta maigre à fouhait toute nuit
Corps contre corps tu prendras ton deduit.

BATTE.

A me moquer, ie voy bien, tu t'addreffes.
Non feulement font aueugles richeffes,
Si eft encor Amour plein de fouci,
N'en parle pas fi fierement ainfi.

MILON.

Ie ne dy mot : feulement le blé jette
Encontre bas : & dy de ta fillette
Quelque ditier amoureux : en ce point
A la befongne il ne t'ennuyra point:
Mais ja pieça tu as l'eftime d'eftre
Pour bien chanter en la Mufique maiftre.

BATTE.

  Mufes, pour m'ofter d'émoy,
Cà blazonnez ma fillette

Ma gente garce greſlette :
Cà chantez auecque moy
Cette gaye chanſonnette.
 Tout ce où vous mettez la main,
O gracieuſes deeſſes,
De Cytheron ô princeſſes,
Eſt embely tout ſoudain
Par vos gayes gentilleſſes.
 O ma gente Polybot
Vn chacun more te crie,
Haſlee, maigre, fletrie :
Mais moy de ton amour ſot,
Mon doux miel, quoy qu'on en die.
 Des prez les fleurons plus beaux
Sont de teinture brunette :
Brunette eſt la violette :
Entre les fleurs des preaux
Qu'en ranc les noires on mette.
 L'abeillette aime le tin,
La cheure ſuit la branchette
Du ſaule : la Cigalette
La roſee du matin :
Rien que toy ie ne ſouhette.
 Pleuſt à Dieu que le treſor
Qu'ainſi comme j'ouy dire,
Creſe auoit en ſon empire,
Fuſt mien, ie nous feroy d'or
Tous deux en bel or reluire.
 Mettre d'or ie nous ferois
Tous deux deuant Cytheree :
Toy dedans ta main ſerree
Vne pomme, & moy j'aurois
Au poing ma flûte doree.
 O ma gente Polybot
Ta greue le lis efface,
Ta voix le doux miel ſurpaſſe,
Mais ie ne puis dire mot
S'il faut parler de ta grace.

MILON.

Voy, meſtiuier, qui ſçauoit que tu peuſſes
Chanter ſi bien ? qui ſçauoit que tu ſceuſſes
Donner façon aux chans harmonieux
Les meſurant d'accord melodieux ?
Helas, qu'en vain la barbe t'eſt venuë ?
Oy la chanſon, qui vaut bien d'eſtre ſceuē,
Chanſon qui tend à bien meilleure fin
Que fit jadis Lityerſe diuin.

 Dame Cerés aux treſſes blondes,
Qui d'eſpis & de fruits abondes,
Fay que ce champ bien labouré
De beaux fruits ſoit bien decoré.
 Gerbeur, tes jauelles entaſſe,
De peur que le premier qui paſſe,
Die, voyla des gens de foin,
On y perd l'argent & le ſoin.
 Que les gerbes on amoncelle
Contre le doux vent qui ventelle,
Tournant la tranche de l'eſtrain:
En ce point s'engraiſſe le grain.
 Du laſche midy, que tout homme
Qui bat le grain, fuye le ſomme:
Le tuyau par fois l'eſpy vaut:
Lors moins que jamais il y faut.
 Dés que le Cocheuy s'auance,
Chacun à moiſſonner commence,
Qu'on ceſſe quand il dormira,
Sur le chaut moins toſt on ira.
 Enfans, des grenouilles la vie
Merite qu'on leur porte enuie,
Eſtant à meſme elles n'ont ſoin
Qui leur donne à boire au beſoin.
 C'eſt bien le plus beau, fermiers chiches,
Nous faire bouillir des poix chiches,
Que fendans en deux le comin
Du doit vous couper vn lopin.

Voyla *qu'il faut que le Metiuier chante*
En trauaillant sous la chaleur bruslante,
Mais à ta mere au matin dans le lit,
Ton bel amour vaudroit mieux d'estre dit.

DAMET.

ECLOGVE XV.

Mvses, *quel triste chant est-ce que vous ouïstes*
Degorger à Damet? Car seules vous le vistes
Quand du haut d'vn rocher ses chams il maudissoit,
Lors que d'vn pleur depit son labeur il laissoit.
Il faut donques, dit-il, qu'vn autre de ma peine
Recueille tout le fruit? il faut donc que ma plaine
Nourrisse vn auolé? il faut qu'vn estranger
Le clos que i'ay planté s'en vienne vandanger?
Que tout deuienne en friche, & que rien ne rapporte:
Perisse par les chams toute semance morte,
Sans fueilles soyent les bois, les fontaines sans eaux,
Les vignes sans raisins, sans fruits les arbrisseaux.
Damet redit encor : Sillons, chargez vos rayes
En lieu de bon fourment d'auoines & d'yurayes :
Les prez se jaunissans meurent bruslez du chaud,
Deuant que d'estre meurs les fruits tombent d'enhaut,
Sans grappes soyent les ceps, aux ruisseaux l'humeur faille,
La verdeur faille aux bois. Ah, il faut donc que j'aille
Chassé de mon païs d'autres terres chercher!
Ah, mon bien de mes mains on me vient arracher!
Pour qui auray-ie donc tant de vignes plantees?
Pour qui auray-ie donc tant de greffes entees?
Vn autre sans trauail mon clos vendangera?
Vn autre sans trauail tous mes fruits mangera?

Apres il redoubla : Cessez les doux Zephyres,
Cessez frais ventelets, & souflez tous les pires,
Et tout l'air infectez : enuenimez les eaux,
Empoisonnez les fruits, empestez les troupeaux :
Rien ne soit par les chams ny plaisant aux oreilles,
Ny agreable aux yeux : plus les roses vermeilles
Ne naissent au Printemps : plus des doucettes voix
Des mignots oysillons ne resonnent les bois :
Corbeaux & Chahuans y tiennent leurs parties.
Chams & prez soyent couuerts de ronces & d'orties :
Par les chams desolez tout soit en toute part,
Et horrible à ouïr & hideux au regard.

Tout soit en feu par tout : ô forest la plus belle
Des plus belles forests, en la saison nouuelle
La nouuelle verdeur de tes souples rameaux
Tu ne secouras plus oyant mes chalumeaux :
Les petits ventelets ton verdoyant ombrage
Ne rafraichiront plus, quand la mutine rage
Des vents plus tempesteux te deracinera,
Quand la fláme du ciel ton bois ruinera.
Ta belle ombre cherra : & toy encor plus belle
Forest que i'aimoy tant, tu cherras auec elle.
De ton maistre ancien, ô bois jadis aimé,
Par ces vœuz ennemis tu cherras enflámé.
Tout soit en feu par tout : du ciel l'ardente foudre
Deualant sur ton chef, forest te face poudre :
Du pié iusqu'au sommet toute cendre sois-tu,
Rien que cendre ne soit, tout ton bois abbatu :
Lors par-my l'aspre fláme en tes branches esprise
Soufle violamment le vent siflant de Bize :
De nuages éueux le Marin tenebreux,
L'Autom de noirs brouillas couure le ciel ombreux.
Iusqu'aux vignes des bois vienne du feu la rage :
Tous les ceps ras à ras de la terre il sacage.
Que les feuz par les vents à la ronde espandus
Saccagent tous les bleds dans les chams estendus.
Que des arbres le feu vienne aux espis descendre
Tant qu'il degaste tout : Que tout soit mis en cendre,

Iean de Baif. — III. 6

Ma herſe & ma charruë, & leur joug & mes bœufs,
Et ma loge & mon tect : c'eſt la fin de mes vœux.
  Auienne encore pis : O mer grande profonde,
Qui tes riuages hauts viens battre de ton onde :
Riuages qui le bruit de la mer eſpandez
Iuſques dans nos guerets : ma priere entendez.
Neptune vienne aux chams : Que nos fertiles plaines
Soyent couuertes de flots & d'eſpaiſſes arenes :
Des Syrtes de Lybie vne autre Syrte ſœur,
Où lon cueilloit des bleds, des nochers ſoit la peur.
  Damet encor jetta ceſte voix plus horrible :
On dit que par la mer, lors qu'elle eſt plus terrible,
Hors des gouffres profons ſur les flots tempeſteux
De grands monſtres marins ſe decouurent hideux,
Qui flottans ſur la mer effroyables enormes
Font pallir les nochers de leurs horribles formes :
Ces gros monſtres, Neptune, amene auec la mer
Faiſant de vents felons les vagues ecumer :
Ces monſtres pelle-meſle en nos chams il ameine
Braſſant la noire mer, la mer de rage pleine :
Que la mer engloutiſſe en ſes gouffres ſalez
La cendre chaude encor de nos païs bruſlez :
Tous mes chams ſoyent la mer : où le beſtail champeſtre
Souloit parcydauant les herbes tendres paiſtre,
Là nagent les Daufins : là où le laboureur
Les mottes renuerſoit, là peſche le peſcheur.
Mes chams ne ſoyent que mer, mes chams abominables
Que depit ie maudy de chanſons execrables :
Tous mes chams ſont maudits : garde toy bien, nocher,
Puis que ie les maudy, de mes chams t'approcher.
  Si Neptune ne veut exaucer mes prieres,
Entendez, dit Damet, entendez moy Riuieres :
Riuieres & ruiſſeaux & ſources vous ſçauez,
Vous ſçauez bien l'honneur que par moy vous auez :
Ie ne le diray point : ce feroit choſe folle
Pour vous le reprocher de perdre ma parolle.
Tournez encontremont (Riuieres & ruiſſeaux)
Tournez, & tous nos chams noyez deſſous vos eaux :

Nos chams ne foyent qu'vn lac : empefchez, qu'on ne ferre,
(Riuieres & ruiffeaux) nul fruit de noftre terre:
Fruftrez le vigneron, fruftrez le laboureur.
   Puis Damet amoliit en ces vers fa fureur.
Sourdent foudain par tout de terres des riuieres,
Et feruent aux poiffons des counils les tanieres,
Aux grenouilles les creux où le grillon crioit:
Là fe fauche le jonc où le blé lon fioit.
   Puis rapriffant fa voix, Damet dit, Des montagnes
Les torrens efcumeux culbutent aux campagnes,
Et de rauines d'eaux courantes de fureur,
Soit rauy le trauail du pauure laboureur.
Que quelcun maintenant trauaille apres fa terre,
A fin qu'vn eftranger toute fa peine ferre:
Que maintenant quelcun de labourer ait foin,
Ait foin d'enfemencer, pour s'en banir bien loin.
Adieu petit troupeau, adieu mes brebiettes,
Troupeau jadis heureux : chantant mes amourettes,
Ie ne vous verray plus les herbages broufter,
Et vous ne pourrez plus mes chanfons efcouter.
   O pauures chams maudits, pauure terre maudite,
Banny, neceffiteux, pour jamais ie vous quitte:
Chams jadis tant aimez, bois, fontaines, adieu,
Vous ne me verrez plus demourer en ce lieu.
Car ie m'en va bien loin plus outre qu'Eridane,
Ou fur les bors du Tybre, ou bien iufqu'à la Tane
Chercher mon auenture. & là ie demourray,
Ie viuray là bien loin, là bien loin ie mourray.

LA SORCIERE.

ECLOGVE XVI.

MARQVET. NODIN.

Mais difons la chanfon de Brelande forciere,
Que Marquet & Nodin recorderent naguiere
Sur la riue de Seine. ó Charles, difons la,
Combien que contremont la Seine recula
A l'horreur de la voix : combien que d'effroy pleines
Les Najades des eaux, elles & leurs fontaines
Treffaillirent d'horreur : Mont-Marte à cefte voix,
Et tout branflant trembla de Meudon tout le bois:
Difons la, toy Mon Roy (fi la champeftre Mufe
Merite quelque honneur) de l'ouïr ne refufe :
Vien voir à ton loifir nos champeftres efbats:
Outre ton gré, ie croy, nous ne les faifons pas.
Ie ne refueille pas la vieille chalemie
Du Pafteur de Mantouë encor toute endormie,
Sinon à ton aueu : ny l'âge qui viendra
Apres ce fiecle cy, non ne me reprendra
De t'auoir oublié : Si Apollon me donne
Quelque fois fur mon front vne noble couronne,
Quand j'iray plus hardy deuant toy m'auancer:
Oy cependant Marquet, qui s'en va commencer.

MARQVET.

Vn foir fur la mynuit que la Lune fereine
Rayant au ciel ferein monftroit fa face pleine,
Sous vn noyer fueillu dans vn champ à l'écart
Brelande fe trouua : Brelande qu'en fon art
De Tolete, Pacaut auoit endoctrinee,
Pacaut le vieil Vaudois : Là elle auoit menee
Sa fille Perrichon, fuft ou pour l'enfeigner
A fes conjurements ou s'en accompagner.

Perrichon luy portoit pleine vne grand' corbeille
De cent drogues, par qui elle faifoit merueille.
Elle nù le pié gauche, & nù le gauche bras,
La tefte echeuelee encommenca tout bas,
Machant entre fes dents mainte parole eftrange :
Puis contre le noyer à dos elle fe range
Trois fois le tournoyant : à chaque fois trois fois
Elle crache en fes bras, en jettant cefte voix.
   Ouure cefte corbeille, apporte cefte éponge,
Tire-moy ce pigeon. va-t'en, & fept fois plonge
L'éponge en l'eau courante, & la rapporte icy,
Ie veux enforceler le cruel endurcy,
Qui m'a rauy mon cœur : ie veu de ma parolle
Comme il rauit mon cœur, rauir fon ame folle,
Et ie veu me l'oftant luy donner mon émoy.
   Charmes rendez Roulin, ou mon cœur rendez moy.
O Venus ce pigeon en ce feu ie t'immole :
Pour efteindre le feu qui rend mon ame folle,
Ce deuot facrifice en bonne part reçoy.
   Charmes rendez Roulin, ou mon cœur rendez moy.
Roulin m'auoit donné durant nos amourettes
Pour gage de fon cœur, ce bouquet de fleurettes,
A l'heure qu'il m'aimoit autant que ie l'aimoy.
   Charmes rendez Roulin, ou mon cœur rendez moy.
Ie le tenoy bien cher, mais plus ie ne le prife :
Ce bouquet fueille à fueille en ce feu ie debrife,
Ains j'efpar de Roulin & les nerfs & la chair
Dedans le feu d'Amour : ainfi fe deffecher
Ie voye à vuë d'œil maigriffant d'heure en heure
Roulin pour mon amour, fans que fon mal ie pleure
Non plus qu'il fait le mien. Comme ces pauures fleurs
(Sans qu'il m'en fache gré, que j'arrofe de pleurs)
Qui fraiches l'autre jour encor eftoyent fleuries,
Mais leur vigueur efteinte aujourdhuy font fletries,
Tel ie voye Roulin quelles ces fleurs ie voy.
   Charmes rendez Roulin, ou mon cœur rendez moy.
Perrichon, çà l'éponge : ainfi que l'eau s'égoute
De cette éponge épreinte en mes mains, goutte à goutte

Roulin perde son sang : Tout ainsi de son cœur
Mourant pour mon amour se perde la vigueur :
Maintenant ie repan mes pleurs dessus l'éponge,
L'éponge boit mes pleurs : sous terre ie la plonge :
Là soyent plongez aussi mon tourment & ma foy.

 Charmes rendez Roulin, ou mon cœur rendez moy.
Regarde en la corbeille, & d'vn coffret me tire
Auecque trois liens vne image de cire.
Ces las de trois couleurs lasse fort de trois tours
Au col de ceste image : & dy, Aux las d'Amours
J'enueloppe Roulin : Trois fois il le faut dire,
(Le nomper plaist aux dieux) trois fois l'image vire,
Et Roulin par trois fois la virant ramentoy.

 Charmes, rendez Roulin, ou mon cœur rendez moy.
Regarde Perrichon, regarde en la corbeille :
Cherche, tu trouueras au fond vne bouteille
Que Pacaut me donna : Regarde : & bien l'as-tu ?
L'huyle qui est dedans, est de grande vertu.
Souuent j'ay veu Pacaut pour vne goute seule,
Ayant d'vn loup les pieds & le poil & la gueule,
Se musser dans les bois : ie l'ay vu bien souuent
Dauant mes yeux en l'air se perdre comme vn vent.
Et souuent ie l'ay vu faire de dessous terre
Se pousser les esprits, & souuent le tonnerre
Ie l'ay vu conjurer : Pacaut me la donna,
Et m'aprit sa vertu : luy mesme m'ordonna
D'en toucher le crouillet de son huis à quiconque
Ne me voudroit aimer : Perrichon, va-t'en donque
En frotter le crouillet de Roulin, haste toy.

 Charmes, rendez Roulin, ou mon cœur rendez moy.
Va frotte l'en par tout, & demain ie m'assure
Que Roulin me payra la peine que j'endure :
Va viste, cependant ie plaindray mon esmoy.

 Charmes, vienne Roulin, & mon cœur soit à moy.
 Marquet finit icy : Vous sçauantes maistresses
Que j'adore & ie ser, Pimpliennes deesses
Dittes-nous de Nodin quelle fut la chanson :
Tous ceux qui vont chantant n'ont pas vne façon.

Mais maintenant qu'icy ie me voy toute seule,
Dequoy, de mon amour, faut-il que ie me deulle?
Par où commenceray-ie? où me prit ce malheur?
　O Lune, escoute moy, ie diray ma douleur.
Ma voisine Michon, ma voisine & commere,
Sa fille fiançoit : comme cuidant bien faire
Elle m'y conuia : mais, las, sans y penser
Chés elle mes ennuits elle fit commencer!
I'y allay tout soudain : là tout le parentage
Des deux parts se trouua : là tout le voisinage.
Là quand i'y arriuay les filles & garçons
Se tenoyent par les mains, & dançoyent aux chansons.
Mais de malheur Roulin, Roulin menoit la dance,
Et disoit sa chanson quand dedans ie m'auance:
Si tost que ie le vy ie changeay de couleur.
　O Lune, escoute moy, ie diray ma douleur.
De couleur ie changeay, voyant sa belle face,
Oyant sa douce voix, prenant garde à sa grace:
Si tost que ie l'ouï, si tost que ie le vi,
Aussi tost hors de moy mon cœur me fut raui:
Aussi tost tout mon sens j'allay perdre, pauurette!
Et dés-lheure tousiours vne poison secrette
Me gaignant fait flaitrir de ma beauté la fleur.
　O Lune, escoute moy, ie diray ma douleur.
De là ie m'en allay, mais ie n'ay souuenance
Que c'est que ie deuin au partir de la dance :
Et bien à peine encor me puis-ie souuenir
Comment ie pu chez moy hors de là reuenir:
Tant y a que chez moy ie me trouuay pesante,
Toute en feu par le corps d'vne fieure bruslante.
Ie me my sur vn lit, où dix jours & dix nuits
Sans relâche en auoir ie maladay depuis.
Ie perdy les cheueux : & n'auoy rien de reste,
Que les os & la peau, de la maudite peste :
Mon teint fut comme buis teint de jaune palleur.
　O Lune, escoute moy : ie diray ma douleur.
Mais qu'oubliay-ie alors? quel remede laissay-ie?
A quelle enchanteresse alors ne m'addressay-ie

Pour alleger mon mal? en lieu de l'alleger,
Tout cela qu'on me fait, fait mon mal rengreger.
Tandis le temps se perd : à la fin ie m'aduise
D'enuoyer au cruel, qui toute me tient prise,
Pour voir s'il me voudroit soulager ma langueur.
 O Lune, escoute moy : ie diray ma douleur.
Ie l'enuoye querir, tout soudain il arriue :
Si tost que de mon lit ie le vi (moy chetiue)
Mettre le pié dans l'huis, vne froide sueur
 (O Lune, escoute moy, ie diray ma douleur)
Vne froide sueur degouttoit sur ma face,
Et toute ie deuin aussi froide que glace :
Et ie perdi la voix, ie perdi ma vigueur,
 O Lune, escoute moy, ie diray ma douleur.
Il s'approche de moy : de sa main il me touche,
Me flatte de sa voix, me baise de sa bouche,
Et de son doux baiser me restaure le cœur.
 O Lune, escoute moy : ie diray ma douleur.
La force me reuient : vne couleur nouuelle
Peu à peu s'estendit sur ma face plus belle :
Lors de mon front moiteux j'essuyai la sueur.
 O Lune, escoute moy : ie diray ma douleur.
Et pour le faire court, ô belle & claire Lune,
Nous sentismes d'Amour vne joye commune,
Nous fismes nos souhets, en plaisirs amoureux,
Tous deux accomplissans nos desirs bienheureux.
Tousiours depuis ceste heure en amour mutuelle,
Tous deux auions vescu sans aucune querelle :
I'estoy de luy contente, & luy de moy contant :
Il monstroit de m'aimer, & ie l'aimois autant :
Il ne se passoit nuit que luy & sa brigade
Ne me vinsent donner quelque joyeuse aubade,
De soir ou de matin : & ne se passoit jour
Qu'il ne s'en vint cueillir le fruit de nostre amour.
Mais depuis quinze jours ie n'en oy point nouuelle :
Il en aime quelque autre, & se tient auec elle
Sans faire cas de moy : Lune, ie te suppli
Mes charmes renforcer, s'il ma mis en oubli.

CHARLES.

ECLOGVE XVII.

MELIN. TOINET.

Melin.

Qve resues-tu Toinet, tout seul pensif & sombre
Dessous ce chesne espais, couché sur l'herbe à l'ombre?
Qui te greue le cœur? ne m'en deguise rien,
Nul autre plus que moy ne desire ton bien.

Toinet.

Ah, bon pere Melin, vne griefue detresse
M'importune le cœur, & jamais ne me laisse!
Ie suis las de trainer ma vie en pauureté:
La pauureté me suit, & toute malheurté
L'accompagne où elle est : le meschant soin n'endure
Qu'vn moment de someil trompe ma peine dure.
I'en suis en desespoir : & ne sçay qui j'en doy
Accuser, si ce n'est mon malheur apres moy :
Mais que puis-ie de moy? car ie n'ay pastourage,
Ny troupeau pour y mettre : & pour le labourage,
Las! ie n'ay ny sillon ny charruë ny bœufs:
Doncques du seul malheur à bon droit ie me deus.

Melin.

Mais di moy, n'as-tu rien amandé de ton pere?
(Car il auoit du bien) comme se peut-il faire,
Qu'il ayt eu tant de biens, ô pauure pastoureau,
Et qu'il ne t'ait laissé quelque petit troupeau?

TOINET.

Tout le bien qu'il auoit, il ne l'auoit qu'à vie :
Et quand de me pouruoir il ut le plus d'enuie,
Hé, la mort le furprit ! & d'auoir jamais bien
Lors que ie le perdy, ie perdy tout moyen.

MELIN.

N'entre en tel defefpoir. Toinet, fi tu veux fuiure
L'auis d'vn plus âgé, tu auras dequoy viure,
Et plus qu'il ne t'en faut. Mais que te fert d'auoir
Le plus grand bien des biens, la Mufe & le fçauoir ?
Ton pere t'inftruifit dés ton enfance tendre
A faire des chanfons, lors qu'il te fit apprendre
A fonner la Mufette : Et Ianot t'apprenoit,
Et luy-mefme fouuent la peine il en prenoit :
Car il en jouoit bien, & pour en fçauoir dire
Le bon Ianet Lorrain hors des chams le retire :
Et fait que la chanfon que pour lors il chantoit,
Du grand Berger Francin l'oreille contentoit :
Tant qu'il luy dit vn jour. Ces troupeaux ie te donne,
Ces paftis & ces eaus, & ces chams ie t'ordonne
Pour tant que tu viuras. Ianet fut fon fouftien
Enuers ce grand Francin qui luy fit tant de bien.
Or Francin & Ianet maintenant nous regardent
Faits Dieux là haut és cieux : de là haut ils nous gardent.
Mais vn autre Francin, HENRI *&* CHARLE *icy*
De nous & nos troupeaux au lieu d'eux, ont foucy.
Il faut te prefenter dauant leur douce face :
Et fi tu es encor des Mufes en la grace
Inuoque-les pour eux : choifi le nouueau fon
Pour gagner leur faueur d'vne belle chanfon.

TOINET.

I'y penfois : & defia dans l'écorce licee
D'vn cerifier vni, d'vne alêne éguifee
I'ay tracé quelques vers, qu'vne honteufe peur

M'empefche de monftrer aux yeux de leur grandeur.
Bien qu'entre les bergers j'ay bruit d'eftre Poëte,
Si ne les croy-ie pas : car ma baffe Mufette
Ne fonne pas encor des chanfons de tel art
Comme le doux Bellay ou le graue Ronfard :
Et ie ne fuis entre eux auec mon chant fauuage
Qu'vn Serin, qui au bois fait bruire fon ramage
Entre deux Roffignols : Apollon toutefois
Daigne telle qu'elle eft ayder ma foible voix :
Mais nos belles chanfons aux troubles de la guerre
Ne s'entendent non plus, que fous vn long tonnerre,
Quand l'orage & les vents tempeftent par tout l'air,
Lors on fe plaift d'ouïr vn ruiffelet couler.

MELIN.

Pour ne t'en mentir point entre les dures armes
La Mufe ne dit mot, mais fe bagne de larmes,
Seule en vn coin defert foufpirant triftement
De quoy on ne fait cas de fes dons autrement.
Ny ne veut point venir à la Cour fe morfondre,
Ny à fon mieux aimé ne daigne plus refpondre :
Si pour des courtifans il requiert fa faueur,
Ou fi elle refpond, c'eft bien à contrecœur.
Mais fi c'eftoit pour CHARLE, incontinent fa grace
Saifiroit tes efprits : vne gentille audace
Eleueroit ton cœur : vn chant qui couleroit
Plus doux que le doux miel ta bouche combleroit.
Or ie te pri Toinet tes vers me vouloir dire
Chantez à fon honneur.

TOINET.

     Allons pluftoft les lire
Sur le cerifier mefme : il eft tout icy pres.

MELIN.

Vne de mes chanfons ie te veu dire apres
Combien que trop muet peu fouuent ie compofe :

(*Ie croy, les loups m'ont vu*) *l'âge perd toute chose*
Mesme l'esprit de l'homme : vn temps fut que sans fin
On me voyoit chanter de soir & de matin.
Mais ie ne dy plus mot : si ay-ie fait encore
L'autre-hier vne chanson dont mon CHARLE *j'honore.*

TOINET.

Ie voudroy bien l'ouïr.

MELIN.

    Si tost que tu m'auras
Fait ouïr ta chanson, la mienne tu sçauras.

TOINET.

Doncques di la deuant : car ie sçay que pour l'âge
Ta douce Muse n'a refroidi ton courage.

MELIN.

Ie veu que nous oyons ton beau chant le premier.

TOINET.

Vien-t'en doncque le voir : voicy le cerisier
Où la Muse me fit ceste chanson escrire.

MELIN.

L'escrit en est tout frais.

TOINET.

    Melin, veux-tu la lire?
Tu es plus ancien, obeïr ie te doy.

MELIN.

Tu la liras bien mieux puis qu'elle vient de toy.

TOINET.

CHARLE eſt aimé de Pan. qui ſaintement deſire
Que Pan luy ſoit propice à CHARLE ſe retire :
Tout ce que CHARLE veut, Pan le veut bien auſſi :
Pan à CHARLE a donné de nos chams le ſouci.
Puis qu'il en a le ſoin, les foreſts & les plaines,
Les montagnes, les eaux ſoyent de lieſſe pleines.
Dryades par les bois, Naiades par les eaux,
Par les monts & les prez Paſtres & leurs troupeaux
En ſont tous éjouïs. Le traiſtre loup n'aguette
Leurs moutons : le ſerpent n'a plus la dent infette :
Le Buzard ne vient plus leurs pouſſinets manger :
Le bon CHARLE a voulu que tout fuſt ſans danger.
Il n'y a pas les monts cheuelus qui ne rendent
Des cris de gayeté, qui juſqu'aux cieux s'entendent :
Meſmes les hauts rochers, meſmes les petits bois,
(C'eſt vn Dieu, c'eſt vn Dieu) crient à haute voix.
Soy bon & doux aux tiens, ſoy benin & propice
A qui t'inuoquera d'vn deuôt ſacrifice :
Ie m'auouë des tiens, j'inuoque ta grandeur,
Fay moy donques ſentir le fruit de ta faueur.
 Voicy quatre autelets de gazons que j'éleue
En voicy quatre à Pan, deux pour toy j'en acheue :
Le premier jour de May ſur chacun autelet
Chaqu' an ie verſeray deux terrines de lait.
Outre, quatre fois l'an en faiſant bonne chere,
(Donne-m'en le moyen) vn feſtin ie veu faire
A tous nos Paſtoureaux : l'yuer il ſe fera
Prés d'vn bon feu, l'eſté à l'ombre ce ſera.
Là ie leur perceray du meilleur vin que j'aye :
Là Tibaut & Girard diront la chanſon gaye
Pour reſiouïr la bande : & Lorin dancera
La dance des Satyrs & les contrefera.
 Auecques ceux de Pan, tes honneurs on t'appreſte :
Pan ſera le premier, & nous ferons ſa feſte
Le nommant dauant tous : mais tu auras ton lieu
Le premier apres luy dauant tout demy-dieu.

Nous te ferons des vœux : Tant que la ſauuagine
Hantera la foreſt, Tant que dans l'eau marine
Les poiſſons, Tant qu'en l'air les oyſeaux nageront,
Ton nom & tes honneurs par tout ſe chanteront.

MELIN.

Gentil berger, ton chant me ſemble auſſi doux, comme
A l'ombre vn qui eſt las trouue plaiſant le ſomme :
Comme par les chaleurs, d'vn ſourjon bien curé
L'eau fraiche ſemble douce au paſſant alteré.
Vrayment tu ne fais point deshonneur à ton maiſtre :
Car vn autre luy-meſme vn chacun te dit eſtre,
Tant tu enſuis de pres, ô bienheureux garçon,
Auec ton doux flageol ſa plaiſante chanſon.
A noſtre tour auſſi diſons de noſtre CHARLE
La louange & l'honneur : c'eſt raiſon que j'en parle
Puis que rien ne s'en taiſt : ſi ie n'en diſoy rien
Ie ſeroy trop ingrat, il me veut trop de bien.

   DEPVIS *que Charle a pris les bergers en ſa garde,*
Les bergers & leurs chams, Laboureurs prenez garde
Comme tout y profite : Au nom de CHARLE *ouy*
Voyez, voyez comment tout s'en eſt éjouy.
La venteuſe foreſt ſans branſler ſe tient coyë,
Le fleuue arreſté court plus lentement ondoyë,
La brunette Dryade aux bois lon voit rager,
La Naiade aux yeux verds iuſqu'au bord vient nager.
Voyez ces gras troupeaux qui de joye bondiſſent,
Voyez comme leurs pis pleins de lait rebondiſſent :
Voyez comme la terre engendre force fleurs :
C'eſt vn Dieu, c'eſt vn Dieu, qui a ſoin des Paſteurs.
Les Paſtres vont diſant qu'Apollon ce doit eſtre
Qui reuient entre nous eſtre encore champeſtre :
Puis que c'eſt Apollon, Apollon aime ceux
Qui à chanter des vers ne ſeront pareſſeux.
Donc ſi vous deſirez qu'il vous aime & cheriſſe,
Chantez en ſon honneur : il vous ſera propice :
Auez-vous des troupeaux, il les vous peuplera :

Si vous n'en auez point, il vous en donnera.
    Charle, *n'ais à dedain de nos chams la simplesse.*
Quelquefois Iupiter son grand trosne delaisse
Pour descendre en nos chams, tesmoin son Orion,
Tesmoin le pauure tét de Bauce & Filemon.
Le mesme Iupiter a passé son enfance
Nourri aux chams de Crete, où des Corbans la dance
Il aime encor à voir, & n'y dedaigne pas
De leur sauuage chant les rustiques ébas.
    Pastres, la terre soit d'herbe & de fleurs couuerte,
Encourtinez les eaux d'vne belle ombre verte:
Charle *le veut ainsi : Plantez des loriers vers,*
Dont ses freres vaincueurs triompheront couuers.
O Dieux, si par pitié de nostre pauure race
Vous nous l'auez donné, faites nous tant de grace
Que vous ne vueillez point le rauoir de long temps,
Et qu'il voye entre nous plus de mille printemps.
Charle, *si ta bonté des cieux icy te mene,*
Couurant vn Apollon sous vne forme humaine,
Garde tes Pastoureaux : & ne sois enuieux
De mille ans nous laissant de retourner aux cieux.

Toinet.

Melin, rien de rural tu ne me viens de dire.
O la douce fureur qui ta poitrine inspire
A chanter ces beaux vers ! Ny le bruit des ruisseaux,
Ny le doux siflement des fueillus arbrisseaux,
Ny ouir bourdonner les essains des abeilles,
D'vn si aimable son ne remplist mes oreilles,
Comme de ton doux chant le ton melodieux,
Digne de contenter les oreilles des Dieux.

Melin.

Et que te donneray-ie en digne recompense
Des vers que tu m'as dit? O mon Toinet j'y pense :
Mais ayant bien pensé, Charle *seul peut donner*
Vn don qui dignement te puisse guerdonner.

TOINET.

Fay, Melin, seulement qu'il puisse bien conoistre
Les petites chansons de ma Muse champestre,
Qui chante à son honneur. ô s'il daigne m'ouir!
O si mes humbles vers le peuuent réjouir!
Alors Orfee & Lin moy seul ie feray tére:
Bien que l'vn eut son pere, & que l'autre eut sa mere,
Orfé sa Calliope, & Lin son Apollon,
Le pris de mieux chanter si me donneroit-lon.

LE SATYREAV.

ECLOGVE XVIII.

Le Pastovreav.

Vn Paris jadis pastoureau
Enleua Helene la belle:
Moy vn autre Paris nouueau
D'vne belle Helene nouuelle
Suis mieux baisé qu'il ne fut d'elle.

La Pastovrelle.

Et bien, dequoy te vantes-tu,
Petit fou glorieux Satyre?
Le baiser n'a pas grand vertu
Ainsi qu'ay tousiours ouy dire:
Amour mieux qu'vn baiser desire.

LE PASTOVREAV.

Combien qu'on face peu de cas
Du baiser, qu'on dit chose vaine :
Toutefois le baiser n'est pas
Si vain, que plaisir ie n'y prenne
Quand Amour à baiser me meine.

LA PASTOVRELLE.

Ie m'en va lauer & torcher
Ma bouche, à fin de te faire aise :
Et ton baiser ie va cracher.

LE PASTOVREAV.

Tu torches tes leures, Mauuaise,
Mais c'est à fin que ie te baise.

LA PASTOVRELLE.

Bien plustost ce seroit ton cas
T'en aller baiser quelque vache
Orde & vilaine, que non pas
Vne fillette qui s'en fache,
Et par depit ton baiser crache.

LE PASTOVREAV.

Fi d'orgueil : comme vn songe fuit,
S'enfuit la jeunesse jolie :
La fleur fletrist, & puis le fruit.
Allons sous l'ombre reuerdie,
A fin que deux mots je te die.

LA PASTOVRELLE.

Dieu m'en garde : car autrefois
Tes beaux mots m'ont cuidé surprendre.

Iean de Baif. — III.

Le Pastovreav.

Allons, mignonne, dans ce bois :
Dans ce bois tu pourras entendre
Quel ton au flageol je fçay prendre.

La Pastovrelle.

Vas y tout feul te foulaffer :
I'ay peur que pis on ne me garde :
Sus, ne me vien point embraffer,
Qu'à la longue plus ne m'en garde
De mordre ta bouche langarde.

Le Pastovreav.

Penfe'-tu l'Amour échapper
Que nulle pucelle n'échappe ?

La Pastovrelle.

Il n'a garde de m'atrapper :
Ie luy pardonne s'il me happe :
Mais garde toy qu'il ne t'atrappe.

Le Pastovreav.

O belle, que ie crein pour toy
Que tu ne fois vn jour laiffee
A vn mary pire que moy !

La Pastovrelle.

Maints amoureux m'ont pourchaffee,
Et nul n'a gagné ma penfee.

Le Pastovreav.

Ie fuis l'vn de tes amoureux,
Et fi pouuois vn jour te plaire
Ie m'eftimeroy trop heureux.

La Pastovrelle.

Mon amy, j'auroy trop à faire :
Mariage est plein de misere.

Le Pastovreav.

Il n'y a ne douleur ne mal
En mariage, que par feinte :
Ce n'est que joye feste & bal.

La Pastovrelle.

Lon dit que tousiours vit en creinte
La femme à vn mary conjointe.

Le Pastovreav.

Plustost tousiours les femmes sont
Les maistresses : ie te demande,
Dequoy c'est que peur elles ont.

La Pastovrelle.

Tremblant de peur, faut que me rende :
La douleur de gesine est grande.

Le Pastovreav.

Mais tu ne dis pas le plaisir
Que te donnera ta lignee
Effaçant le mal de gesir.

La Pastovrelle.

Dequoy seray-ie guerdonnee
Si j'accomply ta destinee?

Le Pastovreav.

Auec ce gaillard Pastoureau
Tu auras tout ce pasturage,

Ce pasturage & son troupeau,
Et du long de ce bel ombrage
Tout ce pais de labourage.

La Pastovrelle.

Iure que ne me laisseras
Maugré moy, pour cause quelconque,
Quand maistre de moy tu seras.

Le Pastovreav.

Quand bien tu le voudrois adonque,
Ie jure ne te laisser oncque.

La Pastovrelle.

Sera-ce pour moy ta maison?
Meubleras-tu bien ma chambrette?
Trairay-ie du lait à foison?

Le Pastovreav.

Tout est tien : seulement souhette,
Et toute chose sera faitte.

La Pastovrelle.

Mais di moy que c'est que diray
A mon pere, le vieil bon homme,
Quand dauant luy ie m'en iray?

Le Pastovreav.

Il voudra que tout se consomme
S'il entend comme ie me nomme.

La Pastovrelle.

De sçauoir ton nom j'ay desir :
S'il est tel, tu ne dois le tère :
Souuent le nom donne plaisir.

Le Pastovreav.

J'ay nom Loret : Louuin mon pere,
Et Pasturine c'est ma mere :
Tu es la fille de Fortin,
Issu de tresbon parentage :
Aussi est mon pere Louuin,
Et te prenant en mariage,
De rien ie ne te deparage.

La Pastovrelle.

Or monstre-moy ton beau verger,
Et puis irons voir tes étables
Où ton bestail vient heberger.

Le Pastovreav.

C'est à moy ce beau ranc d'Erables
Et ces ombrages delectables.

La Pastovrelle.

Mes Cheures, broutez bien & beau
Tandis qu'iray voir l'heritage
Et le verger du Pastoureau.

Le Pastovreav.

Mes bœufs, n'espargnez cet herbage
Tandis que ferons à l'ombrage.

La Pastovrelle.

Voy, que fais-tu? oste la main :
Veux-tu point autrement te feindre,
Satyreau, de tâter mon sein.

Le Pastovreav.

Laisse moy vn petit estreindre
Ces pomes qui ne font que poindre.

LA PASTOVRELLE.

Apres, ô sus, oste ta main,
Ie suis comme toute engourdie :
Que ie sen mon cœur foible & vain !

LE PASTOVREAV.

Que creins-tu ? tu trembles, m'amie :
Fille, tu n'es guiere hardie.

LA PASTOVRELLE.

Me veux-tu par terre touiller,
Et ma belle robe de feste
Dans la fange veux-tu fouiller ?

LE PASTOVREAV.

Nenni non, ie suis trop honneste :
Mon manteau pour t'assoir j'appreste.

LA PASTOVRELLE.

Ha, las ! ha las ! que cherches-tu
Leuant ma cotte & ma chemise :
Ha ie n'ay force ne vertu.

LE PASTOVREAV.

Ie poursui la douce entreprise
D'vn Amant qui sa belle a prise.

LA PASTOVRELLE.

Demeure, mauuais que tu es :
Si quelcun nous venoit surprendre.
I'oy du bruit entre ces Cypres.

Le Pastovreav.

*Les arbres font semblant d'entendre
Le plaisir que nous allons prendre.*

La Pastovrelle.

*Ma colerete de fin lin
Par loppins tu as dessiree
Et m'as mis à nù le tetin.*

Le Pastovreav.

*Ie t'en donne vne mieux ouuree,
Et de toile plus deliee.*

La Pastovrelle.

*Tu donnes tout pour m'abuser :
Mais apres que seray ta femme
Du sel me viendras refuser.*

Le Pastovreav.

*En te donnant mesme mon ame
Que ie puisse t'en faire dame.*

La Pastovrelle.

*I'estoy pucelle en m'en venant,
Au jeu d'amour toute nouuelle,
Ie m'en va femme maintenant.*

Le Pastovreav.

*Mere seras, nourrice, & telle
Que jamais ne seras pucelle.*

LE COMBAT.

ECLOGVE XIX.

GILET.   LVCET.
PINEAV.   ROBIN.

Gilet.

Ne vois-ie pas Pineau qui à vne verséne,
De nous va là deuant atrauers ceste plaine?
Regarde vn peu Lucet, tu le conoistras mieux :
Car, pour n'en mentir point, ie n'ay guiere bons yeux.
A voir de loin son port, à voir la peau louuine
Qui luy couure le dos, à peu pres ie deuine
Que c'est luy.

Lvcet.

C'est luy-mesme, il marche & va resuant :
Ie conoy son barbet qui nous vient au deuant.

Gilet.

Fi fi : sus sus barbet.

Lvcet.

Ce chien te fait grand feste :
Mais que ne flattes-tu vn peu la pauure beste?

Gilet.

Il recourt à son maistre, & tire son manteau,
Et l'aduertist de nous : mais voy comme Pineau

*N'en fait aucun ſemblant. Il ſonge quelque choſe:
Il n'eſt jamais oyſif : tout par tout il compoſe,
Meſme par le chemin. Ie ne ſçache paſteur
Qui ayt plus à ſouhait des Muſes la faueur.*

LVCET.

*Entre les Paſtoureaux ie ne ſçache Poëte,
Qui, à mon jugement, enfle mieux la Muſette.*

GILET.

*Si nous voulons haſter tant ſoit peu noſtre pas,
Nous l'aurons attrapé dauant qu'il ſoit au bas
Du valon, qui nous l'oſte. Il commence à deſcendre.*

LVCET.

*Courons donc iuſqu'à luy : & nous pourrons reprendre
Aleine en ce beau val, le priant de chanter
Ce que nous le voyons tout penſif inuenter.*

GILET.

*Courons : que pleuſt à Dieu que cette pannetiere
Fuſt chez nous maintenant : Elle ne m'aide guiere
A courir : pleuſt à Dieu qu'vn ſoc en fuſt oſté,
Que j'ay pris en la ville, il me romt le coſté.*

LVCET.

*Baille ça : car ton ſac te donne aſſez de peine.
Que portes-tu dedans?*

GILET.

*Pour vn ſetier d'auene,
Cent fatras qu'il nous faut.*

LVCET.

*Baille donc : auſſi bien,
(Car tout eſtoit trop cher) ie ne raporte rien.*

7*

GILET.

C'eſt pitié, tout eſt cher : & dit on que la guerre
Eſt cauſe de ce mal.

LVCET.

Dieu le ſçait : mais la terre
Ne daigne plus porter de fruits telle planté
Depuis que ceſte peſte a le monde infecté.

GILET.

S'il nous pouuoit ouïr, nous le ferions attendre.

LVCET.

Nous ſommes aſſez pres : il pourra nous entendre.

GILET.

Pineau.

LVCET.

Pineau.

GILET.

Pineau.

PINEAV.

Et qui m'appelle icy ?
Eſt-ce vous, bons Bergers, d'Apollon le ſoucy ?
Ainſi Pan dauant luy reuenant de la chaſſe
Deſſus le chaud du jour (lors que tout il menaſſe
De courroux, qui le fait renifler des naſeaux)
Ne vous trouue jamais : mais touſiours vos troupeaux
Il garde beaux & gras : Venez, ô couple aimee,
De qui le doux chanter vous donne renommee
Sur tous les Paſtoureaux. Par tout où vous paſſez

Les Loriers verdoyans alentour amaſſez,
Vous tendent leurs rameaux : parmy le verd lierre
Mille fleurs ſous vos pieds rampent deſſus la terre :
Et les petits cailloux atteints d'vn plaiſant ſon
Rendent ſous vos ſouliez vne douce chanſon.

GILET.

N'en dy pas tant, Pineau, tu deurois aller dire
Ces propos à Bauin, qui s'aime & qui s'admire :
Et brigant des loueurs touſiours en tout endroit,
Cherche d'eſtre loué ſoit à tort ſoit à droit.

PINEAV.

I'en dy trop peu de vous : ce ſeroit toute bourde
Qui voudroit dire bien de ceſte beſte lourde.

GILET.

Pource qu'il peut valoir, Paſteur, laiſſon-le là :
Et s'il te vient à gré, raconte nous cela
Que tu ſongeois tantoſt là haut dedans la plaine,
Et tandis nous pourrons icy reprendre aleine.

LVCET.

Il fait beau dans ce val : voicy vn clair ruiſſeau
Qui d'vne ſource viue ameine ſa belle eau :
Allons ſur le ſurgeon : d'vn tapis d'herbe verte
La molle & fraiche riue alentour eſt couuerte :
Là les Aunes fueillus font vn ombrage frais,
Et les mouſches à miel bourdonnent tout aupres.

GILET.

Là les Nymphes, Pineau, pour couronner ta teſte
Ont pleins panniers de fleurs : la Naïade t'appreſte,
La Naïade aux beaux yeux, mainte diuerſe fleur
De la ſenteur plus douce & plus belle couleur

Qu'elle les peut choiſir : Par tas elle les trie,
Et par art de ſes doits les arrange, & les lie
De ſes beaux cheueux blonds pour t'en faire vn preſent :
Car ton chant deſſur tous, luy eſt doux & plaiſant.

PINEAV.

Voy-ie pas mon mechant qui boit en la fonteine ?

LVCET.

Quoy ? Robin que voyla ?

GILET.

Quelle nouuelle haine
S'eſt miſe entre vous deux ? doù vient cette rancueur ?
I'ay vu, n'a pas long temps, que vous eſtiez vn cœur.

PINEAV.

Il n'eſt pire ennemy, que l'amy qui abuſe
Du tiltre d'amitié. Vois-tu la Cornemuſe
Qu'il porte ſous le bras ? il me la deroba,
Et me la deguiſant pour ſoy la radouba.
Comment, traiſtre larron, tu vas faiſant le braue
De ce qui n'eſt à toy ? & tu jettes ta baue
Contre ma renommee, à tout propos diſant,
Que tout ce que ie chante eſt rude & mal plaiſant.

ROBIN.

Ie l'ay dit voyrement : & dy bien d'auantage,
Ie va chanter à toy, ſi tu veux mettre gage.

PINEAV.

Le veux-tu ?

ROBIN.

Ie le veu.

PINEAV.

Mais qui nous jugera ?

ROBIN.

Ces Paſteurs, s'il leur plaiſt : ou l'vn d'eux ce ſera,
Ou ce ſeront tous deux.

PINEAV.

O l'audace effrontee!
Donc pour la deguiſer tu me l'as demontee
Du bourdon qu'elle auoit ?

ROBIN.

N'en ſois plus en eſmoy.
Ie veux te faire voir comme elle eſt toute à moy.

PINEAV.

Toute à toy, malheureux ? le reſte ie le nie :
Ouy bien du bourdon la groſſiere armonie :
Encores qui de pres au bourdon viſera
Ce bourdon que tu as à quelque autre ſera.
Aa, ie le reconnoy : ce bourdon ſouloit eſtre
Au bon homme Marguin : venez-le reconoiſtre,
O Paſteurs clair-voyans : ne ſouffrez ce Corbeau
Dans les plumes d'autruy qui veut faire le beau.
Regardez bien par tout : vous verrez (ie va mettre)
Qu'au tuyau du ſoufloir, en belle groſſe lettre
Le nom de ma mignonne au mien entrelaſſé
Y eſt encore empreint : mais tu l'as effacé :
Voyez-en la rature encores toute fraiſche.

ROBIN.

Donque tout maintenant il faut que te depeſche
De la doute où tu es : Ie và te la gager,
S'il plaiſt à ces Paſteurs noſtre noiſe juger.

PINEAV.

Bien qu'elle foit à moy ie va mettre contre elle
Cette autre Cornemufe. oyez noftre querelle
Pafteurs, je vous en prie : & fans nulle faueur
Contre moy le premier jugez à la rigueur.

GILET.

Oferons-nous, Lucet, fi grand' charge entreprendre.

LVCET.

Puis que c'eft leur plaifir d'vn accord de nous prendre
Pour foudre leur débat, oyons ce qu'on dira :
Mais faifons-les jurer que nul d'eux n'en irà
Plus mal contant de nous : bien qu'auec la victoire
A l'autre nous donnions les gages & la gloire.

GILET.

Le voulez-vous jurer ?

PINEAV.

Ouy, ie jureray
Que quand i'auray perdu, ie vous demeureray
Amy comme deuant, & Palés i'en attefte :
Et fi j'y contreuien, la clauelee empefte
Mes chetiues brebis, & qu'vne feule peau
De la gueule des loups n'en refte à mon troupeau.

ROBIN.

Ie te jure, ô Cerés, dieu Bacchus ie te jure,
Quand à leur jugement ie perdroy la gajure,
Que ie ne les hairay. Si ie ne fais ainfi
Iamais de mon labeur n'ayez aucun fouci.

LVCET.

Sus doncques, ô Bergers, deuant nous prene~ *place :*
Nous allons nous aſſeoir ſur cette motte baſſe :
Vous ſere~ *bien tous deux contre ces Aunes là*
Que la mouſſe veluë entoure çà & là.

GILET.

Or ſus, dittes Berger. Qui eſt preſt, ſi commence :
Qui dira le dernier, que celuy-là ne penſe
Eſtre moins eſcouté que ſera le premier.
L'honneur eſt en commun au premier & dernier.

PINEAV.

Polypheme Berger, Galatee la belle
Iettant à ton beſtail force pommes, t'appelle
Bel amoureux tranſi : aſſe~ *haut, toutefois*
Malheureux malheureux, la belle tu ne vois :
Mais tu es amuſé à ſonner ta Muſette.
La voycy reuenir : encore elle rejette
Des pomes au maſtin qui garde ton troupeau :
Il aboye apres elle, & la ſuit juſqu'à l'eau :
Voy comme les doux flots de la marine coye
La portent gentiment : ton chien touſiours l'aboye :
Garde que ſi encore elle veut s'approcher,
Il ne morde ſa greue & ſa douillette chair.
Maintenant ie la voy, qu'elle fait ſa riſee,
Et ſe mocque dequoy tu ne l'as auiſee :
Si tu l'aimes bien fort, elle s'en va cacher,
Quand tu ne l'aimes guiere, elle te vient chercher.
Nulles laides amours : ſouuent, ô Polypheme,
Ce qui n'eſt guiere beau, ſe fait beau quand on l'aime.
L'amour & la beauté ſe ſuiuent tour à tour :
L'amour ſuit la beauté, la beauté ſuit l'amour.

Robin.

Ie l'ay fort bien ouye : ainſi comme elle ruë
Des pomes à mon chien, de cet œil ie l'ay vuë,
Cet œil qui m'eſt tant cher : En depit du deuin,
Que i'en voye auſſi bien touſiours iuſqu'à la fin.
Et vers le ſot deuin Teleme qui deuine
Tout malheur contre moy, le malheur s'achemine.
Il n'eſt ny pire ſourd ny pire aueugle auſſi
Qu'eſt celuy qui de voir & d'ouyr n'a ſouci.
De ſon amour ie brulle, & ſi ne la regarde :
Ie fein que dans mon lit j'ay vne autre mignarde :
De grande jalouſie elle meurt, & de l'eau
Sort pour venir guetter mon antre & mon troupeau :
Ie hâle bellement mon chien apres la belle :
Si ie ne le hâlois, il iroit dauant elle
Au bord luy faire feſte, & luy licher la main,
Sçachant bien nos amours : Elle enuoyra demain,
(Ou peut eſtre auiourdhuy) vn meſſager me dire
Comme pour mon amour elle eſt en grand martyre :
Mais ie l'enfermeray, & ne l'enuoyray pas
Que ie ne voye vn lit dreſſé pour nos ébas.

Gilet.

O Pineau, ta chanſon eſt treſdouce & plaiſante
Et combien que Robin, au dire de tous, chante
Des vers de grand' douceur, de ton gentil chanter
Beaucoup plus que du ſien ie me ſen contenter.

Lvcet.

Pineau, j'aimeroy mieux ouir tes chanſonnettes
Que de ſucer du miel : Tu auras ces Muſettes :
Car elles ſont à toy de bon & juſte gain :
Et ſi tu as encore vne chanſon en main,
Remercie la Muſe : à la Muſe immortelle
Tu es tenu ſur tout, qui d'vne douceur telle

Confit ta douce voix : Que le pris t'eſt donné,
Et Robin tout honteux s'en reua condamné.

PINEAV.

Muſe, ie te ſaluë : ô ma Muſe champeſtre,
Champeſtre maintenant, Qu'vn iour tu puſſes eſtre
Digne de te monſtrer en la Court de nos Rois,
Et CHARLES *fuſt l'honneur & l'appuy de ta voix.*
Lors garde que ie n'aye, ô Muſe fauorable,
Le filet à la langue : Alors vien ſecourable
Me donner vne voix, dont ie puiſſe entonner
(Car il ne faudra plus la Muſette ſonner)
Entonner hautement, delaiſſant la Muſette,
Ses honneurs & vertus d'vne graue trompette.
Retire moy des chams : ie n'ay faute de cœur.
CHARLES, *mon Apollon : preſte moy ta faueur.*

FIN DES ECLOGVES.

ANTIGONE
TRAGEDIE DE
SOPHOCLE.

PAR

IAN ANTOINE DE BAIF.

A TRES AVGVSTE PRINCESSE
ELIZABET D'AVTRICHE
ROYNE DE FRANCE.

O Royne, quand le ciel vous mena dans la France,
  Comme vn astre benin repandant tout bon heur,
  Paix vous acompagnoit, & l'ancien honneur
  Reuint à la vertu par si bonne alliance.
Les Muses, qui gisoyent sous l'obscure oubliance,
  Se montrerent au jour en nouuelle vigueur:
  Moy, le moindre de ceux qui ont de leur faueur,
  A vostre Magesté j'en fy la redeuance.
Madame ce jourdhuy je vous offre (en hommage
  D'vn Suget non ingrat) ce mien petit ouvrage,
  Ains l'ouurage tissu d'vn Poëte Gregeois.
Si deignez y jetter vostre serene vuë,
  Marquez en ces deuis, à quelque heure perduë,
  Le profit qu'auez fait au langage François.

ARGVMENT.

Apres que les deux fils d'Edipe furent morts,
S'eſtant tuez l'vn l'autre, & que le Roy d'alors,
Qu'on appeloit Creon, euſt fait deffence expreſſe
Dedans Thebe, que nul ne priſt la hardieſſe
D'enterrer Polynic, ſur peine de la mort :
Antigone ſa ſœur ſe mit en ſon effort
De l'enſepulturer : ce qu'elle fit ſi bien,
Que les Gardes du corps n'en aperceurent rien
Pour la premiere fois. Mais Creon les menace,
De les faire mourir ſans nul eſpoir de grace,
S'ils ne luy amenoyent ceux qui l'ont enterré.
Les Gardes effroyez, ont le corps deterré
Remis à nù ſur terre : & creignant pour ſa teſte,
Chacun à bien guetter aux enuirons s'apreſte.
Antigone y ſuruient : & voyant decouuert
De ſon frere le corps, qu'elle auoit bien couuert,
Tâche le recouurir : & ne pouuant tenir
Son dueil, ſe decouurit. Lors voicy ſuruenir
Les Gardes qui guetoyent. Sur le fait ils la prenent
Et vers le Roy Creon incontinant la menent.
 Le Roy la condamnant, toute viue la fait
Deſcendre en vn caueau (qu'expres on auoit fait
Pour vne ſepulture) où par deſpoir eſtréme
La fille s'étrangla de ſa ceinture meſme.
 Haimon le fils du Roy, fiancé d'Antigone
La venoit deliurer : mais trouuant ſa perſonne
Pale morte etranglee (ô trop grieue douleur!)
Sur elle d'vn poignard ſe frappe dans le cueur.

ARGVMENT.

  Creon ayant ouy le deuin Tirefie,
(Qui luy auoit predit la malheurté fuiuie,
D'auoir fait enterrer la pauurette Antigone,
Et de n'auoir fouffert que la terre lon donne
Au pauure Polynic) il va pour l'enterrer,
Et pour hors du caueau la fille deterrer :
Mais il la trouue morte (& douleur plus cruelle!)
Il voit fon fils Haimon qui fe tuë fur elle.
  De là le Roy dolent s'en reuenant chez luy
Trouue vne ocafion d'vn plus piteux ennuy.
Eurydice deja la Royne malheuree
Sa trefchere compagne eftoit morte & tuee :
Qui ayant entendu comme Haimon eftoit mort,
Viue ne put fouffrir fi trifte deconfort,
Mais d'vn poignard fe tuë. Ainfi grieues douleurs
Deffus grieues douleurs, malheurs deffus malheurs,
Troublent Creon le Roy de la terre Thebaine.
  Mais oyez Antigone, oyez fa fœur Ifmene,
Qui plus que ie n'en dy vous en pourront aprendre,
Si à les écouter plaifir vous daignez prendre.

PERSONAGES DE LA TRAGEDIE.

Antigone.
Ifmene.
Chore de vieillars Thebains.
Creon.
Meffager du Guet.
Haimon.
Tirefie.
Autre Meffager.
Eurydice.
Vn Seruant.

ACTE I. SCENE I.

ANTIGONE. ISMENE.

Antigone.

Ne sçais tu pas Isméne ô mon vnique sœur,
Que de nostre viuant, depuis ce grand maleur
Qui vint à nostre pere, il n'y a point de maux
Desquels n'ayons sans fin soutenu les assaux?
Car nous n'auons rien vu, qui nous soit arriué
Ou à toy ou à moy, que nous n'ayons trouué
Plein de grieue douleur, plein d'ennuy, plein de peine,
Plein de grand deshonneur, plein de honte vilaine.
Et maintenant encore (ainsi comme lon dit)
Le Prince nous a fait publier vn Edit.
L'as-tu point entendu? ou bien nos ennemis
Font-il à ton desseu du mal à nos amis?

Ismene.

Ie n'ay, mon Antigone, ouy nouuelle aucune
Ny de bien ny de mal, depuis celle fortune,
Qui en vn mesme jour nos deux freres perdit,
Quand vne double mort au camp les étandit:
Sinon que cette nuit des Argiens l'armee
Soudain s'est disparuë hors d'icy delogee,
Et le siege a leué. Depuis ie ne sçay rien
Dont nous soit auenu plus de mal ou de bien.

Antigone.

Ie le sçauoy tresbien : c'est aussi la raison
Pourquoy ie t'ay mandee icy hors la maison,
A fin que seule à part tu pusses m'écouter.

Ismene.

Qu'est-ce? me voudrois-tu grande chose conter?

Antigone.

Le Roy Creon à l'vn des freres a til pas
Rendu l'honneur des morts? de l'autre il ne fait cas.
Mais, comme on dit, fuyuant la loy & la droiture,
A Eteocle il a donné la sepulture,
L'honorant de l'honeur que lon doit faire aux morts:
Mais miserablement le miserable corps
De Polynice mort il delaisse étandu:
Et par Edit exprés à tous a defandu,
Et de ne l'enterrer, & de ne le pleurer:
Le laisser sans honneur & point ne l'enterrer,
A fin que par les chams le pauure miserable
Aux oyseaux charogniers soit viande agreable.
 Voyla ce que lon dit que Creon le bon Roy
Nous a fait publier, & à toy & à moy:
(Ie doy bien dire à moy!) & qu'il s'en vient icy
A qui ne le sçait point publier tout cecy,
Luy en personne, à fin que de son ordonnance
Nul quel qu'il soit ne puisse en pretandre ignorance:
Et qu'il fera sa loy à la rigueur tenir,
Si bien que si quelcun ose y contreuenir
Il mourra lapidé. Voyla ce qui en est:
Et tu pourras bien tost nous montrer s'il te plaist,
Que des tiens à bon droit la fille lon te die,
Ou n'auoir rien de ceux dont tu te dis sortie.

Ismene.

Mais qu'est-ce, ô pauure sœur, s'il est vray ce qu'as dit,

Que ie profiteray, d'aller contre l'Edit,
Pour enfepulturer le corps de noftre frere?

ANTIGONE.

Si tu me veux aider : regarde & confidere...

ISMENE.

Quel danger me dis-tu? mais où eft ton bon fens?

ANTIGONE.

Si d'enleuer le mort de ta main tu confens.

ISMENE.

Penfes-tu l'enterrer veu qu'il eft defandu?

ANTIGONE.

Ouy : ie luy rendray l'honneur qui luy eft du,
A mon frere & le tien, car il l'eft maugré toy,
Et ne fera point dit qu'il foit trahy par moy.

ISMENE.

Helas! contre le Roy veux tu bien entreprendre?

ANTIGONE.

Il n'apartient au Roy mon deuoir me defendre.

ISMENE.

Helas! penfe ma fœur, repenfe fagement,
Que noftre pere eft mort par trop honteufement
D'vne mort odieufe, auffi toft qu'il euft fçu
Quel grand mechef eftoit de fes forfaits iffu:
Luy mefme s'arrachant de fes deux mains meurdrieres
Ses pauures yeux creuez dehors de leurs paupières!

Pense à sa mere & femme (ô maleurté doublee!)
Qui s'étranglant s'osta d'vne vie troublee
Par trop cruels destins! Et pour le tiers maleur,
Pense comme en vn jour, enflammez de rancueur,
Les maleureux meurdriers nos freres combatirent,
Et de leurs propres mains tous deux morts s'abatirent.
Et songe maintenant que seules orphelines
Delaissees nous deux, de morts bien plus indines
Nous aurons à mourir, si enfreignant la loy
Nous rompons l'ordonnance & le pouuoir du Roy.
Mais nous auiserons comme femmes nous sommes,
Et que ne sommes pas pour combatre les hommes:
Qu'il faut ployer sous ceux qui ont plus de puissance,
Et quand ils voudroyent pis leur rendre obeïssance.
Quant à moy m'adressant, pour mercy leur requerre
De ce à quoy lon me force, à ceux de sous la terre,
« *Au Roy j'obeïray : car oser dauantage*
« *Que ce qu'on peut ou doit, n'est fait d'vn esprit sage.*

Antigone.

Ie ne t'en priray plus : & bien que le desir
Te vinst de m'y aider, ie n'y prendroy plaisir.
Fay comme tu voudras : quant à moy ie m'apreste
De l'ensepulturer. La mort seroit honneste
De mourir pour ce fait : offensant saintement,
L'amie auec l'amy ie mourray gayement.
Car i'ay bien plus de temps, apres mon doux trepas,
Qu'à ceux d'icy à plaire à ceux qui sont là bas,
Où ie seray tousiours. Toy, car tu l'aimes mieux,
Souille & tien à mépris le saint honneur des dieux.

Ismene.

Ie les veux honorer : mais de forcer en rien
Les statuts, ie n'en ay le cœur ny le moyen.

Antigone.

Suy doncques ton propos. car ie va m'empescher
Apres l'enterrement de mon frere trescher.

Ismene.

Ha pauure, que pour toy i'ay de creinte & tourment!

Antigone.

N'aye creinte pour moy, songe à toy seulement.

Ismene.

Au moins garde toy bien de t'aller deceler.
Quant à moy ie mourroy plustost que d'en parler.

Antigone.

Va va le dire à tous. Si tu me veux complaire,
Tu l'iras publier plustost que de le taire.

Ismene.

Enuers ceux qui sont froids que tu as le cœur chaud!

Antigone.

Ie sçay bien que ie plais à qui plaire il me chaut.

Ismene.

Ouy si tu le peux : mais il ne se peut faire.

Antigone.

Et bien, si ie ne puis, tu m'en verras distraire.

Ismene.

« *Iamais il ne faudroit l'impossible entreprendre.*

Antigone.

Si tu tiens ces propos, par force il me faut prendre
Mal-talent contre toy : & par ta méprison
Le defunt te haira pour bien bonne raison.
Laisse moy encourir tout à mon essient
Par mon mauuais conseil cet inconuenient.

Car tu ne pourrois pas faire entrer en ma teste
Qu'il ne faille mourir d'vne mort si honeste.

ISMENE.

Va donc puis qu'il te plaist. mais c'est grande folie
D'estre en si grand dangier à tes amis rauie.

CHORE.

Strofe I.

Dv soleil la clarté doree
Plus luisante que de coutume,
Dessus nos sept portes allume
La plus belle claire journee
Que de long temps on ait vu nee.
O bel œil de ce jour doré
Qui dessur Thebe as éclairé,
Loin de la source Dircienne,
Faisant tourner bride soudain
A la grande armee Argienne
Qui menaçoit nos murs en vain.

Mesode.

Adraste en faueur de son gendre
Qui ce Royaume quereloit,
Telles armes leur a fait prendre
Comme Polynice vouloit.
Les vns marchoyent couuerts d'écailles,
Les vns de boucliers & de mailles.
Icy, piquiers se herissoyent :
Là, sur les æles des batailles
Les cheualiers replendissoyent.

Antistrofe.

Ce camp tint la ville sugette
D'armes par tout enuironnee,

Iufqu'à cette heureufe journee
Qui a decouuert leur retrette,
Qu'ils ont fait par la nuit fegrette,
Parauant que d'auoir fouillé
Dans noftre fang leur fer mouillé :
Parauant qu'auoir embrazee
La ville de leurs brulements,
Parauant que l'auoir razee
Iufqu'au pié de fes fondements.

Mefode.

« Dieu jamais n'aime les vantifes
« De ceux qui font enflez d'orgueil :
« Mais renuerfe leurs entreprifes
« Trenchant le cours de leur confeil.
« Mefme voyant comme ils s'en viennent
« Fiers des biens qui tels les maintiennent,
« Son foudre il darde deffur eux :
« Et quand plus heureux ils fe tiennent
« Lors il les rend plus maleureux.

Strofe II.

Témoin m'en eft l'outrecuidance
Du boutefeu, dont l'arrogance
Sentit vn feu plus violant,
Quand le foudre brizant fa tefte
Le renuerfa du plus haut fefte
Du mur qu'il alloit échelant.
Lors qu'alencontre du tonnerre
Et des vents qui luy font la guerre
Son ardente rage il pouffoit :
Mais culbuté denhaut en terre
Il n'acheua ce qu'il braffoit.

Mefode.

Cependant des fept Capitaines
A nos fept portes ordonnez,

Les entreprifes furent vaines :
Car ils fuïrent étonnez.
Depuis en figne de leur fuite,
Dont Iupiter fit la pourfuite,
Les Trofees auons dreffez,
A luy qui fait par fa conduite
Que l'ennemy nous a laiffez.

Antiftrofe.

Or puis que la gloire honorable
Et la victoire fauorable
Nous rit d'vn œil plus gracieux,
Metons la guerre en oubliance :
Et par Thebe ayons fouuenance
D'en rendre graces aux bons Dieux.
Et faifons que cette nuitee
Soit par nous faintement feftee,
Aux temples fautant & danfant,
D'vne chanfon par tout chantee
Par le Dieu Thebain commançant.

Epode.

Mais voicy venir noftre prince
Creon le fils de Menecé,
Le feul Roy de cette Prouince,
Qui, à le voir, a pourpenfé
De nouueau nouuelle entreprife,
Depuis que Dieu nous fauorife.
Pour neant il n'a fait venir
D'anciens cette bande grife :
Mais le confeil il veut tenir.

ACTE II. SCENE I.

CREON. CHORE.

Creon.

Mes amis, les bons Dieux en fin ont arresté
Du Royaume l'état, qu'ils auoyent tempesté
Troublé brouillé long temps en facheuse tourmente :
Mais apres la tempeste vne saison plaisante
Ouure l'air plus serein : & les brouillas épars
Aux rayons du Soleil fuyent de toutes parts.
Or ie vous ay mandez par messagiers expres
Qu'icy pour m'écouter ie vous trouuasse prests,
Sçachant vostre bon cœur enuers nostre couronne,
Et du temps que Laïe y regnoit en personne,
Et du regne d'Edipe, & depuis son trepas
Comme ses deux enfans vous ne laissâtes pas,
Mais tousiours les auez selon vostre deuoir
Honorez & seruis reuerans leur pouuoir.
Or depuis qu'en vn jour au combat main à main
Se frapans & frapez, double meurdre inhumain,
Les deux freres sont morts, ie viens à succeder
Aux Rois que les derniers on a vu deceder
Comme le plus prochain de sang & de lignage.
« Mais on ne peut sçauoir d'vn homme le courage
« L'esprit & le bon sens, parauant qu'il s'auance
« Aux afaires d'état & choses d'importance.
« Car quiconques ayant d'afaires maniment
« Ne tâche executer son auis librement,
« Mais sans le decouurir par creinte le retient,
« Indigne est ce mechant de la place qu'il tient.
« Et quiconques aussi veut mettre vn amy sien

« Pardeſſus ſon païs, ie le conte pour rien.
Quant à moy (Dieu le ſçait à qui rien ne ſe cache)
Que ie ne me téray de choſe que ie ſçache,
Pour y remedier, eſtre voſtre domage,
Voulant touſiours garder du peuple l'auantage.
« Et quiconques auſſi ſon païs n'aimera,
« Si ie le puis ſçauoir, mon amy ne ſera :
« Sçachant que plus d'amis nous ne pourrions nous faire
« Qu'en faiſant que l'état du Royaume proſpere.
C'eſt pour quoy enſuiuant le propos que j'ay dit,
Touchant les freres morts j'ay fait crier l'Edit.
Quant eſt d'Eteocles, lequel pour la deffence
De ſon païs auoit éprouué ſa vaillance,
Et pour elle étoit mort, j'ay voulu qu'à ſon corps
On ait fait tout l'honneur que lon doit faire aux morts,
Qui ſont morts gents de bien : & qu'on le miſt en terre
Comme vn qui pour la ſienne auoit fait juſte guerre.
Mais quant à Polynic, qui laiſſant ſon païs,
Pour des Dieux étrangers les ſiens auoit trahis :
Qui auoit deſiré voir ſa ville embraʒee,
Et juſqu'aux fondements des murailles raʒee :
Qui auoit deſiré la liberté rauir
Aux ſiens, & de leur ſang ſon dur cœur aſſouuir :
Pource j'ay fait crier que nul de cetui-cy
Pour ſon enterrement ne pregne aucun ſoucy :
Mais le laiſſe à mépris ſans dueil ſans ſepulture
Pour eſtre des corbeaux & des chiens la pâture.
Telle eſt ma voulonté : ceux qui ne valent rien
Ie n'honore jamais plus que les gents de bien :
Mais qui de ſon païs le bien pourchaſſera,
Honoré de par moy vif & mort il ſera.

Chore.

Sire, vous ordonneʒ que bien ou mal on face
Selon que bien ou mal au païs on pourchaſſe :
Et vous pouueʒ auſſi diſpoſer & des hommes
Qui ſont morts, & de nous qui viuons & qui ſommes.

CREON.

Soyez donques au guet pour cecy que j'ordonne.

CHORE.

A plus jeunes que nous telle charge se donne.

CREON.

Le guet est bien assis pour au corps regarder.

CHORE.

Quelle autre chose donc voulez vous commander ?

CREON.

De ne souffrir que nul à la loy face tort.

CHORE.

« *Il n'est homme si fol qui s'offrist à la mort.*

CREON.

« *C'en fera le loyer : mais lon voit bien souuent*
« *Que pour l'espoir du gain l'homme auare se vend.*

ACTE II. SCENE II.

MESSAGER. CREON.

MESSAGER.

SIRE, ie ne diray que ie soy hors d'aleine
Pour auoir acouru d'alure bien soudaine :
Mais ayant mon esprit en vn douteux soucy,
Ou de m'en retourner ou de venir icy :

Tantoſt ie me hâtoy tantoſt ie m'arrêtoy,
Et pour creinte de vous en la peine j'étoy.
Car mon cœur me diſoit. Chetif, que veus-tu faire?
Tu vas de ce forfait pourchaſſer le ſalaire.
Chetif, demourras-tu? d'vn autre il l'entendra,
Ainſi de toutes parts malheur t'en auiendra.
Bien tard en ce diſcours ie me ſuis aſſuré,
Tant que peu de chemin longuement a duré.
En fin ie ſuis venu vous dire, non comment
Le tout s'eſt fait au long, mais le fait ſeulement:
Car l'eſpoir & confort qui à vous m'a mené
C'eſt d'auoir tout au pis ce qui m'eſt deſtiné.

CREON.

Mais qu'y peut-il auoir qui cauſe vn tel émoy?

MESSAGER.

Ie veu premierement vous dire, quant à moy
Ny ie ne l'ay point fait, ny ne ſçay qui l'a fait:
Et m'auiendroit à tort du mal de ce forfait.

CREON.

Tu tournes alentour ſans au fait t'adreſſer,
Et ſemble que tu veux vn grand cas anoncer.

MESSAGER.

L'horreur que j'ay du fait, fait que ie crein le dire.

CREON.

Di-le donc vitement & d'icy te retire.

MESSAGER.

Bien, ie le vous diray. Quelcun depuis naguiere
A enterré le mort, l'a couuert de pouſſiere:
A fait ce qu'on doit faire aux morts ſelon l'vſance.

CREON.

Que dis-tu? qui s'eſt mis en telle outrecuidance?

MESSAGER.

Ie ne l'ay vu ny ſçu : tant y a qu'en la place
De beche ny de pœle on n'a vu nulle trace :
Et la terre alentour de toutes parts entiere
Ne montroit aucun trac, ny n'auoit nulle orniere :
De ſorte que par rien juger on ne pouuoit,
Qui fuſt le foſſoyeur qui enterré l'auoit.
 Apres que le premier qui le fait aperçut
Nous en ut auertis, & que chacun le ſçut,
Chacun s'en étona : car il n'étoit caché,
Ny n'auoit on le corps dans la terre couché :
Mais comme s'on vouloit ſoudain s'en aquiter,
On auoit ſeulement ſur le corps fait jeter
Quelque poudre legiere : & n'a l'on point conu
Que chien ny autre beſte à ce corps ſoit venu,
Ou bien l'ait dépecé. Lors on entre en debat,
Et chacun ſa raiſon de paroles debat :
Son compagnon acuſe : & preſques entre nous
Nous vinſmes en vn rien des paroles aux coups :
Et n'y auoit pas vn qui nous peuſt appaiſer :
Par ce que touts pouuoyent à bon droit s'acuſer.
Car ils penſoyent qu'vn d'eux auoit commis le cas,
Mais tout le pis étoit qu'on ne le ſçauoit pas.
Nous étions deſia preſts de ſolennellement,
En atteſtant les Dieux, nous ſoumettre au ſerment,
Iurant ne l'auoir fait, ny n'en eſtre coupable,
Ny conſentant à qui en étoit acuſable.
A la fin n'ayans pu rien de vray decouurir,
Vn de nos compagnons ce propos vint ouurir,
Nous faiſant touts tenir la teſte contre bas
Comme bien étonnez. Car nous ne pouuions pas
Ny luy répondre en rien, ny en rien auiſer
Comment par entre nous, nous deuions en vſer.

*L'auis fut qu'il faloit vous raporter l'afaire,
Et vous en auertir, & point ne le vous taire.
Touts en furent d'acord : & de ce bon meſſage,
Le ſort qui cheut ſur moy, me donna l'auantage.
Ainſi pardeuers vous, dont ie ne ſuis guiere aiſe,
Ie ſuis venu porteur de nouuelle mauuaiſe,
Et me deplaiſt bien fort que par moy l'ayez ſçu.
« Qui raporte le mal n'eſt jamais bien reçu.
Mais, Sire, ſi j'oſoy vous dire mon auis,
Ie diroy que les Dieux ce fait auroyent permis.*

CREON.

*Ceſſe : ne parle plus : auiſe de t'en taire
Pour ne me faire entrer plus auant en colere,
Que ne te montre bien qu'en tes paroles ſotes,
Comme vn vieillard réueur que tu es, tu radotes.
Car il ne faut ſouffrir tels propos que ceux-cy,
Que les Dieux de ce mort ayent quelque ſoucy.
Quoy ? en auroyent-ils ſoin pour quelque grand merite
Qu'il ait fait enuers eux ? luy qui auoit conduite
Vne armee en fureur pour rompre & renuerſer
Les lieux qu'on auoit fait en leur honneur dreſſer :
Pour leurs temples bruler : leurs autels dépouiller :
Leur ville mettre à ſac : leurs ſaintes loix fouiller :
Brief faire tout pour eſtre aux bons Dieux, odïeux.
Où les mechants ſont-ils ſuportez par les Dieux ?
Non ce n'eſt pas cela : mais ce ſont des rebelles,
Qui ne peuuent m'aimer, qui ne me ſont fidelles,
Qui dedaignent mutins ma Royale puiſſance,
Et refuſent le joug de mon obeïſſance.
Par ceux-cy quelques vns, pour ce forfait commetre,
Ont eſté ſubornez à force de promettre,
« Ou d'argent deliuré. Car à l'humaine gent
« Rien ne fait plus de mal que l'vſage d'argent,
« Qui les villes ſacage, & braſſe trahiſons :
« Qui des plus grands ſeigneurs ruine les maiſons :
« Qui les cœurs des humains corromt & peruertit,*

« *Et les enhorte au mal, du bien les diuertit,*
« *Faisant que de mal faire ils ne font conscience*
« *Et qu'ils mettent des Dieux la creinte en oubliance*
« *Mais quoy que ce soit tard, ceux qui ces choses fo*
« *Pour argent qu'ils ont pris, châtiez ils en sont.*
 Or *j'en fay Dieu témoin, & sans feinte j'en jure,*
Que si le forfeteur de cette sepulture
Vous ne representez soudain deuant mes yeux,
Ie vous feray touts pendre, à fin que sçachiez mieux
Dou c'est que vous deuez le gain derobé prendre :
A fin que vous puissiez par mon moyen aprendre
Qu'il n'est bon de piller du gain à toutes mains :
« *Car vous verrez tousiours que la plus part des gains*
« *Qui viennent de malfait, causent plus de dommage*
« *A quiconque les prend, qu'ils ne font d'auantage.*

MESSAGER.

Sire, quant est de moy, ie m'en sen innocent.

CREON.

Toy toy qui as vendu ta foy pour de l'argent?

MESSAGER.

Le temps vous montrera bien tost ce qui en est.

CREON.

Ouy, ta maleurté. ton babil me deplaist.

MESSAGER.

Doncques l'opinion gagne la verité?

CREON.

Soit doncque opinion : mais ta futilité
Ne te sauuera point. Car ie veus & j'ordonne

Qu'icy vous m'emmeniez le mechant en perfonne :
Sinon ie vous feray faire preuue certaine,
« *Que le gain mal gagné perte & ruine ameine.*

MESSAGER.

Nous le chercherons bien : mais foit que le trouuons,
Ou bien foit qu'ayant fait tout ce que nous pouuons,
(Car il eft au hazard) ne puiffions le trouuer,
Ie n'ay garde d'icy me venir retrouuer.
Mais ie louray les Dieux qui m'ont ôté d'icy,
Dou ie n'efperoy pas me retirer ainfi.

CHORE.

Strofe I.

Qv'eft-ce que l'efprit humain
Pour s'aider n'a inuenté ?
Et qu'y a til que fa main
N'ait hardiment attenté ?
L'homme a trouué la maniere
Dans vne creufe maifon
De voguer fur la mer fiere
Nageant en chaque faifon.
Il n'auoit le cœur de cher,
Qui premier s'eft effayé
Sur les flots hideux marcher,
Ny pour les vents effroyé,
Ny pour l'horreur d'vn rocher.

Antiftrofe.

Il laboure les guerets
Trainant les coutres trenchans,
Et fait des blés les forets
Chaquan reuetir les chams.

Il n'est beste si sauuage
Qu'il ne range à son pouuoir.
Et touts oyseaux de passage
Par engins il sçait auoir.
Sur le cheual est monté
D'vn mors aisé l'embouchant :
Et le toreau indonté
Sous le joug il va touchant,
A son gré l'ayant donté.

Strofe II.

« *Mais il a fait dauantage*
« *De soy-mesme se donter,*
« *Quand son trop libre courage*
« *De gré s'est pu surmonter,*
« *Se soumetant à des loix,*
« *Et sous le sceptre des Rois.*
« *Lors sa cruelle nature*
« *S'adoucit sous la droiture :*
« *Et les meurdres ont cessé*
« *Depuis que le peuple endure*
« *Estre des loix redressé.*

Antistrofe.

Mais en notre race humaine
Sont encor des obstinez,
Que leur fier naturel meine
Contre le droit mutinez :
Qui de Dieu ny creinte n'ont,
Ny selon les loix ne font.
Qui se donra telle audace
Ne trouue en la ville place :
Quant à moy ie jureray
Qu'il n'ara d'entrer la grace
Là où ie demeureray.

Epode.

Faut-il que ie doute ou croye
Que deuant mes yeux ie voye
La pauure fille Antigone?
Ha, c'est elle que ie voy
Que lon ameine en perfonne!
O la fille miferable
D'vn plus miferable Roy,
Las, que tu es deplorable!
O pauure feur mal raffife,
C'est c'est que lon t'a furprife
Ainfi que tu voulois faire
Vn bel œuure de pitié
Enuers le corps de ton frere,
Par trop de folle amitié!

ACTE III. SCENE I.

MESSAGER. CHORE. CREON. ANTIGONE.

Messager.

La *voicy celle là qui a fait tout l'afaire.*
Nous l'auons prife ainfi qu'elle enterroit fon frere.
Mais où s'en est allé noftre Roy?

Chore.

Le voicy,
Qui femble à point nommé s'en reuenir icy.

CREON.

Qui a til? s'eſt on mis en bonne diligence?

MESSAGER.

« Sire il ne faut jamais perdre toute eſperance
« De choſe que ce ſoit. Car bien ſouuent on voit
« Arriuer ce de quoy moins d'atente on auoit.
Tantoſt épouanté de voſtre grand courrous
I'auoy preſque juré ne venir deuant vous :
Mais ce qu'auoy juré j'ay mis en oubliance
Pour la joye auenuë outre mon eſperance.
Et contre mon ſerment ie vien, & vous ameine
Cette vierge qui s'eſt donné toute la peine
De cet enterrement : là où ie l'ay ſurpriſe
Et non autre, mais moy ſur le fait ie l'ay priſe.
  Or Sire maintenant icy ie la deliure
Entre vos mains, à fin & que j'en ſoy deliure,
Et que vous en faciez ſelon droit & juſtice:
Car ie doy eſtre abſouſt de tout ce malefice.

CREON.

Comment l'amenes-tu? où l'as tu pu ſurprendre?

MESSAGER.

Elle enterroit le mort, puis qu'il vous plaiſt l'entandre.

CREON.

Sçais-tu bien que tu dis? ou me le dis-tu bien?

MESSAGER.

I'ay vu qu'elle enterroit (& ie n'en fau de rien)
Le mort touchant lequel vous auiez fait l'Edit
De point ne l'inhumer. N'eſt-ce pas aſſez dit?

CREON.

Mais comment l'a ton vuë & sur le fait trouuee ?

MESSAGER.

*Oyez comme il s'est fait. Depuis nostre arriuee
Au retour de ce lieu, apres que contre nous
Vous ûtes bien jetté vostre bouillant courrous,
Nous fimes reietter la poussiere du corps,
Et le mîmes à nù. Nous nous metons alors
Vn petit alecart sur les proches colines,
De peur que son odeur n'infectât nos narines.
Et de là nous guetions si personne y viendroit,
Et si toucher au mort quelcun entreprendroit.
Là nous fumes au guet jusques enuiron l'heure
Que le soleil plus haut dessus nostre demeure
Enflamme l'air ardent, echaufe les ruisseaus,
Grille les blés aux chams, aux bois les arbrisseaus.
Depuis quand ce grand chaud cessa d'estre si fort,
Nous vîmes peu apres la fille pres du mort,
Qui gemissoit semblable à la mere fachee
Des petits oysillons, qui pleure sa nichee
Qu'elle voit dans les mains du berger qui l'emporte :
La fille soupiroit se plaignant en la sorte,
Quand elle vit le corps decouuert, denué,
Et maudissoit ceux-là qui l'auoyent remué.
Apres à pleines mains de la seche poussiere
Le mort elle recouure : & tenant vne eguiere,
De l'eau dessus le corps par trois fois elle verse.
Moy qui voy tout cecy j'acour à la trauerse,
Et la pren sur le fait. Elle non étonnee,
(Tout ce qu'auparauant en la mesme journee
S'étoit fait sur le mort) l'auouë sans contreinte,
Et n'en denie rien, & n'en montre auoir creinte.
De sa confession j'u plaisir & douleur,
Plaisir de me sauuer de ce facheux maleur :
Mais i'en reçu douleur, pource que mes amis*

Ainſi par mon moyen en peine ie voy mis.
« *Toutefois ie ne ſçache amy, de qui le bien*
« *Ie ne doiue touſiours priſer moins que le mien.*

CREON.

Toy, toy qui tiens penchant la teſte contre bas,
Dy, le confeſſes-tu ou nies-tu le cas?

ANTIGONE.

I'auouë l'auoir fait, & ie ne le vous nie.

CREON.

Quant eſt de toy va ten où tu auras enuie,
Abſouſt de ce forfait. Toy, qui as fait l'offenſe,
Dy moy ſans delaier, ſçauois-tu la deffenſe?

ANTIGONE.

Ouy, ie la ſçauois, & chacun comme moy.

CREON.

Et tu as bien oſé faire contre la loy.

ANTIGONE.

Auſſi n'étoit-ce pas vne loy, ny donnee
Des Dieux, ny ſaintement des hommes ordonnee.
Et ie ne penſoy pas que tes loix peuſſent tant,
Que toy homme mortel tu vinſes abatant
Les ſaintes loix des Dieux, qui ne ſont ſeulement
Pour durer aujourdhuy, mais eternellement.
Et pour les bien garder j'ay mieux aimé mourir,
Que ne les gardant point leur courroux encourir:
Et m'a ſemblé meilleur leur rendre obeiſſance,
Que de creindre vn mortel qui a moins de puiſſance.
Or ſi dauant le temps me faut quitter la vie,
Ie le comte pour gain n'ayant de viure enuie.

Car, qui ainſi que moy vit en beaucoup de maux,
Que pert-il en mourant ſinon mille trauaux ?
Ainſi ce ne m'eſt pas vne grande douleur
De mourir, pour ſortir hors d'vn ſi grand malheur :
Mais ce m'uſt bien été vn plus grand deconfort,
Si ſans point l'inhumer j'uſſe laiſſé le mort,
Duquel j'étois la ſœur, fille de meſme mere :
Mais l'ayant fait, la mort ne me peuſt eſtre amere.
Or ſi tu dis que j'ay folement fait l'offence,
Encor plus folement tu as fait la deffence.

CHORE.

Elle ſe montre bien eſtre fille de cueur
D'vn pere de cueur grand, ne ployant au malheur.

CREON.

Sçaches, que de ces cueurs obſtinez la fierté
Se ront le plus ſouuent. De l'acier la durté
Cuitte dedans le feu tu verras s'amolir,
Se forger aux marteaux, aux meules ſe polir.
Auec vn petit mors on fait ce que lon veut
Du cheual le plus fier. Car celuy qui ne peut
Autant que le plus fort, duquel il eſt eſclaue,
Etriuant contre luy ne doit faire le braue.
Premier elle a forfait ayant bien conoiſſance
Qu'elle contreuenoit à l'expreſſe ordonnance :
Et maintenant commét vn deuziéme forfait,
Se vantant & riant du forfait qu'ell' a fait.
Homme ie ne ſeroy, mais homme elle ſeroit,
Qui, moy regnant, ce cas impuny laiſſeroit.
Mais quand elles ſeroyent encor plus que princeſſes,
Ny elle ny ſa ſœur les deux forfaitereſſes
Ne ſe ſaueront pas d'vne mort execrable :
Car ie ſçay que ſa ſœur de ce fait eſt coupable,
Ie l'ay tout maintenant vuë dans la maiſon
Forcener furieuſe & comme ſans raiſon.

« *Mais quiconque a commis vne faute en cachette,*
« *A peine a til l'esprit de la tenir segrette :*
« *Sur tout ie hay celuy qui surpris en mesfait*
« *Obstiné contre droit soutient qu'il a bien fait.*

ANTIGONE.

Demandes-tu rien plus que de me voir défaire ?

CREON.

Rien plus : car cela fait ie n'auray plus que faire.

ANTIGONE.

Que retardes tu donc ? puis qu'impossible il est
Que ton parler me plaise : & puis qu'il te deplaist
De tout ce que ie dis, & tu ne veux entandre
Ny ouïr mes raisons, que veux tu plus attendre ?
Et comme ussé-ie pu faire œuure plus louable,
Qu'enuers le frere mien me montrer pitoyable,
L'inhumant ? D'vn chacun j'en serois estimee,
Si leur bouche n'étoit par la creinte fermee :
« *Mais la grandeur des Rois, en qui tout heur s'assemble,*
« *Fait, dit, sans contredit tout ce que bon leur semble.*

CREON.

Seule entre les Thebains aperçois-tu cecy ?

ANTIGONE.

S'ils en osoyent parler ils le voyent aussi.

CREON.

Et ne rougis-tu point, plus qu'eux tous d'entreprendre ?

ANTIGONE.

L'honneur aux freres du ie n'ay honte de rendre.

CREON.

Et l'autre qui eſt mort eſtoit-il pas ton frere?

ANTIGONE.

L'autre mon frere eſtoit & de pere & de mere.

CREON.

Mais dy, pourquoy tu fais honneur à ce méchant?

ANTIGONE.

Mais dy, pourquoy vas-tu pour les morts t'empeſchant?

CREON.

N'honorant le méchant comme l'home de bien.

ANTIGONE.

Il n'eſtoit ton ſuget : il eſtoit frere mien.

CREON.

L'vn pour les ſiens eſt mort, l'autre pour les détruire.

ANTIGONE.

Pluton n'obeiſt pas aux loix de ton empire.

CREON.

Meſme honneur que le bon, le méchant n'aura pas.

ANTIGONE.

Que ſçais-tu ſi mon fait plaiſt à ceux de labas?

CREON.

Celuy que ie hay vif, mort ie ne l'aimeray.

Antigone.

Celuy que j'aime vif, mort ie ne le hairay.

Creon.

Labas, s'il faut l'aimer, va l'aimer à ton aife :
Car ie ne fouffre icy coutume fi mauuaife.

Chore.

Voicy venir fa fœur la pauure Ifmene,
Qui montre auoir d'ennuy fon ame plene.
Sur fon front de trifteffe vne nuee
Répand par fes doux yeux la trifte ondee,
Dont fa vermeille face eft aroufee.

ACTE III. SCENE II.

CREON. ISMENE. ANTIGONE.

Creon.

O *Toy qu'en ma maifon, fans que i'en prinfe garde,*
Ie tenoy tous les jours, ô traitreffe lezarde
Pleine de froid venin : ne cuidant pas nourrir
Deux peftes qui braffoyent de me faire mourir :
Sus, dy-moy : eftois-tu de cet enterrement,
Ou defauouras-tu d'en eftre aucunement ?

Ismene.

I'en fuis, fi cette-cy en peut eftre acufable,
Et j'y fuis confentant, & du fait fuis coupable.

CREON.

Ouy qui requiert part au mal des malheureux.

ISMENE.

Quel viure sans ma sœur puis-ie estimer heureux ?

CREON.

Ne parle plus de sœur : car elle est trépassee.

ISMENE.

Tu'ras-tu de ton fils ainsi la fiancee ?

CREON.

Ie hay pour mon enfant si mauuais mariage.

ANTIGONE.

O mon trescher Haimon, que ton pere t'outrage !

CREON.

Tu me fâches par trop, & tes nosses aussi.

ISMENE.

Tu veux donques outer à ton fils cette-cy ?

CREON.

Pluton sera celuy qui rompra cet acord.

ISMENE.

Tu as donc arresté de la juger à mort ?

CREON.

Ouy : n'en parlons plus : mais vous autres menez
Ces femmes là dedans : & tresbien les tenez.
Les plus audacieux lon voit souuent tâcher
De fuïr à la mort qu'ils sentent aprocher.

CHORE.
Strofe I.

Hevrevx *ceux là que le destin plus doux*
Ne laisse pas encourir le courroux
Des Dieux vengeurs. Depuis qu'vne lignee
De la faueur des Dieux est éloignee
C'est fait du tout de sa prosperité:
Car les malheurs la viennent acabler
Comme les flots que Neptune irrité
Fait mille effrois sur la nef redoubler:
Quand les grands vents & les hideux orages
Ouurent des eaux les gouffres pleins d'horreur,
La mer brassee écume de fureur,
Vn bruit grondant hulle par les riuages.

Antistrofe.

En la maison de Labdaque, douleurs
Dessus douleurs, malheurs dessus malheurs
Ie voy tumber: & pas vn de la race
Ne peut fuir ce qu'vn destin leur brasse.
Quelque courroux contre eux de l'vn des Dieux
Tient sur leur chef sans fin son pesant bras.
Si le Soleil leur luit plus gracieux
Parmy ces maux, il ne leur dure pas:
Mesme aujourdhuy celle branche derniere
Du pauure estoc d'Edipe, qui viuoit,
Par la furie & la rage se voit
Morte faucher d'vne coupe meurdriere.

Strofe II.

« *Qui d'entre nous, ô grand Dieu tout-puissant,*
« *Resisteroit à ta force indontable?*
« *Que le sommeil n'est point assoupissant,*
« *Ny du vieil temps la course perdurable?*
« *Mais sans vieillir, tousiours à toy semblable,*

« *Pere des Dieux tu regis ce grand monde.*
« *Tu as de tout conoiſſance profonde.*
« *Et le preſent & le paſſé tu vois,*
« *Et l'auenir de loin tu aperçois.*
« *Que voſtre vie, ô Dieux, eſt bien heureuſe!*
« *Mais nous chetifs, qui ne ſommes pas tels,*
« *Viuons douteux pauures hommes mortels,*
« *Sous vne loy beaucoup plus rigoureuſe.*

Antiſtrofe.

« *En noſtre race vn eſpoir incertain,*
« *Bien qu'à d'aucuns quelque fruit il aporte,*
« *Le plus ſouuent nous trompe & paiſt en vain:*
« *Touſiours l'abus en ce nous reconforte*
« *Dont nous auons quelque enuie plus forte:*
« *Mais par apres la fin nous mecontente,*
« *Où nous auions plus certaine l'attente.*
« *Car ignorans jamais rien ne ſçauons,*
« *Que quand les piés au piege nous auons.*
« *Dieu tout deſaſtre en ce chetif aſſemble,*
« *Et ne permet qu'il goûte rien de l'heur,*
« *Auquel il fait que le plus grand malheur*
« *Qui pourroit eſtre, vn bien grand heur luy ſemble.*

Epode.

Mais voicy venir Haimon, voſtre fils, dont la fiancee
Vous auez jugee à mort par la ſentence prononcee.
Il ſe montre fort dolent ainſi par la mort de ſe voir,
De l'eſperance, qu'il eut d'eſtre ſon mary, deceuoir.

ACTE IIII. SCENE I.

CREON. HAIMON. CHORE.

Creon.

Maintenant nous sçarons que c'est que mon fils pense.
Mon fils t'a lon point dit ma derniere sentence
Contre ta fiancee? as-tu quelque rancueur
Pour ce contre ton pere? ou m'aimes-tu de cueur?

Haimon.

Mon pere ie suis vostre : & tant que ie viuray
Vos bons commendements de bon cueur j'ensuiuray.
Car ie n'ay quant à moy tant à cueur mon vouloir,
Que ie n'aime plustost du vostre me chaloir.

Creon.

Aussi faut-il, mon fils, que de franche bonté
De son pere l'enfant suiue la volonté.
Et c'est pourquoy chacun des bons enfans souhette
« Auoir en sa maison, ayant ioye parfette,
« Quand où le pere hait l'enfant tâche de nuire,
« Où le pere aime bien l'enfant tout bien desire:
« Mais quiconques ara des enfans obstinez,
« Qui contre son vouloir par le leur sont menez,
« Que dira lon de luy, sinon que tout martyre
« Il se donne, aprestant aux ennemis à rire.
Mais garde toy mon fils, que le plaisir des sens
Pour l'amour d'vne femme éteigne ton bon sens:

Songe que ce feroit vne amour peu plaifante,
Que d'auoir en ton lit vne femme méchante.
« *Quelle autre pefte eft pire ou quelle autre poifon*
« *Qu'auoir vn familier méchant en fa maifon?*
Mais l'ayant en horreur comme ton ennemie,
Laiffe-la, que Pluton à quelcun la marie.
Car puis qu'elle a etté par manifefte preuue
Conuaincuë du cas, & feule ie la treuue
En toute la cité qui me defobeïffe,
Ie ne feray menteur pour foutenir fon vice.
I'ordonne qu'elle meure : Apres, qu'elle demande
L'aide de Iupiter qui aux coufins commande.
« *Car fi ce deshonneur ie fouffre en ma maifon,*
« *Ie le pourray fouffrir à plus forte raifon*
« *Entre des eftrangers qui ne me feront rien.*
« *Celuy qui vers les fiens fe montre homme de bien,*
« *Il le doit eftre enuers les autres de la ville :*
« *Mais quiconque oubliant l'ordonnance ciuille,*
« *Ou fes fuperieurs ou les loix forcera,*
« *Iamais loué de moy ceftuy-cy ne fera.*
« *Car il faut obeïr fans raifon demander*
« *A celuy que le peuple elit pour commander.*
« *Et faut que cetuy-cy pour bien faire, demande*
« *D'eftre bien obeï comme bien il commande.*
« *Comme fous le Pilot tout branle dans la nef,*
« *Ainfin en vn eftat tout ploye fous le chef,*
« *Qui eft homme de bien. Car il n'eft vn mal pire*
« *Que defobeïffance en tout comme en l'empire.*
« *Rien ne dure où elle eft. Le Regne elle renuerfe,*
« *Ruine la maifon, la ville boulleuerfe.*
« *La defobeiffance & mauuaife conduite,*
« *Quand on vient au combat, mét les foldats en fuite :*
« *Mais la bonne conduite auec l'obeiffance*
« *Des foldats bien rangez eleue la vaillance.*
« *Ainfi faut preter aide à qui doit commander :*
« *Et du commandement des femmes fe garder.*
« *Car il vaut beaucoup mieux fe ranger fous les hommes,*
« *Qu'on die que fugets à des femmes nous fommes.*

Chore.

Sire, s'il m'est permis, d'en faire jugement
Vous me semblez auoir parlé tressagement.

Haimon.

« Monseigneur, les bons Dieux nous donnent la sagesse,
« Vn don qu'on doit priser plus que nulle richesse.
Mais de dire comment vous ne dittes tresbien,
Ie ne l'oseroy dire, & ne me siéroit bien.
Quelque autre mieux que moy de cecy parlera,
Disant plus librement ce qui luy semblera.
Or c'est à moy pour vous toupartout de penser
A ce qu'on fait ou dit, & le vous anoncer :
Car les particuliers n'ont garde de venir
Vous dire les propos qu'apart ils vont tenir :
Dautant qu'ils sçauent bien que point ils ne plairoyent
A vostre Magesté, quand ils les vous diroyent.
Mais ie puis bien ouïr ce qu'on dit en cachette,
Et comment en tous lieux cette fille on regrette,
Disant qu'on fait mourir d'vne mort detestable
Celle-la qui a fait vn œuure charitable :
Et qu'elle est innoçante & qu'elle est la moins dine
De toutes de mourir d'vne mort tant indigne :
Celle là qui n'a pu son frere mort lesser
Ny des corbeaux goulus, ny des chiens depecer,
Par faute seulement de dûment l'inhumer,
Quoy? ne la doit-on pas grandement estimer?
  Voyla le bruit qui court. Mais qui a til, mon Pere,
Que j'aime plus que voir que vostre état prospere?
« Car quel bien plus heureux peut le pere esperer,
« Ou le fils, que se voir l'vn l'autre prosperer?
Mais gardez vous que seul ne pensiez dire bien,
Et des autres l'auis ne prisiez moins que rien.
« Celuy qui pense seul auoir le bon auis,
« Et le cerueau plus meur, & le meilleur deuis,
« Le plus souuent se trompe, & faisant à sa teste

« *Ennuy aux fiens, à rire aux ennemis aprefte.*
« *Combien qu'vn foit bien fage il ne doit auoir honte*
« *De ne s'obftiner point, & d'autruy faire conte.*
« *Voyez comme aux torrents les arbres qui flechiffent*
« *Se fauuent la plus part : & ceux qui fe roidiffent*
« *Contre le cours de l'eau, tous entiers arrachez*
« *Alabandon des flots s'emportent trebuchez.*
« *Auffi dedans la nef, qui n'obeift au vent*
« *Et ne lâche la voile, il perît bien fouuent.*
   Se lâche voftre cœur : voftre auis premier change:
Tout jeune que ie fuis, s'il n'eftoit point étrange,
« *Ie dirois vn bon mot. C'eft que bien fort ie prife*
« *Qui feul de fon bon fens conduit vne entreprife :*
« *Mais ie n'eftime moins celuy qui veut entandre*
« *Autre auis que le fien, ne dedaignant d'aprandre.*

CHORE.

Sire, vous ferez bien fi tous deux vous prenez,
Le meilleur des propos qu'entre vous vous tenez.

CREON.

Que nous les plus âgez aprenions la fageffe
D'vn jouuenceau qui eft en fi baffe jeuneffe.

HAIMON.

Non, fi ie ne dy bien. fi ie fuis jeune d'âge,
Laiffant mes ans, voyez fi mon propos eft fage.

CREON.

Honorer les mutins eft-ce fait fagement ?

HAIMON.

Auffi les foutenir ie ne veu nullement.

CREON.

Et n'eft-ce pas le mal dont fe deût cette-cy ?

HAIMON.

Non pas à ce que dit tout le peuple d'icy.

CREON.

Est-ce au peuple à m'instruire où commander ie doy?

HAIMON.

Gardez d'estre en propos aussi jeune que moy.

CREON.

Faut-il qu'autre que moy en cette ville ordonne?

HAIMON.

Vne ville n'est pas d'vne seule personne.

CREON.

Dit-on-pas que la ville apartient à son prince?

HAIMON.

Seul vous commanderiez en deserte prouince.

CREON.

Cetuy-cy (vous voyez) vne femme soutient.

HAIMON.

Ie deffen la raison, ce qui vous apartient.

CREON.

Malheureux, débas-tu encor contre ton pere?

HAIMON.

Pource que la raison vous ne voulez pas fére.

CREON.

Ay-ie tort ſi ie fay tenir mon ordonnance?

HAIMON.

Si pour ce vous laiſſez des Dieux la reuerance.

CREON.

Méchant & lâche cœur qu'vne femme ſurmonte!

HAIMON.

De nul acte vilain vous ne me ferez honte.

CREON.

Pour elle tout cecy contre moy tu debas.

HAIMON.

Et pour vous & pour moy & pour ceux de labas.

CREON.

Elle de ſon viuant ta femme ne ſera.

HAIMON.

Si elle meurt, ſa mort quelque mort cauſera.

CREON.

Comment? de menacer tu prens donque l'audace?

HAIMON.

Voir le mal auenir eſt-ce vſer de menace?

CREON.

Que pourrois-tu preuoir d'vn eſprit ſi volage?

Haimon.

Sauf l'honneur que vous doy, vous mesme n'ettes sage.

Creon.

Toy le serf d'vne femme, oses-tu me reprendre ?

Haimon.

Vous voulez dire tout ne voulant rien entandre.

Creon.

Mais j'en jure le ciel ie te montreray bien
Que tu ne deuois pas me contredire en rien :
Amenez la méchante, à fin que sans demeure
Aux yeux de son mary sur le champ elle meure.

Haimon.

Non pas deuant mes yeux : non ne le croyez pas :
Ie ne pourroy souffrir d'assister au trepas
De la pauure innocante : or plus en nulle part
Ne verrez vostre fils qui de vous se depart.

Chore.

Sire, il s'en est allé tout bouillant de colere
Qui en l'âge qu'il a ne peut estre legere.

Creon.

Voise où luy semblera : face tout son effort,
Si ne sauuera til ces filles de la mort.

Chore.

Auez vous arresté que l'vne & l'autre meure ?

Creon.

Celle qui n'a rien fait ie veu qu'elle demeure.

Chore.

Puis qu'vne doit mourir de quelle mort fera-ce?

Creon.

La menant où n'y a d'hommes aucune trace,
Du jour qu'elle hait tant pour tout jamais forcloſe,
Ie veu que toute viue elle ſoit ſeule encloſe,
Enterree viuante en vn profond caueau,
Auec ſi peu de pain auecque ſi peu d'eau,
Qu'on puiſſe ſeulement fuir d'eſtre coupable,
Pour le peuple & pour moy, de ſa mort execrable.
Et là de ſon Pluton qu'elle eſſaye obtenir,
Puis qu'ell'honore tant, d'au monde reuenir.
Et lors elle pourra, mais ſur le tard, aprendre
Qu'il ne faut des enfers ſi grande peine prendre.

CHORE.

Strofe.

O inuincible Amour, qui tiens l'empire
Sur les cœurs des humains & des grans Dieux:
Qui as choiſi pour fort dou ton arc tire
Des pucelles de chois les rians yeux:
Tu voles s'il te plaiſt dedans les cieux:
Tu nages ſi tu veux dedans la mer,
Les Tons & les Dauphins faiſant aimer.
Les ſangliers amoureux dans le bocage
Tu mets en rut, les cerfs tu fais bramer:
Et tout ce qui te ſent foudain enrage.

Antiſtrofe.

« Du plus ſage le ſens ta fláme aſole:
« Le plus modeſte cœur à mal tu mets:
« Les heureuſes maiſons ton feu deſole:

« *Et des parents amis tu roms la paix,*
Comme aux Princes d'icy, noiſeur, tu fais.
Car manifeſtement ta forte ardeur
Du fils de noſtre Roy contreint le cœur
D'aimer juſqu'à la mort ſa fiancee.
O inuincible Amour, tu es vainqueur
Te jouant à ton gré de ſa penſee.

Epode.

Maintenant ie ſor preſque hors de moy-meſme,
Mes yeux lâchent de pleurs vne nuee,
Et ne peuuent ſouffrir dueil ſi eſtreme,
Que de voir Antigone eſtre menee
Pour ſoûs terre acomplir ſa deſtinee.

ACTE IIII. SCENE II.

ANTIGONE. CHORE.

ANTIGONE.

Strofe I.

O citoyens voyeʒ moy
  En émoy
Faire mon dernier voyage,
Dou retourner ie ne doy.
  Las ie voy
Vn bien piteux mariage!
Ie voy du jour la lumiere
  Ma derniere

Pour jamais ne la reuoir!
Les enfers, ô moy chetiue,
Toute viue
Me vont dauant receuoir
Qu'vn seul bien ie puisse auoir!

Chore.

Syſteme.

De gloire & de grand honneur enuironnee
En ceſte foſſe des morts tu es menee,
Ny de longue maladie étant frapee,
Ny perdant ton jeune ſang d'vn coup d'épee,
Mais pour auoir trop aimé ta liberté
Viue la vuë tu pers de la clarté.

Antigone.

Antiſtrofe.

Mainte fille des Grands Rois
Autre fois
De grieues douleurs ateinte,
Aux eaux montagnes & bois
Par ſa voix
A fait entandre ſa plainte.
Depuis les Dieux amiables
Pitoyables
En fontaine la defont,
A fin qu'en pleurs s'ecoulante
Elle alante
De ſon cœur le dueil profond.
Les Dieux telle, helas, me font!

Chore.

Syſteme.

« *Quand on a le cœur gros de grand'triſteſſe*
« *C'eſt grand alegement que de ſe plaindre.*
« *Plus de larmes des yeux tomber on leſſe,*

« *Dautant celle douleur, qui nous opreſſe,*
« *Plus aiſément s'endure & ſe fait moindre.*

ANTIGONE.

Strofe II.

Las helas en ma preſance
  On s'auance
De rire de mon malheur!
Atendez que ie ſoy morte!
  Aſſez forte
Moy viuante eſt ma douleur.
O ville, ô naiſſance mienne
  Te ſouuienne
Qu'vne rigueur à grand tort,
M'enterrant viue me ſerre
  Sous la terre,
Pour auoir pitié d'vn mort.
Las, ny morte ny viuante
  Ie m'abſente
Entre la vie & la mort!

CHORE.

Syſteme.

Fille, ayant entrepris de hardieſſe
Vn fait trop hazardeux, par ta ſimpleſſe
Tu te ſoumets du droit à la rigueur,
Pour ton pere payant ce grand maleur.

ANTIGONE.

Antiſtrofe.

Las, renouuelant ma plainte
  Quelle ateinte
Tu me donnes dans le cœur,
Ramenteuant de mon pere
  La miſere
Et noſtre commun malheur!
O malheureux mariage!

O lignage
Qui en sort plus malheureux!
O moy pauure miserable
Execrable!
O destins trop rigoureux!
Ma charité mal traitee
M'a jettee
En cet état douloureux!

CHORE.
Systeme.

J'aime la charité : mais la puissance
De nos Rois doit auoir l'obeissance,
Qui par les bons sugets leur soit renduë.
Rien que ton cœur trop grand ne t'a perduë.

ANTIGONE.
Epode.

Sans estre ploree,
Moy pauure éploree,
Pauure miserable,
De nul desirable,
Ie fay le voyage
De mon mariage
Piteux & cruel,
Pour faire sejour
Las, perpetuel,
Dehors de ce jour!
Il faut que ie meure!
De cette demeure
On me va banir,
Pour n'y reuenir!
A dieu la lumiere
Que ie voy derniere!
Il faut que ie meure,
Et n'ay qui me pleure.
Nul de m'enterrer soigneux ne sera
Et nul de ma mort le dueil ne fera.

ACTE IIII. SCENE III.

CREON. ANTIGONE. CHORE.

CREON.

Qvoy? ne sçauez-vous pas qui luy donroit loisir
De crier lamenter se plaindre à son plaisir,
Qu'on n'auroit jamais fait? hâtez vous : menez-la
Dans la caue aprestee : & la renfermez là,
L'y laissant toute seule, à fin ou qu'elle y viue,
Ou s'elle y doit mourir que sa mort s'en ensuiue :
Car nous sommes purgez de ce qui auiendra,
Mais jamais que ie puisse au jour ne reuiendra.

ANTIGONE.

O chambre nuptiale! ô sepulcre! ô caueau,
Ma demeure à jamais, ma chambre & mon tombeau,
Par où ie dois aller vers les miens, que Pluton
En grand nombre a receus dans sa noire maison :
Lesquels toute derniere & trop long temps apres,
A mon tresgrand regret, ie suis & non de pres :
Mais toutefois deuant qu'emplir ma destinee
Que des fatales seurs le fil auoit bornee.
Puis qu'il me faut mourir arriuant là j'espere
Estre la bien venue enlendroit de mon pere,
Et de ma douce mere, & de mon frere aussi :
Par ce que de vous touts j'ay pris tout le soucy
Pour vostre enterrement : & ie n'ay laissé rien
De mon petit pouuoir pour vous inhumer bien.
Asteure, ô Polynic, pource que ie m'auance
De t'ensepulturer tu vois la recompance.
Car ie n'usse voulu pour mary ny pour fils
Ou femme ou mere étant, faire ce que ie fis,

Mon cher frere, pour toy, alant contre la loy :
Et s'on me veut ouyr ie diray bien pourquoy.
 I'uſſe trouué mary pour vn mary perdu,
Au lieu d'vn fils vn fils uſt pu m'eſtre rendu,
Mais, las, ayant perdu & mon pere & ma mere
Ie n'auoy le moyen de recouurer vn frere.
C'eſt pourquoy t'eſtimant ſur tout ce que j'auois,
Et ton corps honorant de ce que ie pouuois,
I'ay ſemblé à Creon auoir fait grande ofance,
Pour toy, frere treſcher, violant ſa defance.
Aujourduy pour cela il me fait ainſi prendre
Et mener, en m'outant tout eſpoir de pretandre
A quelque aiſe en ce monde : & m'outant le moyen
Du mariage ſaint d'éprouuer le lien,
Et de pouuoir nourrir quelque fils qu'en ma place,
S'il me faloit mourir, ſur terre ie laiſſaſſe.
Mais, helas ſeule ainſi moy pauuréte éploree,
Denuee d'amis, toute viue enterree
Dans vn ſepulcre oſcur, mes jours ie vâ finir !
M'auous vuë à vos loix, ô Dieux, contreuenir?
Ay-ie pu quelque fois encontre vous forfaire?
En quoy ay-ie offenſé? Las helas qu'ay-ie afaire
De m'adreſſer aux Dieux, puis qu'il ne me vient rien
De leur porter honneur que le mal pour le bien?
Si les Dieux font cecy, ie prens en patience,
Et pardonne ma mort qui vient de mon offance :
Mais s'il ne leur plaiſt pas, non moins de maux auiennent
A touts mes ennemis qu'à tort ils m'en moyennent.

CHORE.

Touſiours de meſmes vents meſme roideur
De cette fille cy pouſſe le cœur.

CREON.

Ceux qui doiuent mener cette traitreſſe
Se pourroyent bien ſentir de leur pareſſe.

ANTIGONE.

Helas cette parole, helas, cruelle,
De ma prochaine mort dit la nouuelle.

CREON.

N'atendez que repit vous soit donné:
Executez ce qui est ordonné.

ANTIGONE.

O terre, ô ville paternelle,
Dieux qui en auez la tutelle,
Voyez comment ie suis menee!
Voyez la maniere cruelle,
Dont vne royale pucelle,
Seule de tous abandonnee,
Sans nulle mercy est trainee.
Voyez, seigneurs Thebains, comment
Et par qui ie meur condamnee,
Pour auoir fait trop saintement.

CHORE.

Strofe I.

FILLE, tu n'es la premiere
Qui essayes la maniere
De ta cruelle prison.
Danés fille de maison
Fut bannie de ce jour,
Dans le tenebreux sejour
D'vne tour d'airein serree:
Bien qu'elle fust desiree
De ce grand Dieu Iupiter,
Qui se fit pluië doree
Pour la venir visiter.

Antiſtrofe.

Lycurge fils de Dryante,
Pour l'impieté mechante
Dont Bacche il auoit faché,
Fut dans vn antre ataché :
Là où paſſant ſa fureur,
Il reconut ſon erreur,
D'auoir de ſa folle teſte
Oſé partroubler la feſte
Des femmes pleines du Dieu,
Qui dans leur eſprit tempeſte
Les pouſſant de lieu en lieu.

Strofe II.

P<small>RES</small> la roche Cyanee
Aux deux fils du Roy Phinee
Les yeux ſont creuez à tort,
Par la Royne Cleopatre
Leur inhumaine marâtre,
Qui les haïſſoit à mort.
Et non contente, la dure !
Dans vne cauerne obſcure
Pour jamais les enferma,
Où languiſſans en ordure
La douleur les conſuma.

Antiſtrofe.

« *Noſtre foible race humaine*
« *Feroit entrepriſe vaine*
« *D'aller contre le deſtin.*
« *Ce que le deſtin ordonne,*
« *(Soit choſe mauuaiſe ou bonne)*
« *Il faut qu'il vienne à ſa fin.*
« *Fille, arme toy de conſtance :*
« *N'étant en noſtre puiſſance*
« *La neceſſité changer,*
« *La prenant en patiance*
« *Nous la pouuons ſoulager.*

ACTE IIII. SCENE IIII.
TIRESIE. CREON. CHORE.

TIRESIE.

Princes de ce païs, ie me suis fait conduire
Icy pardeuers vous pour grand cas vous deduire.

CREON.

Qu'y a til de nouueau bon homme Tiresie?

TIRESIE.

Ie vous l'enseigneray : croyez ma profetie.

CREON.

Iamais de ton conseil ne me suis éloigné.

TIRESIE.

C'est pourquoy vous auez heureusement regné.

CREON.

Ie puis bien témoigner que m'en suis bien trouué.

TIRESIE.

Croyez donc au besoin mon auis éprouué.

CREON.

Mais qu'est-ce? de ta voix vne peur me vient prendre.

TIRESIE.

Vous pourre₃ de mon art les prefages entandre.
C'eſt que m'étant aſſis au ſiege, où des augures
Eſt tout le grand abord, j'entandi des murmures
Et des cris inconus d'oiſeaux, qui tempétoyent,
D'œles ſerres & bec ſe tiroyent & batoyent.
Ie m'en auiſay bien : car ie pus aiſément
De leurs œles ouir le hautain ſiflement.
De l'augure ſoudain me ſentis effrayer :
Et vas incontinent ſur l'autel eſſayer
Que pourroit denoter vn ſi étrange augure.
Mais de mon ſacrifice étoit la fláme oſcure :
Sur les charbons fumeux la greſſe ſans s'éprandre
Se fondoit & couloit dedans la noire cendre,
Ainſin que ie l'ay ſçu de ce garçon icy
Qui me dit ce qu'il voit : apres j'ay le ſoucy
De vous en aduertir, ſelon que ma ſciance
Ou de bien ou de mal m'en fait ſignifiance.
Or tout ce ſacrifice apres l'augure, montre
Touts ſignes euidents de quelque malencontre :
Et vous étes motif de ce mal embrouillé.
Car il n'eſt plus autel, qui ne ſoit tout ſouillé
De ce que les corbeaux y aportent du corps
Du miſerable mort, que ſans l'honneur des morts
Aux beſtes vous laiſſe₃ : & c'eſt pourquoy aux Dieux
En ce que leur faiſons, nous ſommes odieux,
Et que voyans polus leurs autels venerables,
Nos ſacrifices vains ne leur ſont agreables.
 Sire, auiſés y donc : car tous nous autres hommes,
« Tant grands comme petis, ne₃ à faillir nous ſommes :
« Mais quand vn a failly, on ne doit le blamer
« Comme mal auiſé, mais il faut l'eſtimer
« Si croyant le conſeil, au mal il remedie :
« L'opiniatreté, c'eſt pire maladie.
Soye₃ doux au deffunt : ne pique₃ point vn mort :
« Pour vn mort retuer en fere₃ vous plus fort ?

« Ie veux voſtre profit : c'eſt choſe deſirable
« D'aprendre d'vn qui donne vn conſeil profitable.

CREON.

Vieillard, bien que vn chacun face grand cas de toy,
Te croyant comme vn Dieu, ie ne t'ajoute foy :
Car ce n'eſt d'aujourduy que j'ay preuue certaine,
Qu'il y a de l'abus en ta ſciance vaine.
Gagnez, menez, pipez, abuſez tout le monde,
Mais que ce ne ſoit moy qui en voſtre art ſe fonde :
Car vous ne ferez point que ce corps on enterre :
Non pas quand les oyſeaux de Iupiter, de terre
Au troſne de leur Dieu porteroyent ſes entrailles,
Ie ne voudroy ſouffrir qu'on fiſt ſes funerailles :
« Par ce que ie ſçay bien qu'vn homme ne ſaroit
« Souiller en rien les Dieux de choſe qu'il feroit.
« Mais, vieillard, les plus fins, qui pour le gain, du vice
« Veulent faire vertu, payent cher l'auarice.

TIRESIE.

Ah, y a til quelcun qui me ſçache deduire ?

CREON.

Quelle choſe entans-tu ? qu'eſt-ce que tu veux dire ?

TIRESIE.

Combien le bon conſeil eſt choſe precieuſe ?

CREON.

Autant que le mauuais eſt choſe vicieuſe.

TIRESIE.

Si eſtes-vous ateint de cette maladie.

CREON.

Il n'eſt permis, Deuin, que de toy mal ie die.

TIRESIE.

Et quand vous me diſieʒ mentir en deuinant?

CREON.

Le metier des Deuins eſt auare & tenant.

TIRESIE.

Que font Tirans ſinon rançonner tout le monde?

CREON.

Entans-tu bien ſur qui ta parole redonde?

TIRESIE.

Ie l'entan : c'eſt par moy qu'ettes ſi glorieux.

CREON.

Tu es ſçauant Deuin. mais trop injurieux.

TIRESIE.

Vous me contraindreʒ tant que ie vous diray tout.

CREON.

Dy : mais garde toy bien d'eſperer gain au bout.

TIRESIE.

Si mon conſeil vous ſert, gain pour vous ce ſera.

CREON.

Pour le moins, ſi ie puis, il ne m'afrontera.

TIRESIE.

Mais vous deuez sçauoir que vous ne passerez
Trois quatre ny deux jours, que priué vous serez
De l'vn de vostre sang, lequel, ô doleance!
Tué pour des tuez, donrez en recompance:
Par ce que l'vn d'enhaut vous auez mis en bas,
Vne ame renfermant où vous ne deuiez pas:
Et qu'vn, duquel les Dieux d'enbas auoyent la cure,
Vous laissez sans honneur pourrir sans sepulture:
Combien que vous n'ussiez de vous en cet endroit
Ny les Dieux d'icy haut sur le mort aucun droit,
Vous auez tout forcé. C'est pourquoy les furies
Vangeresses des Dieux, encontre vous marries,
Vous aguetent desia : & n'en serez quitté,
Que lors qu'en mesmes maux el' vous auront jetté.
Et lors vous conoitrez si l'argent me fait dire
Ce que ie vous predi. Car plein de grand martyre
Vous verrez, & bien tôt, sanglots pleintes & pleurs
Dedans vostre maison pleine de grands maleurs.
 Toutes villes aussi se verront par entre elles
Embrouiller & troubler d'inimitiez cruelles:
Esquelles, ou les chiens ou les oyseaux goulus,
Des pieces de ce corps, les saints lieux ont polus.
 Vous m'auez tant faché qu'il ma falu jetter
Ces traits de mon courroux : qu'à grand peine éuiter
Vous pourrez. Mais Garçon, chez moy reconduy nous,
A fin que cestui-cy jette ailleurs son courrous
Sur ceux de plus jeune âge : à fin qu'il puisse aprendre
De retenir sa langue, & la raison entandre.

CHORE.

Cet homme qui s'en va vous dit vn grand presage.
Et ie ne sçache point depuis que mon pelage,
De noir qu'il souloit estre, est grison deuenu,
Qu'vn seul propos menteur ce deuin ait tenu.

CREON.

Ie le sçay : dans l'esprit ie m'en va debatant.
Il me fâche le croire : aussi luy resistant
M'acabler de malheur bien plus me facheroit.

CHORE.

Croire le bon conseil le meilleur ce seroit.

CREON.

Que faut-il faire? dy. ton auis ie veu suiure.

CHORE.

Il faut que du tombeau la fille lon deliure,
Et si faut qu'à ce mort vn sepulcre lon face.

CREON.

Estes-vous touts d'auis que ce conseil ie passe?

CHORE.

Ouy sire, & bien tost : car vn malheur ne tarde
A venir que bien peu, qui ne s'en donne garde.

CREON.

Ah, que c'est à regret que ie consen le faire!
Mais debatre il ne faut ce qui est necessaire.

CHORE.

Vous-mesmes allez y : n'y commetez personne.

CREON.

I'yray moy-mesme aussi sans qu'à d'autre ie donne
La charge de ce faire. Or sus tôt que lon sorte :

Que des picz & marteaux vitement on aporte :
Qu'on vienne auecque moy. Puis qu'ainſin on l'auiſe,
Ie la veu deliurer de la foſſe où l'ay miſe.
Car ce n'eſt le meilleur, & ie n'ay nulle énuie,
Pour maintenir les loix d'aller perdre la vie.

CHORE.

Strofe I.

« Dieu comme il veut meine
« Noſtre race humaine
« Qui trauaille en vain :
« De tout il diſpoſe,
« Si l'homme propoſe
« Il ront ſon deſſein.
« Peu ſouuent ſelon noſtre atente
« La fin de l'eſpoir nous contente.
« Où noſtre cœur nous aſſuroit
« De quelque malheurté conçuë,
« On y voit prendre bonne iſſuë :
« Et mal dou bien on eſperoit.

Antiſtrofe.

A a quelle lieſſe
Apres la triſteſſe,
Fille, te prendra :
Quand deſenterree
Au jour retiree
Le Roy te rendra ?
A a Haimon combien d'alegreſſes,
Combien de joyeuſes careſſes
A ton épouſe tu feras,
Quand de la foſſe deliuree
Contre ton eſpoir recouuree
Reuiure tu la reuerras ?

Strofe II.

La mere n'a tant de plaifir
Quand elle reuoit à defir
Son fils apres fa longue abfence,
Qu'enfemble vous deux en prendrez
Quand ralliez vous rejoindrez
Vos cœurs d'vne fainte aliance.
« Il n'eſt plaifir tel que celuy
« Qui vient apres vn grand ennuy,
« Au rebours de toute efperance.

Antiſtrofe.

O Dieux qui fur nous regardez,
La ville de Thebe gardez :
Plus qu'affez la fortune aduerfe
A troublé l'aife de nos Rois,
Donnez leur repos quelque fois,
De peur que tout ne fe renuerfe.
« On voit fouuent que le malheur,
« Qui bat les Princes & les leur,
« L'aife des fugets boulleuerfe.

ACTE V. SCENE I.

MESSAGER. CHORE.

Messager.

« O citoyens de Thebe, il n'eſt heur ny malheur
« Auquel vn homme foit, que ie veule en mon cœur
« Ou louer ou blamer. Car jamais la fortune
« A nous hommes mortels ne fe montre toute vne.

« Elle fait profperer & foudain maleurer,
« Si bien que nul deuin ne pourroit affurer
« De l'état des humains. Car j'eftimoy naguiere
Le Roy Creon heureux en diuerfe maniere :
Comme d'auoir fauué des mains des ennemis
Son Royaume, & l'auoir entre fes mains remis,
Et de voir les fleurons de fa noble lignee :
Mais cette bienheurté de luy s'eft eloignee.
« Car, fuft-il Roy d'vn peuple en tous biens plantureux,
« S'il regne fans plaifir ie ne l'eftime heureux.
« La Royauté par moy n'eft non plus eftimee,
« (Si l'aife luy defaut) qu'vne ombre de fumee.

CHORE.

Mais quel méchef des Roys t'auroit fait acourir ?

MESSAGER.

Des morts, ceux qui font vifs les forcent de mourir.

CHORE.

Et qui les a tuez ? qui eft mort ? dy-le vn peu.

MESSAGER.

C'eft Haimon qui eft mort & tué : ie l'ay veu.

CHORE.

De la main de fon pere, ou de la fienne mefme ?

MESSAGER.

De fa main, par fon pere outré d'vn dueil extrefme.

CHORE.

O Deuin, qui t'a fait fi bien prophetifer ?

MESSAGER.

C'eſt fait : il ne faut plus qu'au ſurplus auiſer.

CHORE.

Eurydice ie voy la Royne deplorable
Epouſe de Creon noſtre Roy miſerable.
De la mort de ſon fils elle a ſçu quelque bruit,
Ou pour l'entandre icy le haʒard la conduit.

ACTE V. SCENE II.
EVRYDICE. MESSAGER.
CHORE.

EVRYDICE.

O vous peuple Thebain, Ainſin que maintenant
Au temple de Pallas ie m'aloy pourmenant,
A fin de faire là ma deuôte priere
Deuant ſon ſaint autel, vne triſte maniere
De bruit par entre vous d'vn malheur, j'ay ouye,
Et de peur que j'en ay, me ſuis éuanouye
Pâmant entre leurs bras. Meſſieurs ſi vous l'aueʒ
Entandu, dittes moy ce que vous en ſçaueʒ.
Dittes le hardiment : car ce n'eſt d'aujourdhuy
Que ie vien eſſayer que c'eſt que de l'ennuy.

MESSAGER.

Madame, s'il vous plaiſt, le tout ie vous diray
Comme il eſt auenu, & rien n'en mentiray,

Veinque la verité : je ne feray flateur
A fin que par apres ie foy trouué menteur.

 Ie fuiuoy par les chams le Roy voftre mary.
Quand nous fufmes au lieu là où demy pourry
Demy-mangé des chiens gifoit le pauure cors
Du chetif Polynic : Ce que nous fifmes lors
Ce fut de fuplier Pluton & Proferpine
D'adoucir leur courroux d'vne faueur benine.
Apres ayant laué d'vn facré lauement
Ce qui reftoit du cors, nous l'auons faintement
Brullé deffus du bois en vn tas amaffé :
Et puis nous luy auons vn fepulchre dreffé.
De là nous aprochions la caue tenebreufe
Où Antigone eftoit la fille malheureufe,.
Quand vn qui entendit vn haut gemiffement
Qui venoit de ce lieu, l'anonça vitement
A noftre Roy Creon, lequel plus il aprouche
Plus clair il entandoit que cette voix le touche.
Alors il s'ecria. O moy moy malheureux!
Las fuis-ie vray deuin, las vrayment douloureux!
Car ie fay maintenant le chemin plus maudit
Que j'aye jamais fait : & le cœur me le dit.
l'entan crier mon fils, fus, mes amis courez:
Et voyez fi c'eft luy : & toft le fecourez.

 Par le commandement de noftre dolent maiftre,
Nous alons au caueau le méchef reconoiftre.
Et là dans vn recoin de cette fepulture
La fille nous voyons de fa propre ceinture
Etreinte par le col palle morte etranglee :
Et le piteux Haimon la tenoit acolee :
Et faifoit fes regrets, & maugreoit fon pere
Qui eftoit le motif de cette grand' mifere.
Le Pere auecque nous larmoyant, foufpirant,
Deffendit, mais trop tard, droit deuers eux tirant:
Et fanglotant, Chetif, dit-il, qu'as tu commis?
Qu'auois tu dans l'efprit? en quel mal t'es-tu mis?
Refor icy mon fils, ie t'en prie humblement.
Le fils l'oyant parler tourne cruellement

Ses yeux fiers deuers luy, pleins de cruel dedain.
Et fans rien luy repondre il s'enferre foudain
D'vn poignard qu'il tenoit : le fang court par la place.
Luy encore viuant fa fiancee embraffe.
Et jettant gros fanglots il perd fa chere vie
Sur le corps palle & froid (ô pitié!) de s'amie.
Ainfi mort embraffant fa morte fiancee,
Trepaffé chez Pluton auec la trépaffee
Ses noffes il parfait, faifant preuue certaine
Que le mauuais confeil tous les malheurs ameine.

CHORE.

Mais que penferois tu de ce que, fans rien dire
De bon ny de mauuais, la Royne fe retire?

MESSAGER.

I'en fuis bien eftonné : mais j'auroy defiance
Qu'elle ne vouluft pas faire la doleance
De fon fils deuant tous : pource toute éploree
Pour mieux fe lamenter elle s'eft retiree
A crier & pleurer entre fes Damoyfelles
Apres auoir ouy ces piteufes nouuelles.
Car elle fçaura bien fe garder de méprendre
En rien, dont en la ville on la puiffe reprendre.

CHORE.

Ie ne fçay : tant y a qu'en fi grande trifteffe
Le celer n'eft fi bon que montrer fa detreffe.

MESSAGER.

Mais nous pourrions fçauoir, fi fe montrant muette
Quelque grieue douleur elle couue en cachette,
Alant pres la maifon. Car le trop de filance,
Comme vous auez dit, montre grand' doleance.

CHORE.

Mais c'eſt icy le Roy qui s'en reuient,
Auquel à coup trop de malheur ſuruient!
Mais, ce mechef n'arriue par autruy :
   La faute en vient de luy.

ACTE V. SCENE III.

CREON. CHORE.
SVRMESSAGER.

CREON.

Strofe I.

O *fautes cruelles!*
O mes ordonances mortelles!
Las, comme on voit, helas, à tort
Le pere a mis ſon fils à mort!
   O moy douloureux!
O mon auis trop malheureux!
Helas helas mon fils, helas,
De ta propre main tu t'abas!
   Mon inauertance
Hé hé ta mort indine auance!

CHORE.

Alors qu'il n'en eſt plus ſaiſon
Vous entandez bien la raiſon.

CREON.

Strofe II.

Las, ie la conoy tard! lors sur ma teste
Vn Dieu darda le trait de sa tempeste:
Qui m'égarant le sens au mal m'auoye,
Helas, en renuersant toute ma ioye!
    O trauaux des humains
      Las, helas vains!

SVRMESSAGER.

Sire, vous faites vostre plainte
De vos deja-conus malheurs:
Vostre ame doit bien estre ateinte
Encor de plus grieues douleurs.

CREON.

Quel mal pour moy pire peut ce estre,
Que tu veux me faire-conoitre?

SVRMESSAGER.

La mere de ce mort est morte,
Vostre femme, qui se transporte
De tel despoir, que l'eploree
D'vne dague s'est enferree.

CREON.
Antistrofe I.

O mort detestable!
O port d'enfer abominable!
Pourquoy pourquoy me laisses-tu
Viure sans force & sans vertu?
    O nouueaux malheurs!
    O insuportables douleurs!

Helas helas, tu m'as perdu,
S'il eſt vray ce qu'ay entandu!
Las las que ma femme,
(Mort ſur mort!) las, ait rendu l'ame!

SVRMESSAGER.

Sire, la voyla que lon porte:
Vous pourrez voir comme elle eſt morte.

CREON.

Antiſtrofe II.

Voicy vn autre dueil inſuportable.
Quel méchef me feroit plus miſerable?
Las! ie voy le fils mort pres de ſa mere!
D'elle j'etoy mary, de l'autre pere.
Hé cette double mort
Vient de mon tort!

SVRMESSAGER.

D'vn poignard dedans la chapelle
Elle s'eſt miſe à mort cruelle,
Pleurant premier ſon Megaree,
Haimon apres ſon fils dernier:
Vous maugreant alangouree,
Comme en eſtant le ſeul meurdrier.

CREON.

Strofe III.

Hé hé qu'vn grand dueil mon triſte cœur ſerre!
Que quelcun ſoudain à mort ne m'enferre?
Las las moy chetif!
Hé hé, pleuſt à dieu que dans ſoy la terre
Me cachaſt tout vif!

SVRMESSAGER.

Elle vous maudiſſoit bien fort
Cauſe de l'vne & l'autre mort.

CREON.

Conte moy, comment elle eſt morte?

SVRMESSAGER.

Elle ſi fort ſe deconforte
De ſon fils mort, que tout ſoudain
Elle ſe tuë de ſa main,
Se fourrant le poignard au cœur.
O trop inſenſee douleur!

CREON.

Strofe IIII.

Las las! nul, ô moy chetif!
Que moy de tout n'eſt motif.
Hé, ie t'ay ie t'ay tuee!
Ie le confeſſe, helas las!
O ma fortune muee!
Ie ſuis mort, ie ne vy pas
Que hors d'icy ie ſoy mis:
Emmenez moy mes amis.

CHORE.

Il faut ſans plus crier (que ſert la doleance?)
Il faut qu'vn bon remede à ces maux on auance.

CREON.

Antiſtrofe IIII.

Toſt toſt la mort vienne, ô gueriſon mienne?
Qui fera qu'au jour plus ie ne me tienne.
Vienne toſt la mort.
De tous les malheurs toſt toſt la mort vienne,
L'eſtreme confort.

CHORE.

A ce qui eſt preſent penſer il conuiendroit:
Les Dieux ordoneroyent de ce qui auiendroit.

CREON.

Laissez moy souhetter ce que j'aime le mieux!

CHORE.

« *Ne souhettez du tout : car tout ce que les Dieux*
« *Font venir aux humains par destin arresté,*
« *Il n'y a point d'espoir qu'il peust estre euité.*

CREON.

Hors d'icy emmenez donc
L'homme qui ne pensa onc
De te tuer, ô pauurette,
Ny toy ô mon fils trescher.
Las, combien ie vous regrette!
Quel remors m'en vient toucher!
O grief méchef redoublé!
D'ennuis ie meurs acablé.

CHORE.

« *Le bon heur qui tout bien nous donne,*
« *Bien peu la sagesse abandonne :*
« *C'est la source de tout bon heur*
« *De n'oublier des Dieux l'honneur.*
« *Les grandes playes que reçoit*
« *Le sot orgueil, qui nous deçoit,*
« *Montrent (mais tard) en la vieillesse,*
« *Quel rare bien c'est, la sagesse.*

FIN.

LE BRAVE,

COMEDIE DE

IAN ANTOINE DE BAIF.

A MONSEIGNEVR

LE DVC D'ALENÇON.

Donant de mes labeurs le doux fruit aux François,
  (Quelque honeur de leur langue & de leur écriture)
  Non ingrat nourriſſon ie ran la nourriture
Que dés ma jeune enfance en France ie reçoys.
Mais, ô ſang genereux de ce grand Roy FRANCOYS,
  De qui portes le nom, & qui benin ut cure
  De reueiller les arts, Toy ſuyuant ta nature,
Les lettres tu cheris & leurs dons tu reçoys.
Ie ſçay qu'encore enfant donant grand' eſperance
  D'eſtre par bon inſtint des Muſes l'aſſeurance,
  Aux comiques ébas tu prenois grand plaiſir.
Gentil PRINCE aujourduy, qui produis auec l'âge
  De vertu le beau fruit, Tu nous donnes courage
  D'écrire & de chanter, & moyen & loiſir.

VOYEZ L'ARGVMENT
DEDVIT A LA SCENE
II. DV I. ACTE.

LE BRAVE,

COMEDIE DE

IAN ANTOINE DE BAIF,

DV COMMANDEMENT DE CHARLES IX. ROY DE FRANCE, ET DE CATERINE DE MEDICIS LA ROYNE SA MERE, EN LA PRESENCE DE LEVRS MM. POVR DEMONTRANCE D'ALEGRESSE PVBLIQVE EN LA PAIX ET TRANQVILLITÉ COMMVNE DE TOVS PRINCES ET PEVPLES CRETIENS AVEC CE ROYAVME, QVE DIEV VEVLE CONFERMER ET PERPETVER, FVT PVBLIQVEMENT EN L'HOSTEL DE GVISE A PARIS REPRESENTEE, LE MARDY FESTE DE SAINCT CHARLEMAGNE, XXVIII IOVR DV MOIS DE IANVIER, L'AN M. D. LXVII.

LES PERSONAGES.

Taillebras,   Capitaine.
Gallepain,   Ecornifleur.
Finet,   Valet.
Bontams,   Vieillard.
Humeuent,   Valet de Taillebras.
Emee,   Amie.
Conſtant,   Amoureux.
Raton,   Laquais de Taillebras.
Paquette,   Chambriere de Fleurie.
Fleurie,   Courtizane.
Sannom,   Laquais de Bontams.
Sabat,   Cuiſinier de Bontams.

ACTE I. SCENE I.

TAILLEBRAS, Capitaine.
GALLEPAIN, Ecornifleur.

Taillebras.

Goviats, fourbissez ma rondelle :
Qu'on me face qu'elle étincelle,
Eclatant plus grande clarté
Que n'est au plus beau iour d'Esté
La clarté du Soleil, ie dy
Lors que tout brule en plein midy :
A fin que s'il faut que l'on aille
Donner l'assaut ou la bataille,
Venant aux mains, elle ébarluë
L'ennemy frappé dans la vuë.
O toy rapiere que ie porte,
Il faut que ie te reconforte :
Ne te plain, ne te desespere
D'estre si long temps sans rien faire :
Si d'arracher tu as enuie
A plus d'vn ennemy la vie,
Fracassant bras, iambes & teste,
Force carnage ie t'appreste,
Où ne faudra fraper en vain.
Mais où est icy Gallepain?

GALLEPAIN.

Le voicy pres d'vn perſonnage
Glorieux & de fier courage,
Haʒardeux en toute entrepriſe,
Que la Fortune fauoriſe,
Homme en tout digne d'eſtre Roy,
Si braue guerrier que (ie croy)
Mars meſme le Dieu des combas
Auecque vous n'oſeroit pas
S'aparager, non ſans raiſon,
N'y ayant point comparaiſon
De ſa proüeſſe à vos faidarmes,
Tant vous eſtes adroit aux armes.

TAILLEBRAS.

Mais, aux aproches d'Edinton,
Qui fit la belle faction
A la ſaillie, où commandoit
Ce braue Millor, qui eſtoit
Parent du Duc Notomberlant?

GALLEPAIN.

Il m'en ſouuient : c'eſt ce Geant
Couuert d'vn harnois tout doré,
Qui par vous fut ſi bien bourré:
Ce Geant que deſarçonâtes
D'vn coup d'eſpieu que luy donâtes:
Sa troupe fuït débandee,
Du vent de vos fureurs ſouflee,
Comme on voit les fueilles ſouuent
S'éparpiller deuant le vent.

TAILLEBRAS.

Cecy n'eſt rien.

GALLEPAIN.

       Non ce n'eſt rien,

Au pris de ce qu'on pourroit bien
Raconter, que tu ne fis oncques.
Si pas vn trouue homme quelconques
Qui soit plus sot, plus glorieux,
Plus vanteur, plus audacieux,
Qu'est ce fat, me tende la main :
Ie me donne à luy pour du pain.

TAILLEBRAS.

Où es-tu allé ?

GALLEPAIN.

Me voyci :
Quel effort fites-vous aussi
Contre ce monstre d'Oliphant ?
Ce fut vn acte triomphant,
Quand vous luy rompistes le bras.

TAILLEBRAS.

Quel bras ?

GALLEPAIN.

Non, ie ne vouloy pas
Dire le bras : ce fut la cuisse :
Vous voulustes que ie le visse.
Et, si vous fussiez efforcé,
Vous l'ussiez tout outreperfé
De part en part d'vn coup de poing,
Passant la main de là bien loing
A trauers ses costes, ses os,
Sa peau, sa chair, & ses boyos.

TAILLEBRAS.

Laisse-là la beste.

GALLEPAIN.

Il faut doncques

Te laisser, car il n'en fut oncques
Si tu n'es beste.

TAILLEBRAS.

Que dis-tu?

GALLEPAIN.

Ie parloy de vostre vertu
Qui ne put souffrir qu'vn sauuage
Fist tant, qu'encores d'auantage
Ne fissiez : quand deuant Dombarre
Les Anglois si bien on rembarre.
Le sauuage (ce disoit-on)
En prit vn deuant Edinton,
Mais vous tout seul deux vous en pristes,
Et sur vos espaules les mistes,
Et tout seul vous les aportastes
En la ville, où les déchargeastes
Tou-deux, aux yeux de cent témoins,
Aussi croyables pour le moins
Que ie suis, qui en bonne foy
Le sçauent aussi bien que moy.

TAILLEBRAS.

Ie ne veu que lon parle icy
De tout cela.

GALLEPAIN.

Ce n'est aussy
Grand chef d'œuure à moy de les dire,
Qui sçay vos vertus. Qui est pire
Que le ventre & la malle fain?
Ils me font pour auoir du pain
Prester l'oreille à ce sot homme,
De peur que mon moulin ne chomme :
Mes moulieres moulans à vuide,

Où c'eſt que pauureté me guide!
Encor que ce ſoit menterie
Tout ce qu'il dit, par flaterie
Il me faut accorder à tout,
Pour boire & pour manger au bout.

TAILLEBRAS.

Qu'eſt-ce que ie veu dire ? Holà ?

GALLEPAIN.

Ie ſçay bien : il eſt vray cela :
I'en ay bien bonne ſouuenance.

TAILLEBRAS.

Qu'eſtoit-ce ?

GALLEPAIN.

  Quoy que ſoit i'y penſe.

TAILLEBRAS.

As-tu ſur toy ton eſcritoire ?

GALLEPAIN.

Demandez-vous ſi ie l'ay ? voire
Ie l'ay : l'ancre auec le papier,
La plume, & ce qui fait meſtier.

TAILLEBRAS.

Il n'eſt poſſible de voir rien
Plus duiǎ, que ton eſprit au mien.

GALLEPAIN.

Il faut que ie ſçache par cueur
La volonté de voſtre cœur,

A fin que, pluſtoſt que le vent,
Mon penſer prompt vole deuant
Voſtre vouloir, & que j'entende
A demi mot ce qu'il demande.

TAILLEBRAS.

Et bien en as-tu ſouuenance?

GALLEPAIN.

Il m'en ſouuiendra, ſi j'y panſe.
Cent fantaſſins en Angleterre:
Soixante lancettes de guerre:
Cent cinquante archers Irlandois,
Et trente Notomberlandois:
C'eſt le nombre des hommes morts,
Deſquels en vn jour vos bras forts
Firent carnage en la bataille,
Autant d'eſtoc comme de taille.

TAILLEBRAS.

Combien eſt-ce que le tout monte?

GALLEPAIN.

Ce ſont treize cent de bon conte.

TAILLEBRAS.

Il faut qu'il y en ait autant:
Tu ſçais le nombre tout contant.

GALLEPAIN.

Si eſt-ce que ie n'en ay rien
Par eſcrit, & m'en ſouuient bien.

TAILLEBRAS.

Vrayment ta memoire eſt treſbonne.

Gallepain.

C'est la souppe qui me la donne.

Taillebras.

Quand tu feras tousiours ainsi
Que tu as faict jusques icy,
Tu ne chomeras de mangeaille :
Fay, continue, & ne te chaille,
Il y aura bien peu d'espace
A ma table, si tu n'as place.

Gallepain.

Et quoy ? aux Isles d'Orcanet
Vous en alliez trancher tout net
Cinq cents, d'vn coup de vostre epee,
Sinon qu'elle estoit ébrechee.
Que diray-ie de vostre faict,
Là où tout le monde le sçait ?
Vous, Capitaine Taillebras,
Viuez inuincible icy bas,
En proüesse, vertu, faconde
Vnique, sans pareil au monde.
Les Dames vous aiment bien fort
Toutes, & ce n'est pas à tort,
Pour la beauté qui est en vous.
Lon me retient à tous les coups,
Si bien qu'à peine i'en eschappe :
Encores hier par la cappe
Tout plein de femmes me tirerent,
(Et ie pense la deschirerent)
Tant Bourgeoises que Damoiselles.

Taillebras.

Mais viença, que te dirent-elles ?

GALLEPAIN.

Elles s'enqueſtoyent : vne blonde
Me dict, En eſt-il en ce monde
Vn autre plus bruſque & galland?
Ie penſe c'eſt vn droict Roland,
A voir & ſa taille & ſa grace.
Non (luy dy-ie) il eſt de ſa race,
Vous n'eſtes du tout abuſee.
Vne autre vn petit plus ruſee,
Haute, droicte, belle, brunette,
L'œil gay, la trogne ſadinette,
En souſpirant, O le bel homme!
(Me dict elle) ô vray Dieu comme
Il eſt atrayant par les yeux!
Que ſon viſage eſt gracieux!
Cachant (choſe que plus j'eſtime)
Sous douceur vn cœur magnanime!
Mon Dieu que ce long poil qu'il porte
Luy eſt bien ſeant en la ſorte!
Certainement les amoureuſes
D'vn tel homme ſont trop heureuſes.

TAILLEBRAS.

Ho! tiennent elles ce langage?

GALLEPAIN.

Elles m'ont bien dict d'auantage:
Toutes les deux m'ont fort prié,
Importuné, voire ennuyé,
De vous mener par deuant elles,
Comme les monſtres ſolennelles
De quelque ſpectacle nouueau.

TAILLEBRAS.

C'eſt grand peine d'eſtre ſi beau!

Gallepain.

Elles sont aussi trop facheuses
Ces importunes amoureuses,
Qui vous enuoyent tant querir,
Qui viennent tant vous requerir,
Prier, supplier de les voir :
Et vous empeschent de pouruoir,
Et de vaquer à vostre affaire.

Taillebras.

Sces-tu que c'est qu'il te faut faire ?
A la premiere qui viendra,
Qui ce langage te tiendra,
Ne fau pas de m'en aduertir,
S'elle vaut de me diuertir
Doù tu scez : car ie veu changer.

Gallepain.

On s'ennuye d'vn pain manger :
Laissez moy faire auecques elles,
Vous en aurez bonnes nouuelles.

Taillebras.

Fay donc. Mais si ne faut-il pas
S'amuser tant à ses ébas,
Que lon perde la souuenance
De quelque affaire d'importance.
Il est bruit qu'on dresse vne armee :
Hier j'en senty quelque fumee
Me pourmenant par le Martroy :
Tout chacun disoit que le Roy
En personne y commandera.
Volontiers cela se fera
Que Taillebras fera la beste,
Et ne sera point de la feste.

Ie hay trop le coin des tifons,
Ie n'aime l'ombre des maifons :
Plus me plaift vne tente alerte,
Ou quelque frefcade bien verte.
Si le bruit que lon fe remuë
Encor aujourduy continuë,
Et moy là. Sus, allon fçauoir
Au Martroy, qu'il y peut auoir :
Car ie ne veu pas cafaner,
Si les mains il falloit mener.

GALLEPAIN.

C'eft bien dict : Marchon de ce pas.

TAILLEBRAS.

Sus doncques, fuiuez moy foldats.

PROLOGVE.

ACTE I. SCENE II.

FINET, Valet.

S'IL *vous plaifoit de m'écouter,*
Meffieurs, ie pourroy vous conter
L'argument de la Comedie :
Ce faifant double courtoifie
Lon verroit, en vous de vous taire,
Comme en moy de ne point me taire :
Vous taifant ie caqueteray,

Vous caquetant ie me teray :
Le loyer de vostre silence,
Si vous me donnez audience,
Sera que pourrez receuoir
Le plaisir, d'apprendre & sçauoir
Ce que jamais sçu vous n'auez :
Sinon, sçachez ce que sçauez.
Mais, à vous voir tenir si coy,
Vous n'estes grues, ie le voy :
Apres auoir bien épié
Vous ne vous mouchez pas du pié :
Vous estes hommes, ie dy hommes
Qui de nostre naturel sommes
Curieux d'ouir & d'entendre
Quelque nouueauté pour aprendre.
Or crache qui voudra cracher,
Et mouche qui voudra moucher,
Et tousse qui aura la tous,
A fin qu'apres vous taisiez tous.
Mais sçauous comme il faut se taire ?
Par tel si que si voyez faire
Quelque faict, ou bien oyez dire
Quelque bon mot qui soit pour rire,
Messieurs, il faudra que l'on rie
Plustost qu'estouffer de l'enuie
Que l'on pourroit auoir de rire :
Pour rire qu'on ne se retire :
Riez vostre soul, ie sçay comme
Le rire est le propre de l'homme.
Sus, crachez, mouchez, toussez tous,
Puis ie reuien parler à vous.
 Or, puis qu'il faut que ie vous die
Le suiect de la Comedie :
Voi-cy la ville d'Orleans,
Ie vien de sortir de leans
Où c'est que mon Maistre demeure,
Ce braue qu'auez veu asteure
Qui s'en vient d'aller au Martroy :

Lequel presume tant de soy,
Et s'aime tant, & tant se plaist,
Le sot presomptueux qu'il est,
L'effronté, glorieux, bauard
Breneux, babouin, poltron, vantard,
Ce bon ruffien s'aime tant,
Qu'il se va tout par tout vantant,
(Et le croit) que les femmes meurent
Pour son amour, & qu'elles cueurent
Toutes apres luy : Dieu le sçait!
Mais au rebours chacune en fait
Son plaisant, s'en rit & s'en moque,
Et s'en jouë à la nique noque,
Ou pour mieux dire au papifou.
Voyla comment ce maistre fou
Fait ce que beaucoup d'autres font
Qui s'estiment plus qu'ils ne sont.
Or long temps a que ie me tien
A son seruice : & ie veu bien
Que sçachiez comme ie laissay
Mon premier maistre, & m'adressay
A cestuy-cy : oyez comment:
Car c'est icy tout l'argument.
A Nantes vn jeune homme fils
D'vn Portugais, qui au païs
De long temps s'est habitué,
Riche de biens, bien allié,
Honeste & gentil souloit estre,
Tandis que j'y estoy, mon maistre.
Ce jeune homme y entretenoit
Vne fille, qu'il y tenoit
A pain & à pot gentiment,
Du gré & du consentement
De la mere d'elle : qui fut
Vne marchande, laquelle eut
Viuant son mari prou de biens:
Luy perdu, perdit tous moyens :
Ce qui est cause qu'estant veuue

Le party de sa fille appreuue,
Qui du jeune homme estoit aimee,
Bien traitee, & bien estimee:
Elle aussi de sa part l'aimoit,
Le bien traitoit, & l'estimoit,
Fidele à luy, & luy à elle,
Comme où l'amour est mutuelle.
Mais qu'auint-il? Pour vn affaire
Il a esté contraint de faire
Vn voyage de longue absence
A la Court du grand Roy de France,
Qui sejourne à Fontainebleau.
En ce temps (vn cas tout nouueau)
Ce Capitaine, qu'auez veu
De ceruelle ainsi bien pourueu,
Descend à Nantes vn matin,
Chargé de proye & de butin,
Estant fraischement de retour
D'Escosse. Il y feit sejour
Quelques semaines : Cependant
Auecques vne s'entendant,
(Qui nous estoit proche voisine,
Maquerelle, secrete & fine)
Il pratique nostre mignonne,
Et sa mere la toute-bonne,
Par presens, joyaux, bonnes-cheres:
Et conduit si bien ses affaires,
Qu'en ayant fait sa destinee,
La pauurette il a subornee,
Comme depuis ie l'ay bien sçu:
(Car tout fut faict à mon deçu.)
La débauche, & dans vn bateau
L'enleue, & la met dessus l'eau,
Vn soir qu'estoy dehors aux chams,
Et l'emmeine dans Orleans
Icy doù c'est qu'il est natif.
Ie sçu tout le faict au naïf
A m'en enquester diligent:

*Auec ce peu qu'auoy d'argent
Ie m'achemine, & delibere
Chercher mon Maiſtre, & de luy faire
Entendre comme il en alloit,
Pour en faire ainſi qu'il falloit.
Ie par͡ donc, & tire à la Court:
Me voyant d'argent vn peu court,
Par les chemins ſur la leuee
Ie rencontre à vne diſnee
Vn qui voulut me desfrayer:
Et moy de le laiſſer payer:
Ie le ſuy, & en recompanſe
Ie le ſer, ſon cheual ie panſe:
Droit en ceſte ville il m'amene:
Et s'en vient voir ce Capitaine
Qu'en Eſcoſſe il auoit conu,
Il eſt ceans le bien venu:
Il part : à ſon hoſte il me donne:
Ie reçoy fortune ſi bonne,
Et donner à luy ie me laiſſe,
Ayant deſia veu ma maiſtreſſe
L'amie de mon premier Maiſtre,
Qui feignoit de ne me conoiſtre,
Et m'auoit faict ſigne treſbien
De ne faire ſemblant de rien:
Comme auſſi ne fx-ie. Depuis
Elle me conta ſes ennuis
A la premiere occaſion,
Et me dict ſon intention
Eſtre, d'échaper de ceans
Et ſe retirer d'Orleans,
Et à Nantes s'en retourner,
Pour à jamais ſe redonner
A ſon premier amy mon Maiſtre,
Loing duquel ne pouuoit plus eſtre,
Luy portant autant d'amitié
Qu'à ceſtui-cy d'inimitié.
Ayant conu ce bon vouloir,*

Ie me mis en mon plein deuoir
Par escrit de faire bien mettre
Tout le discours en vne lettre:
Laquelle tresbien cachetee,
Close, seellee, empaquetee,
Ie fi par homme seur tenir:
Qui le hasta de s'en venir
Aussi tost qu'il vit les presentes,
I'enten ce mien maistre de Nantes,
Qui depuis vingt jours est icy,
Et loge en ceste maison cy,
Ioignant celle du Capitaine,
Chez vn amy, qui nous moyenne
Tout ce que l'amy pourroit faire
Pour l'amy, quand il seroit frere.
C'est vn sien hoste paternel,
(Dieu nous le deuoit) qui est tel
Qu'il nous falloit : vn verd vieillard
Qui d'esprit est jeune & gaillard,
Et nous aide conduit & meine
De son conseil & de sa peine:
Mesme de son consentement
I'ay donné moyen gentiment
Aux amans de venir ensemble,
Et s'embrasser quand bon leur semble:
Car ce Capitaine a laissé
Vn cabinet, qu'il a dressé
Tout exprés à la damoiselle,
Où n'iroit pas vn autre qu'elle.
Sçaués vous bien qu'a faict Finet?
Il a percé ce cabinet
D'vne ouuerture en la muraille
Qui est commune, à fin qu'on aille
Là de l'vne en l'autre maison
Selon qu'on a l'occasion,
Sans que lon passe par la ruë,
Et sans que la dame soit vuë.
Tout le surplus qui reste à faire,

Il m'est commandé le vous taire,
Mais descouuert il vous fera,
A mesure qu'on le fera.
Quoy que soit, desia le bateau
Nous attend au port dessus l'eau:
Et faut, comment que ce puisse estre,
Qu'aujourduy nostre premier maistre
Soit maistre de nous à son ranc,
Et que laissions ce braue en blanc.
Or ie m'en va dans la maison
Pour luy brasser quelque traison,
Dont vous orrez tantost parler,
S'il vous plaist me laisser aller.

ACTE II. SCENE I.

BONTAMS, Vieillard.

FINET.

BONTAMS.

S<small>CAVOVS</small>? *si à ceux que verrez*
Sur les tuiles, ou trouuerez
Batelans en quelque maniere
Sur le mur ou dans la goutiere,
Vous ne rompez jambes & bras,
Deuant moy ne vous trouuez pas,
Si ne voulez que ma houssine
Trote bien sec sur vostre eschine.
Quoy? si lon fait ceans vn pet,
A l'instant tout chacun le scet:
Tellement nous sommes guetez,

Et defcouuers de tous coftez.
Pource ie vous commande exprés,
Que, fi voyez par cy aprés
Aucun des gens du Capitaine
Noftre voifin, qui fe pourmeine
Quelque part fur la couuerture,
Donnez-luy fa malauanture,
Et me le faites du plus hault
Où il fera, prendre le fault :
Que fur la place on me le jette
Le premier trouué : j'en excepte
De tous eux Finet feulement.
Mais faites mon commandement,
Quelque raifon que lon vous die,
Ou que leur geay, ou que leur pie,
Ou que leur poule eft adiree,
Ou leur guenon eft échapee :
Pour cela, qu'il ne vous échape
Sans qu'on le frote, & qu'on le frappe :
Chaftiez-le jufqu'au mourir :
Sinon, c'eft à vous à courir.

Finet.

Il eft arriué quelque efclandre
Leans, à ce que puis entandre,
Puis que ce vieillard tellement
De ce mauuais apointement
A menacé mes compagnons :
Il bafte mal à ces mignons,
Mais dehors du conte il m'a mis :
Les autres ne font mes amis
Si fort, que bien fort ie m'étonne
Si quelque mal-an il leur donne.
Quoy que foit, ie l'accofteray,
Et du faict ie m'enquefteray,
Et poffible il m'en fera part.
Seigneur Bontams, hé Dieu vous gard.

BONTAMS.

Il y a peu d'hommes, ſi j'uſſe
A ſouhaitter, que ie vouluſſe
Pluſtoſt voir, & trouuer que toy
Maintenant.

FINET.

Qui a til? pourquoy?

BONTAMS.

Toute la choſe eſt deſcouuerte.

FINET.

Et quelle choſe eſt deſcouuerte?

BONTAMS.

Ne-ſçay qui de chez vous naguiere
A veu (monté ſur la gouttiere)
Dans mon logis, ce que faiſoyent
Nos amans qui s'entrebaiſoyent.

FINET.

Qui les a veus?

BONTAMS.

Ton compagnon.

FINET.

Lequel?

BONTAMS.

Ie ne ſçay pas ſon nom,
Ny ne m'a pas donné loiſir
De le remarquer ny choiſir.

FINET.

I'ay grand peur que ie foy deſtruit!

BONTAMS.

Ie le voy, il me voit, s'enfuit :
Hola ho, que fais-tu là fus?
Ie luy crie, il reſpond ſans plus,
Qu'apres la guenon il alloit.

FINET.

O moy malheureux! s'il falloit
Que par ceſte maudicte beſte,
Ie fuſſe en danger de ma teſte!
Mais Emee eſt elle chez vous?

BONTAMS.

Sortant ie l'ay laiſſé chez nous.

FINET.

S'elle y eſt encor, faites-la
Viſtement repaſſer de là,
A fin de faire voir aux gens
De la maiſon, qu'elle eſt leans,
Si, nous jouant vn mauuais tour,
Elle ne veut, pour ſon amour,
Faire tomber mille malheurs
Sur nous les pauures feruiteurs.

BONTAMS.

I'ay deſia mis ordre à cela :
Paſſe oultre, ne t'arreſte là.

FINET.

Ie voudroy bien que luy diſſiez
Et qu'encores l'auertiſſiez

Qu'elle eſtudie, & qu'elle panſe
A bien former ſa contenance,
Sa voix, ſon regard, ſa couleur :
A s'enqueſter du rapporteur,
Où, d'où, comment, quand il l'a vuë,
A quoy c'eſt qu'il l'a reconuë :
A fin que, faiſant qu'il varie,
Le conuainque de menterie :
Et quand il l'auroit vu cent fois,
Qu'el' le demante autant de fois.

BONTAMS.

Laiſſe-la faire : elle n'a garde
D'eſtre ſurpriſe par mégarde.
Elle a vne carre aſſuree,
La langue ſouple & deliee,
Le cœur aſſez garny d'audaces,
Malices, pariures, fallaces,
Traiſons, opiniaſtretez,
Et d'aſſez de méchancetez,
Pour à grand force de ſermens,
Maudiſſons, & pariuremens,
Rabrouer & redarguer
Le ſot qui voudroit l'arguer.
Et puis, elle a pleine boutique
De mignotiſe mellifique,
De baſme, de ſucre, & de miel,
Pour adoucir, fuſt ce du fiel,
Fuſt ce vn venin le plus amer :
Elle a dequoy bien embâmer,
Amadouer, gaigner ſon homme,
Qu'elle fera mordre en la pomme.
Mais qu'eſt-ce, Finet, que tu braſſes
A par toy ? comme tu rauaſſes ?

FINET.

Ie vous pry pour vn peu vous taire,
Tant que j'aye ce que doy faire

Pour la trouſſe que ie machine,
A fin que finement j'affine
Ce fin valet, quel qu'il puiſſe eſtre,
Qui a vu l'amie à mon Maiſtre
Comme chez vous ell' le baiſoit.
Ie cherche comment que ce ſoit,
De faire, encore qu'il l'ait vuë,
Qu'il croye auoir eu la barluë,
Quand j'y auray ſi bien pouruu,
Qu'il n'aura veu que ce qu'il a vu.

BONTAMS.

Ie me retire en attendant
Icy à l'écart, cependant
Que là tu matagraboliſes
Les deſſeins de tes entrepriſes.
Ie vous ſupply voyez ſa trongne,
Comme penſif il ſe renfrongne,
Et ſes chatunes il rabaiſſe :
Il en prend l'vn, & l'autre il laiſſe :
Voyez ſa gauche toute plate
Sur le front de l'autre il ſe grate
La nuque, où giſt la ſouuenance :
A til changé de contenance ?
A luy voir ſecouer la teſte,
Sa reſolution n'eſt preſte :
Ce qu'il a ſongé ne luy pleſt :
Puis qu'il ne nous rend ce qui n'eſt
Bien digeré, nous n'aurons rien
Qui ne ſoit digeré treſbien.
Il baſtiſt, au moins ſon menton
Il apuye d'vn eſtanſon :
Or il ne bouge d'vne place :
Voyez comme il a bonne grace :
A til la taille & le viſage
Propre à jouer ſon perſonnage ?
Ne fait-il pas bonne pipee,

Picqué droict comme vne poupee?
Il ne ceſſera juſqu'à tant
Qu'il ait trouué ce qu'il pretand.
Il le tient à ce coup, ie croy.
Or ſus, pour faire ne ſçay quoy,
Veille, veille, & point ne ſommeille,
Si tu ne veux qu'on te reueille
De reueil-matins & d'aubades,
De coups de foüet & baſtonnades:
Veille, veille : ſus, hola, l'homme:
Veille (te dy-ie) & point ne chomme,
Car il n'eſt pas feſte pour toy:
Veille, Finet, ie parle à toy :
Sus debout (te dy-ie) il eſt jour.

FINET.

Ie vous oy, ie ne ſuis pas ſour.

BONTAMS.

Vois-tu pas que tu es enclos
D'ennemis, qui te ſont à dos?
Auiſe : auance ton ſecours
Viſtement, car tel eſt le cours
Du peril, qu'on ne peut attendre:
Dépeſche, ou penſe de te rendre.
Haſte-les, fay tes compaignies:
Que tes fortreſſes ſoyent garnies
De munitions, & de gens
Vaillans, veillans, & diligens :
Aux viures de tes ennemis,
Couppe chemin : à tes amis,
Facilite auec bonne eſcorte
L'auenue, à fin qu'on t'aporte
Seurement ce que tu voudras.
Trouue, ſonge, & ne tarde pas:
Cà toſt ceſte ruſe de guerre,
Dont tu dois tant d'honneur acquerre:

Çà ceste ruse qui défait
Le fait, comme s'il n'estoit fait,
Faisant que l'on n'aura pas veu
Cela mesme que lon a veu.

FINET.

Prometez vous seul d'entreprendre
Mon dessein, ie promé vous rendre
La victoire : & ne faites doute
Que ne mettions à vau-de-route
Nostre ennemy.

BONTAMS.

Ie te promé
De l'entreprendre, & me soumé
D'estre général de l'armee,
Pour l'entreprise qu'as tramee.

FINET.

Dieu vous doint tout ce que desire
Vostre noble cœur.

BONTAMS.

Veux-tu dire
Ce que tu as machiné faire ?
Fay m'en part.

FINET.

Il faudroit vous taire,
Et me suyure par les destours
De mes ruses & de mes tours,
Que veu que sçachiez aussi bien
Comme moy.

BONTAMS.

C'est tout pour ton bien.

FINET.

Mon Maiſtre, ce beau Capitaine
De foin, s'il ne change la ſienne,
Mourra dedans la peau d'vn veau.

BONTAMS.

Tu ne me dis rien de nouueau.

FINET.

Et ſi n'a non plus de ceruelle
Qu'vne ſouche.

BONTAMS.

   Ie n'en appelle.

FINET.

Or pour ourdir noſtre fineſſe,
Oyez la fourbe que ie dreſſe :
Ie feindray qu'vne ſœur d'Emee,
Sœur iumelle d'vne ventree,
Qui luy reſſemble, autant que fait
L'eau à l'eau, & le laict au laict :
Ie diray que ceſte ſœur cy
De Nantes eſt venue icy
Auecques vn ſien amoureux,
Et que vous les logez tous deux
Chez vous.

BONTAMS.

  Vela bon, vela bon,
Ie louë ton inuention.

FINET.

A fin que ſi à noſtre braue
Mon compagnon raporte & baue

Qu'il l'a vuë icy dedans, comme
Elle baisoit ne sçay quel homme,
Tout au contraire ie l'arguë
Que c'est sa sœur qu'il aura vuë
Chez vous son amy embrasser,
Le baiser & le caresser.

BONTAMS.

Moymesme aussi, s'il m'en dit rien,
Le mesme luy diray fort bien.

FINET.

Mais dites que l'vne ressemble
Tant à l'autre, qu'estant ensemble,
On ne sçait laquelle choisir.
D'auantage il faut aduertir
Emee, à fin qu'elle l'entende :
Et si Taillebras luy demande,
Qu'elle ne s'entretaille point.

BONTAMS.

La ruze est bonne, fors vn point,
Qui est, s'il vouloit les auoir
Toutes deux, à fin de les voir
En vn lieu : qu'aurions nous à faire ?

FINET.

Il est aisé de s'en defaire
Par plus de cent promptes defaites,
Si d'autre doute vous n'y faites.
El' n'y est pas, elle est en ville,
El' dort, el' disne, elle s'abille,
Elle ne peut, elle est faschee,
Elle est maintenant empeschee :
Et tant d'autres inuentions

Pour delayer, tant que faffions,
Pourfuyuant ce commencement,
Qu'il reçoyue, & prene en payment
La menfonge pour verité.

BONTAMS.

Bien me plaift ta fubtilité.

FINET.

Allez vous en doncques chez vous,
Et la faites paffer chez nous
Viftement, s'elle y eft encore,
L'inftruifant qu'elle rememore,
Selon qu'entre nous eft conclu,
Le confeil qu'auons refolu
Pour feindre cefte fœur jumelle.

BONTAMS.

Laiffe moy faire auecques elle :
Car ie te la rendray fi bien
Inftruite, qu'il n'y faudra rien.
Veux-tu rien plus ?

FINET.

Allez leans.

BONTAMS.

Bien, ie m'en va doncques ceans.

FINET.

Il faut que i'aille en la maifon,
Pour detraquer le compagnon,
(Sans rien monftrer de nos aprefts)
Qui tantoft a couru apres

La guenon. Il ne se peut faire
Qu'il n'ait communiqué l'affaire
A quelcun des seruiteurs : comme
Il a veu auec vn ieune homme
Emee icy pres, luy faisant
Des caresses & le baisant.
Ie sçay que c'est qu'ils sçauent faire :
Moy seul d'entre-eux ie puis me taire.
Si ie puis sçauoir qui l'a vuë,
La tour sera bien defendue,
Si ie ne l'emporte d'assaut :
I'ay desia prest ce qui me faut :
Mes gabions ie rouleray,
Et mes aproches ie feray,
Par les replis de mes tranchees
Tout incontinant depechees :
Ie meneray l'artillerie,
Et dresseray ma batterie,
Et m'asseure de l'emporter.
Autrement, me faudra guester
Comme fait vn bon chien de chasse :
Si ie me trouue sur la trasse
Et sur les voyes du renard,
Ie le poursuyuray si gaillard,
Sans defaillir au parcourir,
Que le forceray de mourir.
Mais i'oy du bruit à nostre porte :
Il faut que soit quelcun qui sorte,
I'ay peur d'auoir parlé trop haut :
Au pis aller il ne m'en chaut :
C'est Humeuent, le gardecors
D'Emee, qui s'en vient dehors.*

ACTE II. SCENE II.

HVMEVENT, Valet.
FINET.

HVMEVENT.

Il *faudroit bien que j'uſſe eſté*
Endormy, quand ie ſuis monté
Sur les tuilles, ſi ie n'ay vu,
Et tout clerement aperçu
Emee, l'amie à mon Maiſtre,
(Laquelle ie doy bien conoiſtre,
Ou ie ne ſeroy guere fin)
Icy pres chez noſtre voiſin,
Qui faiſoit l'amour à vn autre.

FINET.

A ce que i'oy, c'eſt luy ſans autre,
Qui l'a vuë baiſant icy
Son mignon.

HVMEVENT.

Qui eſt ceſtuy-cy?

FINET.

C'eſt ton amy & compagnon:
Humeuent, que dis-tu de bon?

HVMEVENT.

Finet, ie ſuis aiſe d'auoir

Ceste rencontre, & de te voir
Pour te conter ie sçay bien quoy.

FINET.

Qu'est ce qu'il y a? dy-le moy.

HVMEVENT.

I'ay grand peur.

FINET.

De quoy as-tu peur?

HVMEVENT.

Qu'aujourduy quelque grand malheur
N'auienne à tous les compagnons.

FINET.

Mais à toy seul : mes compagnons
M'en auouront, si du malheur
Ma part ie te quitte, & la leur.

HVMEVENT.

Tu ne sçais la meschanceté,
Qui tout freschement a esté
Faicte chez nous.

FINET.

Mais quelle est elle
La meschanceté?

HVMEVENT.

Guere belle.

FINET.

Seul tu la sçez, retien la bien :
Tay toy : ie n'en veu sçauoir rien.

HVMEVENT.

Il faut que te la faſſe entendre :
Aujourduy i'alloy pour reprendre
Noſtre guenon, par ſus le feſte
De ce logis.

FINET.

La bonne beſte
Qui cherchoit vne bonne beſte.

HVMEVENT.

Le diable t'emport'.

FINET.

Mais vous ſirè :
Ne laiſſe pas touſiours de dire.

HVMEVENT.

De fortune en bas ie regarde
Dans leur court : ſans m'en donner garde,
I'y aduiſe la bonne Emee
Au col d'vn ieune homme attachee,
Qu'elle baiſoit & dorlotoit :
Mais ie ne ſçay pas qui c'eſtoit.

FINET.

Quelle meſchanceté dis-tu
Humeuent ? & qu'ay-ie entendu
De toy ?

HVMEVENT.

Ie l'ay vu.

FINET.

Tu l'as vu ?

HVMEVENT.

Moymesme de ces deux yeux-cy.

FINET.

Va, tu n'es croyable en cecy,
Ny tu ne l'as vu de tes yeux.

HVMEVENT.

Crois-tu que ie soy chassieux ?

FINET.

Conseille t'en au medecin :
Mais si tu es tant soit peu fin,
Tu te gardras d'en faire bruit,
Si tu ne veux estre destruit
De fons en comble : ta ruine
De deux pars sur toy s'achemine :
Et tu ne peux de chasque part
Faillir, à te mettre au hazart
De te perdre, si tu n'es sage
Pour retenir ton fol langage.

HVMEVENT.

Coment de deux pars ?

FINET.

Il est vray :
Escoute, & ie te le diray.

Tout premierement ſi Emee
Eſt à tort de toy diffamee,
C'eſt faict de toy, n'en doute point :
Il y a bien vn autre point,
Quand bien il ſeroit veritable,
C'eſt faict de toy : car miſerable
Tu te viens perdre par meſgarde,
D'autant que tu l'auois en garde.

HVMEVENT.

Qu'y feroy-ie ?

FINET.

Ie n'en ſçay rien.

HVMEVENT.

Si l'ay-ie veu, ie le ſçay bien.

FINET.

Le malheureux, il continuë.

HVMEVENT.

Ie dy la choſe que i'ay vuë :
Aſteure meſme elle eſt leans.

FINET.

Hé da, n'eſt-elle pas ceans ?

HVMEVENT.

Va voir toy-meſme en la maiſon,
Et voy ſi ie dy vray ou non :
Car ie ne veu pas qu'on m'en croye.

FINET.

C'est donc pour le mieux que i'y voye.

HVMEVENT.

Ie demeure icy pour t'atendre.

FINET.

Le piege que ie va luy tendre !
Le niais qu'il est, il ne sçet
Que la genice est dans le tet.

HVMEVENT.

Que doy-ie faire ? car mon Maistre
M'auoit ordonné seul pour estre
A la garde de la meschante :
S'il faut que sa faute ie chante,
Luy raportant ce que i'ay vu,
Aussi bien seray-ie perdu.
S'il faut aussi que ie luy cache,
Et que puis apres il le sçache,
Et la chose soit découuerte,
Ie puis bien parier ma perte.
Est-il finesse, est-il audace,
Qu'vne malheureuse ne face ?
Tandis que sur les tuilles suis
Elle sort tresbien hors de l'huis :
O l'acte vilain qu'elle a fait !
Si le Capitaine le sçait,
Ie croy qu'il mettra sus dessous
La maison, & nous tura tous.
Quoy que soit, ie n'en diray mot,
Plustost que de faire le sot,
Et de m'aller perdre à credit
Par vn petit mot qu'auray dit :
On ne pourroit bon conte rendre
D'vne qui veut à tous se vendre.

FINET.

Humeuent, Humeuent, l'audace!

HVMEVENT.

Qui entan-ie qui me menace?

FINET.

De toy, qui fais de tes amis
Pour ton plaifir tes ennemis!

HVMEVENT.

Qui a til?

FINET.

Quand tu m'en croirois,
Les deux yeux tu te creuerois,
Par lefquels tu vois fi apoint
La chofe mefme qui n'eft point.

HVMEVENT.

Qu'eft-ce qui n'eft point?

FINET.

Compagnon,
Ie ne donroy pas vn oignon,
Vn oignon pourry de ta vie.

HVMEVENT.

Qu'eft-ce qu'il y a, ie t'en prie?

FINET.

Me demandes-tu qu'il y a?

HVMEVENT.

Pourquoy non?

FINET.

Sceʒ-tu qu'il y a?
Baille ta langue babillarde,
Pour couper la faulſe leʒarde.

HVMEVENT.

Pourquoy feroy-ie?

FINET.

Car Emee
Eſt cheʒ nous, où ie l'ay trouuee,
Et tu dis l'auoir aperçuë
Cheʒ nos voiſins, & l'auoir vuë.
Ainſi qu'vn autre elle embraſſoit,
Qui la baiſoit & careſſoit.

HVMEVENT.

Finet, Finet, donne toy garde,
D'auoir mangé tant de moutarde
De Careſme auec le haran,
Que tu ſois comme vn chahuan,
Qui ne vole ſinon la nuit,
Et ne voit quand le ſoleil luit.

FINET.

Mais Humeuent, c'eſt choſe vraye,
Tu es ſi fou de pain d'yuraye,
Que la mauuaiſe nourriture
T'a preſque en l'aueugle nature
D'vne taupe, mis & reduiƈt,
Qui ne voit de jour ny de nuiƈt :

Car afteure afteure ie vien
De la voir, ie le fçay fort bien :
Et l'ay laiffee en la maifon.

HVMEVENT.

En la maifon ?

FINET.

En la maifon.

HVMEVENT.

Va, va, tu te ioües, Finet.

FINET.

C'eft dont ie fuis ainfi mal net.

HVMEVENT.

Comment ?

FINET.

Pource que ie me iouë
Auecques vn homme de bouë.

HVMEVENT.

Au gibet !

FINET.

Ie puis te promettre
Qu'aujourduy ie t'y verray mettre,
Si tu ne changes de courage,
Enfemble d'yeux & de langage.
Mais i'oy du bruit à noftre porte.

HVMEVENT.

Guette bien là, qu'elle ne sorte :
Si est-ce pour venir icy
Qu'il faut qu'elle passe parcy.

FINET.

La voycì pourtant.

HVMEVENT.

Ie le croy !

FINET.

Ho, Humeuent réueille toy.

HVMEVENT.

Ce que ie voy, ie le voy bien :
Ce que ie sçay, ie le sçay bien :
Ce que ie croy, ie le croy bien :
Tu as beau me venir prescher,
Si tu me panses empescher
De croire qu'elle soit leans :
Pour vray, elle est icy dedans,
Et ne partiray de la plasse,
Iusques à tant qu'elle repasse.
Elle ne peut par nulle voye
Se desrober, que ne la voye :
Elle ne m'eschapera pas.

FINET.

Cest homme est mien : du haut en bas
De son fort le culbuteray.

HVMEVENT.

S'elle vient ie l'arresteray.

FINET.

Veux-tu que te face en vn mot
Confesser, que tu n'es qu'vn sot ?

HVMEVENT.

Boute, fay du pis que pourras :
Ie le veu.

FINET.

Et que tu n'auras,
Ny bons yeux, ny l'entendement
Pour en bien vser dextrement ?

HVMEVENT.

Ie ne dy mot, ny du celier,
Ny du iardin, ny du grenier,
Mais ie sçay bien depuis naguiere
Ce que i'ay vu de la goutiere
Dans la court de ceste maison.

FINET

Parlons vn petit par raison :
Si elle est chez nous maintenant,
Et si ie fay qu'incontinant
La verras sortir de chez nous,
Combien merites-tu de coups ?

HVMEVENT.

On ne m'en pourroit trop doner.

FINET.

Or garde bien de t'eslogner
De ton huis, de peur qu'en cachette

A ton desceu elle se iette,
Et qu'elle passe dans la ruë
Sans que de toy elle soit vuë.

Hvmevent.

I'y guette, ne t'en donne peine.

Finet.

Si faut-il que ie te l'amene,
Et que ie face qu'elle sorte
Maintenant par vne autre porte.

Hvmevent.

Or sus fay donc. Ie veu sçauoir
S'il est possible de n'auoir
Vu ce qu'ay vu : & s'il fera,
Comme il promet, qu'elle sera
Dans nostre maison tout asteure.
Quoy que soit, encor ie m'asseure
D'auoir mes deux yeux en la teste,
Que ie ne louë ny ne preste.
Ce flateur est tousiours pres d'elle
A la flater : elle l'appelle
Tousiours le premier à manger :
Ils ont tousiours à demesler
Eux deux quelque propos ensemble.
Il y a six mois (ce me semble)
Peu plus peu moins, qu'il est des nostres,
Mais il a mieux que tous les autres.
Voy voy ! que fay-ie en ceste place ?
Ie fay ce qu'il faut que ie face :
Il ne faut bouger doù ie suis,
Assis au guet deuant cet huis,
Pour empescher qu'à Humeuent
On ne face humer du vent.

ACTE II. SCENE III.

FINET. EMEE Amie.
HVMEVENT.

Finet.

Or ayez bonne souuenance
De la mine & la contenance,
Et des propos qu'il faut tenir.

Emee.

Sçaurois-tu le laisser venir?
Va, ne me fay point ma leçon.

Finet.

A voir vostre douce façon,
Ie crain que soyez trop peu fine.

Emee.

Finet, les finettes n'affine:
N'enseigne aux fines la finesse:
Iouë ton rolet, & me laisse
Iouër le mien : ie suis prou sage
Pour bien iouër mon personnage,
Sans qu'il me faille vn protecole.

Finet.

Faites en maistresse d'escole:
Monstrez que n'estes aprentisse
Par vn chef d'œuure de malice:

Pour mieux esbaucher la besogne
Il faut que de vous ie m'eslogne.
Ho, n'es-tu point las, Humeuent,
D'estre tant debout là deuant?

HVMEVENT.

I'atten que m'en viennes conter,
L'oreille preste à t'escouter,
Si tu veux dire des nouuelles.

FINET.

I'en porte de bonnes & belles :
Que me donras-tu pour les dire?
Va va, ie n'en veu rien, beau sire :
Fay venir hardiment le prestre.

HVMEVENT.

Pourquoy le prestre? que peut c'estre.

FINET.

Pour songer à ta conscience :
Pense à ton ame : la potence
Pour te pendre est desia dressee.

HVMEVENT.

Parquoy l'auroy-ie meritee?

FINET.

Regarde à main gauche de là,
Regarde : qui est celle là?

HVMEVENT.

Mon Dieu! c'est l'amie à mon Maistre!
C'est elle à ce que puis conoistre!

FINET.

C'eſt mon : veux-tu encor attendre!

HVMEVENT.

A faire quoy?

FINET.

A t'aller pendre.

EMEE.

*Mais où eſt ce bon ſeruiteur
Qui a eſté faux raporteur
Contre moy, qui ſuis innocente,
Comme ſi ie fuſſe meſchante?*

FINET.

En a til? il me l'a conté.

EMEE.

*Quel homme as tu dict, effronté,
Auoir vû chez noſtre voiſin
Que ie baiſoy?*

FINET.

*Il fait le fin :
Et m'a dict bien plus : que c'eſtoit
Vn jeune homme qui vous taſtoit.*

HVMEVENT.

Ouy, ie l'ay dict ce maidieux.

EMEE.

Tu m'as veu', toy?

HVMEVENT.

De ces deux yeux.

EMEE.

Tes yeux voyans plus qu'ils ne voyent
Des corbeaux la viande soyent.

HVMEVENT.

Suis-ie de sens tant despouruu,
Que n'ay pas vu ce que i'ay vu ?

EMEE.

Ie suis bien beste qui m'areste
M'arraisonnant à ceste beste,
Que ie verray vif ecorcher.

HVMEVENT.

Ne me venez point reprocher
Le gibet par vostre menace,
La sepulture de ma race :
Là gisent mes pere & grand pere,
Pere & grand pere de ma mere :
Là mes ayeux & bisayeux,
Et m'atten d'y estre comme eux.
Pour les menaces que bauez,
Mes yeux ne seront ia creuez :
Mais vn mot, Finet, ie t'en prie ;
D'où pourroit elle estre sortie ?

FINET.

Doù, si ce n'est de la maison ?

HVMEVENT.

De la maison ?

FINET.

Voyez l'oiſon,
Il doute de ce qu'il a vu.

HVMEVENT.

C'eſt grand merueille qu'elle ait pu
Sortir de ceſte maiſon cy
Maintenant ſans paſſer par cy.
Car chez nous (ie le ſçay fort bien.)
Ny haut ny bas il n'y a rien,
(Entre la caue & le celier,
Le galetas & le grenier)
Qui ne ſoit bien clos & grillé:
C'eſt pourquoy ſuis eſmerueillé:
Si ſçay-ie l'auoir vu leans.

FINET.

Tu te pers bien toy & ton tams,
Malheureux, à continuer
De l'accuſer & l'arguer.

EMEE.

Mananda i'ay ſongé vn ſonge
Ceſte nuict, qui n'eſt tout menſonge.

FINET.

Qu'auous ſongé?

EMEE.

Eſcoute : ie te le diray.
Entan-le : il peut bien eſtre vray.
I'ay vu vne viſion telle:
Ie ſongeoye qu'vne ſœur iumelle,
(Que ſeule i'ay) eſt arriuee

De Nantes : & qu'elle est logee
Elle & son amy icy pres.

HVMEVENT.

Il vaut mieux m'aprocher plus pres,
Pour ouïr la fin de ce conte:
A Finet vn songe elle conte.

FINET.

Acheuez.

EMEE.

Ie sentoy au cœur
Fort grand plaisir de voir ma sœur,
Quand m'a semblé auoir pour elle
De la noise & de la querelle,
Par vn valet, qui raportoit
Auoir vu, qu'vn jeune homme estoit
Auecque moy, que i'embrassoye,
Que ie baisoye & caressoye.
Mais c'estoit ceste sœur jumelle
Qu'il auoit vuë, & auec elle
Son amy qui jouoyent ensemble,
Pourautant qu'elle me ressemble.
Songeant cela me suis fáchee,
Comme faulsement accusee.

FINET.

Comme lon songe en sommeillant
Ce qu'on fait apres en veillant !
Voyci vostre songe aduenu:
Racontez-le par le menu
A Monsieur, ie le vous conseille.

EMEE.

Ie luy rendray bien la pareille,

Pour luy aprendre à faire à tort
Encontre moy ce faux raport.

HVMEVENT.

Ie suis en vne peine estrange :
Toute l'échine me demange :
On me la pourroit bien frotter.

FINET.

Au moins tu ne peux plus douter
Qu'elle ne fust en la maison :
C'est faict de toy.

HVMEVENT.

    Vray Dieu c'est mon :
Maintenant en doute ie suis
S'on n'auroit point changé nostre huis :
I'y va voir pour le reconoistre :
Tout y est comme il souloit estre.

FINET.

Mais voyez ce plaisant benest :
Il ne sçait où c'est qu'il en est.
Tu es bien fou d'en faire doute :
Humeuent, ie te prie écoute :
Repense au songe qu'elle a faict,
Que tu as tout mis en effect,
Par vn soupson qu'as pu auoir,
Auec vn autre de la voir
Faire l'amour.

HVMEVENT.

   Mais penses-tu
Que ie ne sçache l'auoir vu ?

Finet.

Ie le croy bien : donne toy garde
(Ie te pry) si par ta megarde
Nostre Maistre en oit quelque vent,
Qu'il n'accoustre mal Humeuent.

Hvmevent.

Or tout maintenant ie commence
De sentir par experience,
Que j'auois aux yeux la barluë.

Finet.

Tu t'entretaillois de la vuë :
Il n'y a ryme ne raison
Qu'elle ait bougé de la maison.

Hvmevent.

De moy ie ne sçay plus qu'en dire,
Et suis contant de m'en desdire :
Ie n'ay rien vu de ce qu'ay vu.

Finet.

Vrayment tu t'es presque perdu
En faisant trop le bon valet :
Tu t'es presque mis au gibet.
Mais à ceste porte j'oy faire
Quelque bruit : il vaut mieux se taire.

ACTE II. SCENE IIII.
EMEE. FINET. HVMEVENT.

EMEE.

Il faut bien que graces ie rande,
Et qu'aille faire mon offrande,
Que j'ay promiſe ſur mon ame,
Aujourduy à la bonne Dame
Qu'on nomme de bonnes nouuelles:
Qui, maugré les vagues cruelles,
Et les vens qui ſe ſont émus,
Sains & ſauues nous a rendus
Mon amy & moy à bon port.
Mais ie ſuis en peine bien fort
De ſçauoir où ma ſœur demeure:
Si ie le ſçauoy, tout aſteure
Ie l'iroy veoir : donc il me ſemble,
Pour y aller nous deux enſemble,
Qu'il vaudroit mieux s'en enquerir,
A fin que la voiſe querir.

HVMEVENT.

Ho Finet, Finet : ho Finet.

FINET.

Hume-Humeuent, qu'a til fet?

HVMEVENT.

Ceſte femme-là qui s'en vient,
Eſt-ce pas celle qu'entretient
Monſieur, ou bien n'eſt-ce point elle?

FINET.

Il me semble que ce soit elle.
Mais c'est grand cas, si c'est Emee,
Que par là elle soit passee.

HVMEVENT.

Fais-tu doubte que ce soit elle?

FINET.

Appelon la, parlon à elle:
A ceste cy (comme il me semble)
Rien tant comme elle ne ressemble.

HVMEVENT.

O là madame Emee, ô là:
Et qu'est-ce à dire que cela?
Que vous doit on icy dedans?
Quelle affaire auez vous ceans?
Vous taisez : ie parle à vous mesme.

FINET.

Plustost tu parles à toy-mesme,
Car elle ne te respond rien.

HVMEVENT.

Ie parle à vous femme de bien,
Si tout le contraire vous n'estes:
Le bel honneur que vous nous faites
De courir par le voisinage!

EMEE.

A qui s'addresse ton langage?

HVMEVENT.

A qui, sinon à vous la belle?

EMEE.

*Mais qui es tu toy? ou bien quelle
Affaire auons nous parensemble?*

HVMEVENT.

Qui ie suis! mais que vous en semble?

EMEE.

*Qu'il m'en semble! n'est pas mauuais:
Comme que sçusse qui tu es.*

FINET.

Au moins vous sçauez qui ie suis.

EMEE.

*Brique des facheux : ie n'en puis
Plus endurer : vous m'ennuyez :
Et ie vous hay qui que soyez.*

HVMEVENT.

*N'auous conoissance de nous
Nullement?*

EMEE.

Non, de nul de vous.

FINET.

Ie crain bien fort.

HVMEVENT.

Et que crains-tu?

FINET.

De m'eſtre quelque part perdu,
Puis qu'elle ne me conoiſt point.

HVMEVENT.

Ie doute de ce meſme point.

FINET.

Il vaut mieux que ie ſçache icy,
M'enquerant à ces Meſſieurs cy,
Si nous ſommes ceux que nous ſommes,
Ou ſi nous ſommes autres hommes:
De peur qu'on nous ait faict manger
Quelque charme, pour nous changer.

HVMEVENT.

Moy ie ſuis moy-meſme ſans autre.

FINET.

Et moy par ſainct Pierre l'Apoſtre.
Femme, que ſert ce que vous faites?
Eſtes vous autre que vous n'eſtes?
O là, ie parle à vous, Emee.

EMEE.

Ie ne ſuis pas ainſi nomee:
T'appartient-il, gentil coquet,
Me ſurnommer d'vn ſobriquet?

FINET.

Comment donc vous appelle ton,
Si ce n'eſt pas voſtre droict nom,
Emee? dites vous qu'Emee
A tort lon vous a ſurnommee?
Comment que voſtre nom puiſſe eſtre,
Vous faites grand tort à mon Maiſtre.

EMEE.

Moy!

FINET.

Vous.

EMEE.

Qui ne fuis arriuee
Que d'arfoir en cefte contree,
Auec vn jeune homme de Nante,
Qui de m'entretenir fe vante,
Que ie vien de laiffer leans?

FINET.

Et qui vous mene à Orleans?

EMEE.

C'eft qu'à Nante j'ay eu nouuelle
Pour certain, que ma feur jumelle
Eft demeurante en cefte ville.

FINET.

Qu'elle eft fine!

EMEE.

Mais mal abile,
Et bien fimple de m'amufer
A vous ouïr icy caufer:
Pourquoy ie m'en va.

HVMEVENT.

Non ferez:
Par bieu vous ne m'échaperez.

FINET.

*Laiffe-la, ta malauanture!
Qu'on ne te prenne en forfaiture.*

HVMEVENT.

Ie n'abandonray ja ma prife.

EMEE.

*Ma main deffus ta jouë affife
Tes machoires fera fonner,
Si tu ne veux m'abandonner.*

HVMEVENT.

*Que fais-tu là debout à part,
Que ne la tiens de l'autre part?*

FINET.

*Qu'ay-ie à faire de m'empécher
De ce qui pourroit me facher?
I'aime mieux garentir mon dos
D'eftre batu : à quel propos
M'iray-ie prendre à la pipee?
Peut eftre, ce n'eft pas Emee,
Mais vne autre qui luy refemble.*

EMEE.

*C'eft affez mufé ce me femble.
Veux-tu pas me laiffer, ou non?*

HVMEVENT.

*Bongré malgré dans la maifon
Ie vous traineray fi ie puis.*

Emee.

Ce n'eſt pas icy mon logis
A ceſte porte : mais ie ſuis
De Nantes, où eſt ma demeure,
Là où mon maiſtre auſſi demeure:
Si j'ay affaire à Orleans,
Ie croy que ce n'eſt pas ceans:
Ie ne ſçay pourquoy vous me faites
Tout ce tabut, ny qui vous eſtes?

Hvmevent.

Vous pouuez nous mettre en juſtice:
Si ne ſuis-ie pourtant ſi nice
Que ie vous laiſſe aller, deuant
Que m'ayez faict vn bon ſerment,
Qu'auſſi toſt que m'échaperez
Dans ceſte maiſon entrerez.

Emee.

Tu me forces qui que tu ſois:
Et te jure vne bonne fois,
Qu'auſſi toſt que t'échaperay
Dans ceſte maiſon entreray.

Hvmevent.

Or bien, ie vous donne congé.

Emee.

Ie m'en vais auec ton congé.

Hvmevent.

Vous eſtes parjure maline.

FINET.

Humeuent, tu fais froide mine :
Comment as-tu lâché ta proye ?
C'est pour elle vne courte joye :
Par le corbieu ie la raray,
Si tu fais ce que te diray :
Car ie sçay bien que c'est Emee
Qui veut nous paistre de fumee,
Celle que Monsieur entretient,
Et qui à luy seul ne se tient.
Veux-tu bien faire & brauement ?

HVMEVENT.

Que feray-ie ?

FINET.

Va vistement
Leans, & m'aporte vne épee.

HVMEVENT.

Et quand te l'auray apportee ?

FINET.

I'entreray dans ceste maison,
Et tout le premier compagnon,
Qu'auec elle ie trouueray,
Sur le champ le massacreray :
Ne crois-tu pas que ce soit elle ?

HVMEVENT.

Si fay pour vray.

FINET.

O la cautelle !
De quelle assurance el' parloit !

Comment elle diſſimuloit!
Va toſt, & m'aporte vne épee:
Ce pendant ell' eſt aſſiegee,
Et faut que par cy elle ſorte.

HVMEVENT.

Tout aſteure ie te l'aporte.

FINET.

Il n'y a chef d'infanterie,
Argoulets, ou gendarmerie,
Qui ſoit tant reſolu pour faire
Quelque entrepriſe ou bonne affaire,
En plus d'audace & moins de doute,
Qu'vne femme quand el' s'y boute.
Comme elle a parlé finement,
Sans ſe couper aucunement!
Comment elle a pincé ſans rire
Le fat, qui ne ſçauoit que dire,
Son gardecors mon compagnon!
Maintenant voi-cy tout le bon,
Que la vela ſoudain paſſee
Par la paroy qui eſt perſee.

HVMEVENT.

Ho Finet : nous n'auons que faire
D'vne épee pour ceſte affaire.

FINET.

Pourquoy non? qu'eſt-ce qu'il y a?

HVMEVENT.

Car en la maiſon la voyla
La maiſtreſſe de noſtre Maiſtre.

Finet.

En la maison ! comme peut ce estre ?

Hvmevent.

Elle est couchee sur vn lict.

Finet.

Tu t'es bien perdu à credit,
S'il est vray ce que tu me dis,

Hvmevent.

Comment ?

Finet.

   D'auoir ainsi mépris
Enuers l'autre qu'as outragee,
Laquelle est icy pres logeé.

Hvmevent.

C'est dequoy j'ay le plus de peur :
Mais il faut bien que soit sa seur.

Finet.

C'est donc elle qu'as aperceuë,
Qu'auec vn autre tu as vuë
Icy pres, qui la caressoit :
Et sans doute il faut que ce soit
Elle mesme selon ton dire.

Hvmevent.

Voyez, si le fusse allé dire
A Monsieur, comme j'en estoy !

FINET.

Pour tout vray ce fuſt fait de toy :
Encor as-tu trop babillé.
Mais ſi tu es bien conſeillé,
Tay toy : Qui bien ſeruir deſire,
Doit touſiours plus ſçauoir que dire.
Or ie m'en va pour n'eſtre pas
Ton complice : car ces debas,
Que fais auec noſtre voiſin,
Ne peuuent prendre bonne fin.
Si monſieur reuient, ie ſeray
Ceans, doù ie ne bougeray.

ACTE II. SCENE V.
HVMEVENT. BONTAMS.

HVMEVENT.

S'en eſt-il allé le galant ?
M'a til laiſſé le nonchalant ?
Qui, de l'affaire de ſon Maiſtre,
Quelque grande qu'elle puiſſe eſtre,
Non plus de peine ne ſe donne,
Que s'il ne ſeruoit à perſonne.
Or ie ſçay bien que noſtre Emee
Eſt dans la maiſon enfermee :
Car tout aſteure ie l'ay vuë
Leans, ſur vn lict eſtenduë.
Maintenant ie n'ay autre affaire
Qu'à faire ma garde ordinaire.

BONTAMS.

Ie croy que ceſte valetaille

De ce Capitaine, ſe raille
Des miens & de moy-meſme, comme
Si ie ne fuſſe point vn homme,
A voir les bons tours qu'ils me font :
Encor tout aſteure ils ſe font
Adreſſez, voire en pleine ruë
A mon hoſteſſe : & l'ont tenuë,
Et ſans nul reſpect tiraillee,
Et tout publiquement raillee,
Bien qu'elle ſoit de bonne part :
Laquelle hier au ſoir bien tard
De Nantes icy arriuee
En noſtre maiſon eſt logee
Auec vn de ma conoiſſance.

HVMEVENT.

C'eſt faict de moy ! j'ay grand doutance,
Qu'à moy tout droict il ne s'en vienne !
I'ay peur que grand mal ne m'aduienne
De tout cecy, à l'ouïr dire !
Si ne faut-il que me retire.

BONTAMS.

Humeuent, n'a ce pas eſté
Toy, grenier de méchanceté,
Qui tantoſt deuant ma maiſon
As, ſans propos & ſans raiſon,
Si mal mené ma pauure hoſteſſe ?

HVMEVENT.

Voiſin oyez !

BONTAMS.

   Que ie te laiſſe
Parler toy ?

HVMEVENT.

   Ie veu m'excuſer.

BONTAMS.

Peux-tu d'aucune excuſe vſer
Qui t'excuſe, toy qui as faiɛ̃
Si méchant & lâche forfaiɛ̃?
Sous ombre que vous brigandez,
Faut-il (pendard) que pretendez
D'auoir general priuilege
De tout outrage & ſacrilege?

HVMEVENT.

S'il vous plaiſt!

BONTAMS.

   Mais Dieu me maudie,
Si ta mauuaiſtié n'eſt punie
D'vne punition condine,
Si on n'vſe ſur ton échine
Vne douzaine de balês,
Qu'vne douzaine de valês,
Singlans à plein bras emploiront,
Qui tour à tour te foiteront
Depuis le matin juſqu'au ſoir:
Toy, qui fais ſi bien ton deuoir
De venir mes tuilles caſſer,
Et ſur ma maiſon tracaſſer
Allant apres vne guenon:
Toy, qui ne le faiſois ſinon
Pour dans mon logis épier,
Dequoy des faux bruis publier:
Toy, qui as vu faire careſſe
A mon hoſte auec mon hoſteſſe:
Toy, qui as oſé fauſſement
Charger de mal gouuernement
L'amie à ton Maiſtre innocente,
Et moy d'vne faute méchante:
Bref, toy, qui as deuant ma porte

Traité mon hostesse en la sorte :
Si pour tant de méchanceté
Tu n'es soité & resoité,
Et si ton Maistre n'en fait conte,
Luy feray la plus belle honte
Qu'il reçut oncques de sa vie.

HVMEVENT.

Las! ie suis en telle agonie,
Seigneur, que ne sçay que doy faire,
De contester ou de me taire :
Ou si ie vous doy demander
Qu'il me soit permis, d'accorder
A tout & tant qu'il vous plaira :
A fin que quand vous semblera
Qu'elle mesme ne soit pas elle,
Ie proteste que ce n'est elle :
Ou, si vous trouuez bon que j'vse
De quelque maniere d'excuse,
Ie ne puis penser bonnement
Que c'est que j'ay vu (tellement
Ceste Dame-là de chez vous
Ressemble à celle de chez nous)
Sinon que ce fust elle mesme.

BONTAMS.

Va voir en ma maison toy-mesme :
Tu le sçauras tout à loisir.

HVMEVENT.

Vous plaist-il?

BONTAMS.

　　　　Me feras plaisir,
Pourueu qu'y voises doucement.

HVMEVENT.

Auſſi feray-ie aſſurément.

BONTAMS.

Olà Emee : ça icy,
Ca chez nous : il le faut ainſi :
Puis auſſi toſt que Humeuent
Sera ſorti, haï dauant,
Dauant chez vous, qu'on ſe retire,
A fin qu'il ne ſçache que dire.
Maintenant ſuis en defiance
De quelque malheureuſe chance :
Si la Dame à point ne ſe trouue,
Noſtre fineſſe ſe découure.

HVMEVENT.

O Dieu ! ie penſe que Dieu meſme
Rien plus ſemblable ny plus meſme
Ne pourroit faire, que la voſtre
Raporte & reſemble à la noſtre.

BONTAMS.

Quóy ? maintenant qu'en penſes-tu ?

HVMEVENT.

I'ay merité d'eſtre batu.

BONTAMS.

Bien doncques Humeuent, eſt-ce elle ?

HVMEVENT.

Bien que ſoit elle, ce n'eſt elle.

BONTAMS.

Tu l'as pu voir tout à ton aiſe.

HVMEVENT.

Ie l'ay vuë, comme elle baise
Et comme elle embrasse vostre hoste.

BONTAMS.

Au moins tu reconois ta faute.

HVMEVENT.

Encor ne sçay-ie bonnement.

BONTAMS.

Veux-tu sçauoir certainement?

HVMEVENT.

Ie le veu bien.

BONTAMS.

  Va t'en leans
Voir chez vous, si elle est dedans
Vostre maison.

HVMEVENT.

  Vous dites bien:
Tout asteure ie m'en reuien.

BONTAMS.

Ie ne vy jamais de ma vie
Vne plus belle tromperie,
Ny meilleure, ny mieux menee,
Que la trousse qu'auons donnee
A ce benest de Humeuent,
Qui a humé son sou de vent:
Mot : voyla qu'il sort de leans.

HVMEVENT.

Ie vous fupply feigneur Bontams,
Au nom de Iefus & fa Mere,
Du fainct Efprit, de Dieu le Pere,
Et des Anges & des Arcanges,
Des fainéts conus & des eftranges,
Toute la Court celeftielle,
Qu'à mon aide enuers vous j'appelle :
Ie vous requier & vous conjure,
Ie vous fupplie & vous ajure,
Par voftre douce courtoifie
Par mon indifcrete folie.

BONTAMS.

Qui a til ?

HVMEVENT.

Qu'à ma fotife
A ma fadeze, à ma beftife,
Il vous plaife de faire grace :
I'ay bien conu ma folle audace
Tout maintenant, & ie confeffe
A la parfin ma grand' fimpleffe :
Ie n'auoy fens, yeux, ny raifon :
Car Emee eft dans la maifon.

BONTAMS.

Doncques, pendard, tu les a vuës
Toutes les deux ?

HVMEVENT.

Ie les ay vuës.

BONTAMS.

Or maintenant deuant ton Maiftre
Ie veu te faire comparoiftre.

HVMEVENT.

Seigneur, ie sçay qu'ay merité
D'estre bien malement traicté,
Et si j'ay faict (ie le confesse)
Trop grande iniure à vostre hostesse:
Mais ie cuidoy que ce deust estre
L'amie qu'entretient mon Maistre,
Laquelle en garde il m'a baillee:
Car l'eau d'vn mesme puis tiree
A l'eau plus semblable ne semble,
Que l'vne & l'autre se resemble:
Et dans vostre court par folie
I'ay regardé, ie ne le nie.

BONTAMS.

Et pourquoy me le nirois-tu,
Puisque moy-mesme ie t'ay vu?

HVMEVENT.

Selon qu'il me sembloit, Emee
I'y pensois auoir aduisee.

BONTAMS.

M'estimois-tu moy que ie fusse
Si lâche homme, que ie voulusse
Endurer, que dans ma maison
Lon feist vne telle traison,
Si grand tort & tour si méchant
A mon voisin, moy le sçachant?

HVMEVENT.

Or ie conoy bien clairement
Que j'ay failly trop lourdement,
Toutefois sans point de malice.

BONTAMS.

Ie tien la simplesse pour vice:
Car vn bon seruiteur doit estre,
(S'il entend bien son deuoir) maistre
De ses yeux, ses mains, & sa bouche.

HVMEVENT.

Moy, si jamais j'ouure la bouche
Pour deboucher fust-ce le vray,
De cela mesme que sçauray,
Ie vous abandonne ma vie:
Ceste seule fois (ie vous prie)
Pardonnez moy ma folle erreur.

BONTAMS.

Ie ne veux pas tenir mon cœur:
Pour ce coup me commanderay,
Et mesme accroire me feray,
Que tout le mal qui a esté,
Ne l'as faict par méchanceté:
Ie te pardonne ceste offense.

HVMEVENT.

Dieu vous en doint la recompense.

BONTAMS.

Mais sçais-tu bien ? si tu es sage,
Tu refraindras ton fol langage,
Et doresnauant ne sçaras
Cela mesme que tu sçaras,
Et cela mesme qu'aras vu,
Humeuent, tu ne l'aras vu.

HVMEVENT.

C'est bien dict : & ie delibere
Parcy apres d'ainsi le faire.

Mais s'en va til contant de moy?
Ne voulez vous plus rien de moy?

BONTAMS.

Que tu ne sçaches qui ie suis.

HVMEVENT.

Ie m'en garderay si ie puis.
Ce sont paroles qu'il me donne :
Ceste douceur prompte n'est bonne,
Dont il a retraint sa colere.
Ie deuine ce qu'il veut fere :
C'est à fin qu'icy lon me prene,
Aussi tost que le Capitaine
Mon maistre sera de retour,
Si chez nous ie faisoy sejour.
Tous deux (à ce que puis comprendre)
Finet & luy me veulent vendre :
Pour aujourduy faut que me passe
De m'apaster dans ceste nasse :
Ie m'en va fuir quelque part,
Pour me retirer à l'écart :
Cependant que ces brouilleries,
Ces courroux & ces fâcheries,
Auec le temps s'assoupiront,
Ou pour le moins s'adouciront :
Car ie ne puis estre traité
Si mal que ie l'ay merité.
Mais quoy qui m'en puisse auenir,
Ie ne sçaurois pas me tenir
De retourner en la maison.

BONTAMS.

Il n'est plus icy nostre oison :
A bon droict ainsi ie l'appelle,
Puis qu'il n'a non plus de ceruelle :

Et qu'il confeſſe n'auoir vu
Ce que tout aſteure il a vu.
Son ſens, ſes oreilles, ſes yeux,
Sont à nous : on ne pourroit mieux,
Tant la femme ſoudaine & ſage
A bien joué ſon perſonnage.
Or ie va rentrer au conſeil :
Finet eſt chef de ce conſeil,
Voire eſt tout le conſeil luymeſme.
Humeuent de frayeur tout bleſme
N'a garde aſteure de venir.
Chez nous le conſeil faut tenir :
Ie ne deniray ma preſence
En vn faict de telle importance.

ACTE III. SCENE I.

FINET. BONTAMS.
CONSTANT, Amoureux.

FINET.

Tenez vous vn peu dans la porte,
Et permetez que ſeul ie ſorte
Pour faire autour la decouuerte,
Qu'icy quelque embuſche couuerte
Ne decouure noſtre entrepriſe :
Sur tout gardons nous de ſurpriſe,
Et puis que nous voulons tenir
Le conſeil, il nous faut venir
Aſſembler en lieu de ſeurté,

De tous ennemis écarté,
De peur que sçachans nos deffains,
Ils ne viennent les rendre vains.
La mieux entreprise entreprise,
S'elle est descouuerte & surprise,
Peut l'ennemy auantager,
Et par ainsi nous domager.
Le bon conseil mis en auant
Est dérobé le plus souuant.
Si l'ennemy sçait ton conseil,
Auecque ton propre conseil
Il te vient combatre & defaire,
Et te fait ce que luy veux faire.
Mais ie veu faire vn si bon guet,
Que ny çà ny là il n'y ait,
Ny à dextre ny à senestre,
Nul découureur, quel qu'il puisse estre,
Qui éuente ce qu'on leur brasse.
Ie voy d'icy iusqu'en la place,
Et tant loing que puis regarder
Ie ne voy nul pour nous garder
De sortir. O, seigneur Bontams,
O, Constant, sortez de leans.

BONTAMS.

Nous voyci proms à t'obeïr.

FINET.

Aisément se fait obeïr
Qui à des gens de bien commande:
Mais il faut que ie vous demande,
Le mesme conseil qu'auons pris
Leans, sur le fait entrepris,
Le tiendrons nous de point en point?

BONTAMS.

Et que ferions nous mieux à point?

FINET.

Conſtant, que vous plaiſt il d'en faire?

CONSTANT.

S'il vous plaiſt me peut-il déplaire?

BONTAMS.

Par bieu ie vous en aime mieux.

CONSTANT.

Vous n'eſtes que trop gracieux.

BONTAMS.

Ie ne fáy ſinon mon deuoir.

CONSTANT.

Mais tout cecy me fait auoir
Vn remors en ma conſcience,
Qui me fait creuer quand i'y penſe.

BONTAMS.

Et qu'eſt-ce qui vous fait creuer?

CONSTANT.

Dequoy ie vous fáy garçonner
Auec nous en l'âge où vous eſtes:
Et dequoy pour moy tant vous fêtes,
Que d'oublier la grauité,
L'honneur & la ſeuerité,
Qui accompagnent la vieilleſſe,
Pour obeïr à ma jeuneſſe,
En choſes que voſtre âge fuit,
Plus volontiers qu'il ne les ſuit:
Et certes i'en rougy de honte.

BONTAMS.

Vrayment, ſi rougiſſez de honte
De choſe que vous puiſſiez faire,
Vous paſſez la mode ordinaire
De tous les autres amoureux,
Et ſi n'eſtes point amoureux :
Vous eſtes l'ombre d'vn amant
Pluſtoſt que non pas vn amant.

CONSTANT.

Que faciez en l'âge où vous eſtes
Pour mon amour ce que vous fétes?

BONTAMS.

Que dites-vous? quoy? vous ſemblé-ie
Eſtre quelque idole de nege?
Vous ſemblé-ie eſtre ſi caſſé,
Si radoteux, & ſi paſſé,
Que ie ne doyue plus m'ébatre?
S'auec cinquante ans i'en ay quatre,
C'eſt tout l'age que puis auoir :
Il n'eſt poſſible de mieux voir
Que ie voy : ny d'auoir les mains,
Les bras, les pieds, les nerfs plus ſains.

FINET.

Combien qu'il ait les cheueux blans,
Son cœur ne ſent rien de ſes ans :
Sa naturelle gentilleſſe
S'accommode auec la jeuneſſe.

CONSTANT.

Finet, i'ay faict aſſez d'eſpreuue
De ce que tu dis : & ie treuue
Qu'autant de gaillardiſe abonde
En luy, qu'au plus jeune du monde.

Iean de Baif. — III.

BONTAMS.

Mon hoſte plus m'eſprouuerez,
Tant plus gaillard me trouuerez,
Et prompt à vous faire plaiſir.

CONSTANT.

Ie le conoy tout à loiſir,
Et n'en veu plus d'experience.

BONTAMS.

En tout affaire d'importance
Ne peut mal faire pour autruy,
Qui fait autant comme pour luy :
Nul ne plaint, s'il ne l'a ſentie,
De ſon voiſin la maladie :
Celuy qui n'ara nullement
Senty l'amour, malaiſément
Supportera les amoureux,
Ny ne ſçara faire pour eux.
Quant eſt de moy, toute ma vie
L'enſeigne d'amour ay ſuyuie :
Encore ſens-ie dans le cœur,
D'amour quelque chaude vigueur,
Et ne renonce aux amourettes :
Viue encor l'amour des fillettes.
Ceſte amour gaillarde & iolie
N'eſt pas en moy du tout tarie.

FINET.

Si le prône ſuit le proëme
Voyci vn ſermon de Carême.

BONTAMS.

Si quelque bonne compagnie
S'aſſemble, & dreſſe vne partie,

Ie ne suis des derniers en voye :
Ie ne suis point vn raba-ioye :
S'il y a quelque mot pour rire,
Ie suis des premiers à le dire,
Toutefois sans blesser personne :
Car ce los vn chascun me donne
De celer ce qu'il faut celer,
Et parler quand il faut parler.

FINET.

Ie ne scé quand il seroit sage,
S'il n'estoit sage de cet âge.

BONTAMS.

Ie ne suis de ces vieux baueux,
Cracheux, tousseux, chagrins, morueux,
Qui vont bauardant sans repos,
Et ne disent rien à propos :
Ny ne suis de ces Montaignats,
Grisons, Bergamats, Auuergnats :
Mais i'ay cet heur que ma naissance
C'est Orleans le cœur de France.

FINET.

Ie ne fer icy que de chifre :
Vela Bontams qui se déchifre.

BONTAMS.

Si sçay-ie plus d'vn pain manger,
L'ayant apris à voyager
Les Itales, & les Espagnes,
Hautes & basses Allemagnes.

CONSTANT.

O heureuse vostre vieillesse,
D'auoir passé vostre jeunesse

Si gaillardement! Ie ne panſe
Rien ſi doux, que la ſouuenance
D'auoir bien employé ſa vie.

Bontams.

Quelque choſe que ie vous die,
Vous me conoiſtreᷦ mille fois
Plus ſecourable & plus courtois,
Que de parolles, à l'effect.
Mais ſi me trouue en vn banquet,
On ne voit iamais de querelle
Sourdre par moy. Si quelque belle
S'y venoit trouuer d'auanture,
Moins de cœur que d'embonpoint dure,
Et que ne ſçuſſe qu'à demy
La pourſuyte de quelque amy,
Ie les couure de mon manteau.

Finet.

C'eſt fait en tresbon maquereau.

Bontams.

Si i'y rencontre quelque veau
Qui ſoit importun & faſcheux,
Sans faire bruit, d'auecques eux
Ie me dérobe bellement,
Fuyant tout chagrin & tourment.

Constant.

Ce n'eſt que toute honeſteté,
Douceur & gracieuſeté
De vos façons : & n'en eſt guiere,
Qui ſoyent de ſemblable maniere :
Et ne s'en trouue de voſtre âge
Vn autre, qui ſoit d'auantage
Amy à l'amy pour l'affaire,
Ny qui ſoit plus prompt à tout faire.

FINET.

Il est trop ouuert & benin,
Et courtois pour vn bon Guespin.

BONTAMS.

En tout & par tout vous feray
Me confesser, que ie feray
Encores garçon garçonnant:
Ca vostre vouloir seulement.

FINET.

Ses louanges il continue:
Laisson-le : il est en ronfle vuë.

BONTAMS.

Auous besoin d'vn pelerin,
Qui soit depit, rude & chagrin?
Me voylà tout rebarbatif.
Auous besoin d'homme naïf,
Traictable, doux & gracieux?
Encore le feray-ie mieux,
Auecque plus feraine face
Que la mer, quand il fait bonasse.
Me voylà plus fier qu'vn lion.
Me voyci plus doux qu'vn mouton:
Ie fay ce que ie veu de moy.
Faut-il boire d'autant? ie boy.
Faut il iouër? faut il quiller?
Sauter, dancer, ou babiller?
Ie suis prest : ie ioue, ie quille,
Ie saute, ie dance, & babille.

FINET.

C'est vn vray Bontams consomé,
Et n'est pas à tort surnomé.

CONSTANT.

Voylà tout ce qu'il faut en fomme
Pour accomplir vn galant homme :
Et fi j'auois à fouhaitter,
Ie ne fçaroy pas fouhaiter
Rien de plus, finon que ie fuffe
Vn jour tant heureux, que me puffe
Reuancher des honeftetez,
Par lefquelles tant meritez
En mon endroict, à mon befoin
Qui prenez pour moy tant de foin.
Mais pour ma longue demeurance,
Ie crain vous charger de defpance.

BONTAMS.

Aa Conftant, vous n'eftes pas fage
De me tenir tout ce langage.

FINET.

Le vieillard fe met en colere :
Non fét, non fét : il fe modere.

BONTAMS.

La defpance eft vrayment defpance,
Quand on la fait en déplaifance
Ou pour vne femme mauuaife,
Ou pour vn homme qui ne plaife.
Vne defpance quand elle eft
Pour vne perfonne qui plaift :
Vrayment la defpance ainfi faicte
N'eft pas defpance, mais emplaitte :
Et ce n'eft pas charge, mais gain :
I'y pran plaifir, & ne m'en plain :
Car ie fçay que le bien n'eft bien,
Que d'autant qu'on l'employe bien.

Riez, iouez, beuuez, mangez,
Galopez, courez, alongez,
Rognez, bref, prenez le couteau,
Tranchez à mefme le chanteau.

FINET.

Le bon prefident de fabrique?
Il fait aux marguilliers la nique.

BONTAMS.

Ma maifon eft libre, & moy libre,
Et veu que vous y foyez libre,
Pour vfer de tout librement,
Auec entier commandement.
Ie puis bien le dire de moy,
(Dieu mercy) i'auoy prou dequoy,
Pour époufer femme de biens
Et de maifon : mais ces liens
(Tant foyent facrez) de mariage,
M'en ont fait perdre le courage.
I'ay toufiours craint (& n'ay mépris)
En voulant prendre d'eftre pris,
Ma vie eftimant plus heureufe,
De n'auoir vne controleufe
De mes plaifirs, en ma maifon.

CONSTANT.

L'homme plein de bonne raifon
Et de bon fens! car vous prenez
Le mefme confeil que donez
A vos amis, Seigneur Bontams :
Mais fe voir force beaux enfans,
N'eft-ce pas vne belle chofe?

BONTAMS.

C'eft bien vne plus belle chofe
De maintenir fa liberté :

Car quand auroy-ie assez questé
Pour trouuer vne preudefame?
I'y perdroy mon corps & mon ame.

FINET.

Si en est-il des preudefames:
Tout beau, sauuez l'honeur des Dames.

BONTAMS.

Mais voudriez vous que i'en prisse vne
Qui me fust tousiours importune?
Qui, alors que ie voudroy rire,
Voudroit tanser, me venant dire,
De rage & depit transportee,
Vne telle est mieux habillee
Que ie ne suis, & si n'est pas
De tel lieu, & n'en faites cas:
Vn tel traite mieux vne telle:
Vne autre vous semble plus belle:
Qui, quand faudroit se mettre à table,
Ayant vne bande honorable
De mes amis à festier,
Ne feroit que geindre & crier,
Contrefaisant de la malade,
Auecques vne mine fade:
Qui rebuteroit mes amis,
Qui attrairoit mes ennemis:
Qui par des graces trop poupines
Me planteroit le cœur d'épines,
Et semeroit dedans les cœurs
Des muguets amoureuses fleurs.

FINET.

Il n'y a ordre qu'on l'en tire:
Il faut qu'il acheue de dire.

BONTAMS.

Bref, la prison de mariage,
Pleine de despoir & de rage,
Retient ceux qui sont pris dedans,
Crians & plaignans tout le tams
De leur vie, qui n'est pas vie,
Mais plustost de mort vne enuie.
Et comme celuy fou seroit,
Qui de son gré se ietteroit
Dans les cachos des malheureux:
Ainsi seroit trop malheureux,
Trop malheureux & moins que sage,
Qui entreroit en mariage,
Sçachant les malheurs, que ie sçay
Par autruy, sans en faire essay.

FINET.

Vn bel exemple prent en luy
Qui se chastie par autruy.

BONTAMS.

Et celuy qui ne voudra suyure
Mon aduis, qu'il s'en voise au liure
Des quinze joyes de mariage:
Il est fou s'il n'en vient plus sage.

CONSTANT.

Dieu vous doint l'accomplissement
De vos desirs : soigneusement
Maintenez cette liberté,
Ou perdez la belle clarté
De ce doux soleil : car la vie
Qui n'a liberté n'est pas vie:
Et si vous en sortez dehors,
Mettez vous au nombre des mors.

Toutesfois Dieu fait belle grace,
A qui est riche & de grand' race,
D'auoir des enfans de son nom,
Pour laisser vn noble renom
De soy à la posterité.

Bontams.

Viue ma douce liberté.

Finet.

A ce que voy ce n'est pas tout,
Nous n'en sommes encore au bout.

Bontams.

I'ay prou de cousins & parens :
Pourquoy voudroy-ie des enfans ?
Ie vy maintenant à mon aise,
Et ne voy rien qui me déplaise :
Et quand ie viendrois à mourir,
C'est à mes parens à courir
Qui aura ma succession :
Tandis, de bonne affection
Et filiale qu'ils me portent,
Me visitent, me reconfortent,
Me traitent, prennent soin de moy,
Deuant jour accourent à moy,
Et me demandent en mon lict,
Si i'ay bien reposé la nuict :
Et les tien comme mes enfans,
Mesme ils m'enuoyent des presens.

Finet.

Qui conduit si bien son affére,
Fait le mignard non pas le pere.

BONTAMS.

Et s'ils ont quelque nouueauté
I'en suis le premier visité :
C'est à qui plus me donera :
Et celuy là s'estimera
D'entre eux le plus defortuné,
Lequel m'ara le moins doné.
Mais quand ces presens ils m'enuoyent,
C'est qu'apres mes biens ils aboyent,
Et cependant ie les leur garde,
Et ne dy mot, & les regarde
Faire leur faict, & fay le mien,
Ne faisant pas semblant de rien.

FINET.

Parbieu Bontams tu n'es pas sot,
De faire & de ne dire mot.

CONSTANT.

Vous estes merueilleusement
Mené par vn sain iugement,
Et fondé sur bonnes raisons.

BONTAMS.

C'est comme mille occasions
De malheur & d'ennuy ie fuy,
Que ie sentirois aujourduy,
Si j'auois vn nombre d'enfans.
Ils seroyent ou bons ou méchans,
Ou bien formez ou contrefais :
Premierement s'ils estoyent lais,
Tortus, borgnes, manchots, bossus,
Torcouls, piebots, boiteux, crochus
Pensez comment me deuroy plaire
De me voir de tels monstres pere.

FINET.

*Ie trouueroy tous ces difcours
Affez bons, s'ils eftoyent plus cours.*

BONTAMS.

*S'ils font méchans, quel reconfort
Defirer à fes fils la mort!
S'ils eftoyent bons, beaux, agreables,
I'auroy des peines incroyables,
Craignant qu'il ne leur aduinft mal:
Qu'ils ne tombaffent de cheual,
Ou qu'ils ne cheuffent dedans l'eau
Deffus vn pont ou d'vn bateau,
Ou qu'ils n'euffent quelque querelle,
Ou bien quelque autre peine telle.
N'en ayant, de foing fuis deliure,
Et ne laiffe pas de bien viure,
Ne penfant qu'à me traiter bien
Et quand ie fuis bien, tout eft bien.*

FINET.

*Ils nous tiendront icy long tams,
A depeindre vn Roger-bontams.*

CONSTANT.

*Vn homme tel eft demy-dieu:
Et vrayment ie voudroy que Dieu
Departift aux humains la vie
Selon leur valeur, & l'enuie
Qu'ils aroyent de bien faire au monde:
Et que ceux en qui plus abonde
La bonté, vefquiffent long tams:
Et que ceux qui feroyent méchans,
Y euffent le moins de duree.*

FINET.

Mon Maiſtre en dit ſa ratelee,
Nous en arons belle pallee.

CONSTANT.

Si telle regle eſtoit gardee,
On ne verroit entre nous hommes
Tant de mauuais comme nous ſommes :
Et ne ferions ſi hardiment
Les maux qu'on fait communement.
Les terres des méchans vuidees,
Tous les bons auroyent leurs coudees
Plus franches qu'ils n'ont maintenant :
Et nous verrions incontinant
L'age d'or icy retournee :
Et comme par la bonne annee,
Tout ſeroit de chagrin deliure,
Et ne ſeroit plus ſi cher viure.

BONTAMS.

Il eſt fou, qui oſe entreprendre
Le conſeil du grand Dieu reprendre...

FINET.

A Dieu Bontams & chere lie,
Il ſe fonde en theologie.

BONTAMS.

Qui du ſoleil épand les rais
Sur les bons & ſur les mauuais.
Mais il faut ce propos changer :
Parlon d'aller tantoſt manger,
Ie vous veu faire bonne chere,
Ie dy chere lie & entiere.

Finet.

*Il laiſſe là Dieu & ſes ſaints,
Et reprend ſes premiers deſſains.*

Constant.

*Or voyant voſtre cœur ſi bon,
Ie n'ay plus ny peur ny ſoupçon,
De vous donner charge ou dépenſe :
Mais ie ſuis marry, quand ie penſe
Que mettez plus que l'ordinaire.
l'ay vne requeſte à vous faire,
Que me traitiez en ménager,
Comme amy, non comme eſtranger,
Sans grande ſomptuoſité :
Ie hay la ſuperfluité.*

Bontams.

*Mais mon amy, donnez-vous garde
Que vous ne faciez par meſgarde,
Comme font de bons alterez,
Qui à vn feſtin conuiez,
Voyans vne table chargee
De force viande, rangee
En des plats & des écuelles,
Vont criant des parolles telles,
Que d'excés ! cet homme ſe perd :
Faiſon le mettre au papié verd.*

Finet.

*En voyci d'vne autre cuuee :
Il ne démordra ſa hauee.*

Bontams.

*Mais quand leur aboyante faim
Vne fois ſera miſe en train*

De bien peliſſer & bien mordre,
Par entre eux il n'y a plus d'ordre :
Ce ſont loups affamez de rage,
Et ne tiennent plus ce langage :
Sans parler, les barbes remuent,
Aiguiſent leurs dens, & ſe ruent
Tout par tout, ſans diſcretion :
Et font telle execution,
Que des perdris, ramiers, becaſſes,
Ne laiſſent rien que les carcaſſes.

FINET.

Eſcoutez comme il en depéche,
Ce vieillard à la bouche fréche.

BONTAMS.

S'il y a quelque venaiſon,
Ou coq d'Inde, ou pan, ou heron,
Ils ne ſont pas ſi dégoutez,
Que iamais ils diſent, Ouſtez,
Gardez-le pour le manger froid,
Il n'eſt pas ſi bon chaud que froid :
Ouſtez ce lapin, qui ſe pert,
Pour mettre à la barbe-robert :
Mais à qui mieux mieux, lon gourmande
Par honeur, toute la viande.

FINET.

Encor vn peu de patience,
Et puis nous aurons audience.

BONTAMS.

Donnez-vous garde auſſi de faire
Comme on voit les Aduocas faire,
Qui diſent, Il n'en faloit point,
Et ſerrent le poing bien apoint :

Ou que faciez comme les belles,
Qui, gracieusement rebelles,
En criant nenny, font ouy.

FINET.

Or ie vous ay assez ouy :
Vous parlez bien, ie n'en fay doute :
Mais il est temps que l'on m'écoute :
Traiton maintenant de l'affaire.
Oyez tous deux ce qu'il faut faire :
Mais, Bontams, vous y pouuez tout,
Pour mener la besogne à bout :
Car i'ay inuenté vne trousse
La plus gentille & la plus douce,
Que l'on sçauroit point machiner,
Pour le Capitaine atrapper,
Quelque hault hupé qu'il puisse estre :
Et feray que Constant mon maistre,
Par la ruse que j'ay tramee,
Ara toute à luy son Emee :
S'il veut, d'icy l'emmenera,
Et auec elle s'en ira.

BONTAMS.

Ce moyen ie voudroy sçauoir.

FINET.

Cet anneau ie veu donc auoir.

BONTAMS.

Pourquoy faire ?

FINET.

   Quand ie l'aray,
Mes ruses vous dechifreray.

Bontams.

Tien, ayde t'en.

Finet.

*Auſſi tenez
Les moyens que j'ay deſeignez.*

Bontams.

*Ouuron-luy toutes nos oreilles,
Car il nous veut dire merueilles.*

Finet.

*Ce Capitaine Taillebras
Eſt ſi paillard, qu'il n'en eſt pas
Vn plus au demeurant du monde.
Mais ſçauez-vous comme il ſe fonde
Sur l'amour, penſant eſtre aimé,
De toutes femmes affamé?
C'eſt l'amoureux des onze mille
Vierges : & tant il eſt abile,
Qu'il voye vne cheure coifee,
Il l'aime de prime arriuee.*

Bontams.

I'en croy bien plus que tu n'en dis.

Finet.

*Il s'eſtime eſtre vn Amadis
En beauté : & qu'il n'y a femme
Dans tout Orleans, qu'il n'enflamme
De ſon amour, & qui n'en meure
Tant que les rues elle en queure.*

Bontams.

*A quel propos tant de langage?
I'en conois encor dauantage:
Tu n'en mens de mot, bien le ſcé-je :
Mais le plus que pourras abrege.*

FINET.

Forniriez-vous de quelque belle,
Qui eust l'esprit plein de cautelle,
De dol & de subtilité?

BONTAMS.

De haute ou basse qualité?

FINET.

De la qualité ne me chaut :
Celle que bailler il me faut,
Soit quelque fille qui se preste,
Et qui soit à tout faire preste,
Pour de l'argent : en somme il faut
Que le bas nourrisse le haut.
Sur tout qu'elle soit aduisee,
Non sotte, mais fine & rusee.

BONTAMS.

La veux-tu braue & bien empoint,
Ou bien ne t'en soucis-tu point ?

FINET.

Ie la veu bien empoint : refette,
Poupine, vermeille, jeunette,
La plus en tout qu'on pourra faire.

BONTAMS.

I'ay vne chalande ordinaire,
Qui est en sa prime jeunesse,
Toute propre : & pourquoy faire est-ce ?

FINET.

C'est pour la faire incontinant
Venir chez vous, tout maintenant :

A fin que cette bonne fille
En fame de bien on abille,
Et de robe, & de chaperon:
Et qu'elle apprenne sa leçon
De sorte, qu'elle contreface
De port, de parole, & de face,
Ie dy, vostre femme épousee,
Estant pour telle supposee:
Mais il faut l'instruire & l'apprendre.

BONTAMS.

Encor ne sçay-ie où tu veux tendre.

FINET.

Vous le sçaurez ains que soit guiere.
At elle quelque chamberiere?

BONTAMS.

Vne elle en a, fine fretee,
La langue affilee, affetee,
Propre à porter vn bon message,
Et si n'est laide de visage.

FINET.

Elle nous fait besoing aussi.
Or ayant ces deux filles cy,
I'ordonne que cette mignonne,
Qui est la maistresse, s'adonne
A faire tresbien semblant d'estre
Vostre fame, & d'aimer mon Maistre,
Ie dy ce braue Taillebras:
Et qu'elle ne s'oublie pas
De feindre qu'à sa chamberiere,
(Qui feindra d'estre courretiere
De son amour) elle a baillé
Cet anneau, que m'auez baillé:

Et qu'apres ie l'ay reçu d'elle :
Et puis de la part de la belle
Faudra que tresbien le prefante
A Taillebras, fans qu'il euante
Qui en fera le vray donneur :
Et de tout feray moyenneur.

BONTAMS.

I'enten bien, fay le conte court :
Parle bas, ie ne fuis pas fourt.

FINET.

Or puifque vous m'entendez bien,
Cet anneau ie donray tresbien
Au Capitaine : & luy diray
Que de voftre fame l'aray,
Qui me l'ara faict apporter
Et bailler, pour luy prefenter
De fa part, à fin que ie face
Qu'elle foit en fa bonne grace.
Si tôt qu'il en orra parler,
On le verra d'amour brufler :
Ie fçay le naturel de l'homme,
Qui eft de ne vaquer en fomme
Sinon à toute paillardife :
Son cœur n'eft en autre entreprife,
C'eft le plus beau qu'il fçache faire.

BONTAMS.

Deux plus propres à telle affaire,
Plus adroictes, plus affurees,
Ne pourroyent eftre rencontrees
En toutes les villes de France,
Que ces deux dont fournir ie panfe :
Ne te chaille, aye bon courage.

FINET.

Faites doncques, haftez l'ouurage.
Ecoutez, vous feigneur Conftant.

CONSTANT.

Dy moy donc : que mufes-tu tant ?

FINET.

Auffi toft que le Capitaine
Sera de retour, vous fouuienne
Que par tous vos propos, Emee
Ne foit aucunement nommee.

CONSTANT.

Comment donc faut il que l'appelle ?

FINET.

Tant feulement vous direz, elle :
C'eft affez dict, vous en fouuienne.

CONSTANT.

Il faudra bien qu'il m'en fouuienne :
Mais quel bien m'en peut reuenir ?

FINET.

Penfez à vous en fouuenir :
Tout à temps ie le vous diray,
Alors que ie decouuriray
Qu'il fera bon pour noftre affaire :
Cependant penfez de vous taire,
A fin que, tandis que Bontams
De fa part emploira le tams,
Recordiez voftre perfonnage.

CONSTANT.

*Ie n'ay que faire dauantage
Icy : ie m'en reua leans.*

FINET.

N'oubliez mes enseignemens.

ACTE III. SCENE II.

FINET. RATON. Laquais.

FINET.

*Combien de troubles ie tracasse!
Combien d'entreprises ie brasse!
Si mes bandes sont bien complétes
Par les menees que j'ay faictes,
Aujourduy si bien ie feray,
Qu'au Capitaine j'osteray
De son gré, sa Dame emmenee,
Deuant qu'il passe la journee.
Hola! où es-tu Humeuent?
Sor vn petit icy deuant,
Si tu n'as quelque affaire grande:
C'est moy Finet qui te demande.*

RATON.

Ne demande point Humeuent.

FINET.

Pourquoy?

RATON.

Car il hume en dormant.

FINET.

Que hume til?

RATON.

*Ie vouloy dire
Qu'il ronfle : il n'y a guiere à dire :
Qui en dormant a de couſtume
De ronfler, il ſemble qu'il hume.*

FINET.

Voy ! Humeuent dort-il leans ?

RATON.

*Il dort, il y a ja long tams,
Non pas du nez, dont reniflant
Fait aſſez beau bruict en ronflant,
Mais des oreilles & des yeux :
Car il n'oit goutte & ne voit mieux.*

FINET.

Dy moy Raton, dequoy dort-il ?

RATON.

Des deux yeux.

FINET.

*Tu es trop ſubtil,
Tu pourrois bien eſtre batu :*

Ca icy dehors : diras-tu ?
Sçais-tu comment feras foité,
Si tu ne dis la verité ?
Parle nét, ne fay pas le fin :
Luy as-tu pas tiré du vin ?

RATON.

Nenny, ie n'en ay pas tiré.

FINET.

Tu le nies ?

RATON.

Et le niray :
D'en parler il m'eſt defendu,
Qu'en la caue il m'a defcendu
Par le foufpiral de la court,
Pour luy tirer du vin de court,
De ce vin blanc doux & piquant,
Que noſtre maiſtreſſe aime tant.

FINET.

Mais viença, di-moy mon valet,
Tout au long, comment il a fét.

RATON.

Ie n'ay garde de le vous dire,
Ny comme c'eſt que ie luy tire
Plein vn flácon de ce bon vin,
Ny comme il a eſté ſi fin,
Que de nouër bout contre bout
Deux grandes nappes, pour à tout
En la caue me deualer :
Ny que luy ay vu aualer
Le vin du flácon juſque au font,

L'embouchant le cul contre mont,
Sans qu'il en ait perdu la goute.
Mon grand amy Finet, écoute,
Au moins ie ne te l'ay pas dict.

FINET.

Mais où t'enfuis-tu ſi ſubit?

RATON.

A Dieu, ie n'arreſteray guiere.

FINET.

Où vas-tu?

RATON.

  Chez la couſturiere,
Pres de la porte de Bourgogne,
Pour y voir ſi quelque beſogne,
Qu'elle fait à madame Emee,
N'eſt point encores acheuee.
Quand Monſieur ſera de retour,
S'il a le vent de ce bon tour
Que Humeuent m'a faict jouer,
Il pourroit bien me bafouer.
Meſſieurs, pour Dieu ie vous ſupplie
Que pas vn de vous ne luy die
Ce qu'auez de moy entendu:
Car autrement ie ſuis perdu.
Et ſi ce n'eſtoit la fiance
Que i'ay en voſtre coy ſilance,
Ie m'enfuiroy ſi loing de luy,
Qu'il ne me verroit d'aujourduy.

FINET.

I'entan maintenant la fineſſe,
Et pourquoy ma bonne Maiſtreſſe,

Humeuent, tandis que tu dors,
Enuoye ce galland dehors,
Qui eſt ton commis à ſa garde.
Ce n'eſt qu'à fin que la mignarde
Paſſe en plus grande liberté,
Vers Conſtant, de l'autre coſté,
Pour demener leurs amourettes.
Mais voi-cy les bonnes fillettes
Que deſia Bontams nous ameine:
Il en aura le Capitaine.
Ho! par ſainct Pierre elles ſont belles,
D'âge & de graces toutes telles,
Que ie les pouuoy deſirer!
Ie m'y laiſſerois abuſer.
Voyez le port, voyez la grace,
Voyez l'habit, voyez la face,
S'il n'eſt pas comme l'uſſe élu:
Il n'y a rien de diſſolu:
Tout y ſent ſa femme de bien:
Nos affaires ſe portent bien.

ACTE III. SCENE III.

BONTAMS. PAQVETE. FLEVRIE. FINET.

BONTAMS.

Or bien, Fleurie & toy Paquete,
Voſtre leçon ie vous ay faite
Chez vous, de la fourbe entrepriſe:
Si vous ne l'auez bien apriſe,

Et ſi n'aueʒ bien ſouuenance
De la ſuite & de l'ordonnance
Qu'il faut garder, pour ne méprandre
Ie la vous feray mieux comprandre
Tout de nouueau, de point en point,
Vous en informant bien à point.
Mais ſi ſçauieʒ voſtre leçon
De la fineſſe & la façon,
I'ay quelque autre choſe à vous dire.

PAQVETE.

Ie ſeroy bien folle, beau ſire,
Et bien ſotte, & bien groſſe beſte,
Si vous prometoy d'eſtre preſte
A faire pour vous quelque affaire,
Ne ſçachant bien la pouuoir faire.
De moy, ie ne veu tant méprandre,
Que de ſottement entreprandre
Sur la beſogne & la pratique
D'autruy : qu'il ſerre ſa boutique
Qui n'entendra bien ſon métier.

BONTAMS.

Il fait bon ſuiure vn vieil routier.

PAQVETE.

Qu'entrepran-ie que ie ne puiſſe,
Puis que c'eſt vn fét de malice?
Si c'eſtoit quelque bien à faire,
Paquete ne le voudroit faire.
Mais quand à demy vous m'aueʒ
Ouuert le propos, vous ſçaueʒ
La reſolution ſoudaine,
Qu'ay priſe pour le Capitaine:
Et le moyen de le berner,
L'emmuſeler, & l'écorner.

BONTAMS.

Nul homme tant puiſſe eſtre ſage,
Seul à par ſoy n'eſt aſſez ſage :
Ceux qui penſent plus en auoir
Sont ceux qui ont moins de ſçauoir :
I'en voy prou qui du vray s'aſſeurent,
Et qui à contr' ongle le queurent.

FLEVRIE.

S'il y a quelque mal à faire,
Repoſez-vous, laiſſez m'en faire :
Mais s'il faut faire quelque bien,
Par ma foy ie n'y enten rien.

BONTAMS.

Voi-cy qui va le mieux du monde,
Puis qu'en vous deux malice abonde :
En ce faiƈt le mal nous eſt bien.
Le bien-faiƈt ne nous ſert de rien.

FLEVRIE.

Vous n'auez qu'à vous doner garde
Que facions du bien par mégarde.

BONTAMS.

Celle qui ſeroit nice ou bonne,
En voſtre eſtat ne ſeroit bonne.

FLEVRIE.

Nous ne ſommes bonnes ny nices :
Cherchez autre part vos nouices.

BONTAMS.

Tant mieux, vous eſtes toutes telles
Qu'il me faut : ſuiuez-moy les belles.

FINET.

C'est assez trotté sur la montre:
Il faut aller à la rencontre
Pour voir à tout par le menu.
Vous soyez le tresbien venu,
Seigneur Bontams : & ie vous voy
Dieu mercy en tresbel arroy.

BONTAMS.

Finet, tu t'en viens tout à point:
Ne les voi-cy pas bien en point
Celles que tu as demandees?

FINET.

Les voi-cy tresbien équipees.

FLEVRIE.

Est-il des vostres cestui-cy?

BONTAMS.

C'est luy qui mene tout cecy.

FINET.

Dieu vous gard' madame Fleurie.

FLEVRIE.

Qui est cet homme (ie vous prie)
Lequel par mon nom me saluë,
Comme s'il m'auoit bien conuë?

BONTAMS.

C'est nostre maistre charpentier.

FLEVRIE.

Et à vous maiſtre charpentier.

FINET.

Dieu vous garde : mais dites moy,
Ne ſçauous pas d'où & de quoy?
Ne vous a til pas bien inſtruites?

BONTAMS.

Ie te les baille toutes duites:
L'vne & l'autre, que ie te liure,
Sçait par cœur ainſi que par liure
Sa leçon.

FINET.

  Mais qu'on me la rende:
Il faut que de vous ie l'entende,
De peur qu'en vn ſeul point lon faille.

BONTAMS.

En la leçon que ie leur baille,
Il n'y a rien qui ſoit du mien:
De point en point tout y eſt tien.

FLEVRIE.

N'eſt-ce pas que tu veux qu'on mene
Ton ſot maiſtre le Capitaine,
Ainſi que ſi c'eſtoit vn veau,
Emmuſelé par le muſeau?

FINET.

En vn mot voyla dict que c'eſt.

Flevrie.

Nous en auons faict tout l'apreſt
Treſbien & treſbeau, gentiment,
Et à propos, & finement.

Finet.

Vous ferez donc ſemblant auſſi
D'eſtre la femme à ceſtui-cy.

Flevrie.

Ouy.

Finet.

Faiſant bonne pipee,
Comme bien fort paſſionnee
De l'amour du galland : & comme
Si pour gaigner le cœur de l'homme,
La conduite de l'entrepriſe
Entre les mains vous auiez miſe
De voſtre chambriere & de moy.

Flevrie.

Tu deuines tout par ma foy.

Finet.

Et comme ſi voſtre chambriere
M'auoit aporté puis naguiere
De voſtre part ce bel aneau,
Pour luy donner treſbien & beau
En voſtre nom.

Flevrie.

C'eſt tout le point.

FINET.

On ne peut dire mieux à point,
Et n'en faut parler dauantage :
Qu'y feruiroit plus de langage ?

FLEVRIE.

Depuis qu'on a vn charpentier,
Abile homme de fon métier,
Qui l'ouurage tresbien deuife,
Soudain la befogne entreprife
Se fera : pourueu qu'on trauaille,
Et la matiere point ne faille.

FINET.

Voi-cy de trop gentils maneuures
Prefts de mettre les mains aux œuures.

FLEVRIE.

Ie fçay bien noftre abileté :
Autant vaut, l'œuure eft acheué.

FINET.

Mais conoiffez vous bien mon Maiftre
Ce braue ?

FLEVRIE.

  Qui le doit conoiftre
Mieux que moy ? cette grand' ftatuë,
Qu'on voit tous les jours par la ruë !
De tout le peuple la rifee !
Ce fot à la hure frifee !
Ce fat mugueteur parfumé !
Autant qu'il en cuide eftre aimé
Des femmes & filles haï ?

Finet.

Ne vous conoiſt-il point?

Flevrie.

*Nenny :
Comment pourroy-ie eſtre conuë
De luy, qui ne m'a jamais vuë?*

Finet.

*Voi-cy qui va bien : d'autant mieux
Nous ferons & jourons nos jeux.*

Flevrie.

*Il ne t'en faut plus trauailler :
Ne ſçarois-tu me le bailler?
Remê-t'en ſur moy ſeulement :
S'il n'eſt pipé galantement,
Pren t'en à moy s'il en vient faute.*

Finet.

*Là donc, d'vne prudence caute
Penſez & pouſſez à l'affaire.*

Flevrie.

Ne t'en chaille : laiſſe nous faire.

Finet.

*Sus doncques : ô Seigneur Bontams,
Maintenant menez-les leans :
Et cependant ie m'en iray
Trouuer le braue, & luy diray,
En luy preſentant cet aneau,
Que voſtre femme bien & beau*

Me l'a baillé, pour en son nom
Luy presenter : & qu'en pur don
Elle luy donne, pour vn gaige
Et pour vn certain témoignage,
Comme elle meurt pour son amour.
Si tost que serons de retour,
Ne faillez d'enuoyer Paquete,
Comme en ambassade secrete
Estant enuoyee vers luy.

FLEVRIE.

Nous tiendras-tu icy meshuy ?
Fay ton faict, & nous laisse faire.

FINET.

Faites donc : deuant que soit guere,
Ie vous le meneray si bien
Bâté, qu'il n'y manquera rien.

BONTAMS.

Dieu te conduise & raconduise :
Mais si faut-il que ie conduise
Tout ce dessein si dextrement,
Que, selon son contentement,
La maistresse du Capitaine
Soit à mon hoste : & qu'il l'emmene
Tresbien à Nantes quand-& luy :
Et qu'il parte dés aujourduy.
C'est tout le but où nous tirons.
Mais qu'est-ce que vous donerons ?

FLEVRIE.

Rien, sinon vostre bonne grace,
Et qu'vne autre ne me déplace.

BONTAMS.

Vous vallez trop.

FLEVRIE.

*Or ie m'aſſure
Que noſtre fineſſe eſt ſi ſeure,
Qu'il faudroit eſtre plus que fin,
Pour nous garder de mettre à fin
La fineſſe qu'auons concluë :
L'entrepriſe eſt trop reſoluë
Par entrepreneurs trop propices.
S'il faut déployer nos malices,
Vienne qui plante, ie ne crain
Qu'en ſortions qu'auecques le gain.
Mais allon dedans la maiſon,
Pour recorder noſtre leçon.*

BONTAMS.

*Faites que de rien on ne chome,
A la venuë de noſtre home.*

FLEVRIE.

*Il vous faut doncques arreſter,
A fin de mieux executer
Et plus ſoigneuſement, l'affaire
Qu'auons deliberé de faire.*

BONTAMS.

*Si en la jeuneſſe on ſçauoit,
Si en la vieilleſſe on pouuoit,
Tout iroit bien : voſtre jeuneſſe
A donc beſoing de ma vieilleſſe ?
Auſſi mignonnes, ma vieilleſſe
A beſoing de voſtre jeuneſſe :
Aidez moy, ie vous aideray :
Suiuez-moy, ie vous guideray.*

ACTE IIII. SCENE I.

TAILLEBRAS. FINET.

TAILLEBRAS.

C'est plaisir quand en ce qu'on fait
Les choses viennent à souhait :
Ie voyoy' le fons de ma bourse :
Mais ie rencontre vne resource
Qui me garde d'estre indigent,
Et de chomer faute d'argent,
Puis que la guerre recommence.
Or ie suis tout en deffiance
D'estre mandé, j'en atten l'heure :
Et pource il faut que ie demeure
En nostre maison de pié coy,
Attendant des lettres du Roy.

FINET.

Songez plustost à vostre affaire
Qu'à celles du Roy : pour bien faire,
Monsieur, vacquez à vostre bien,
Dont ie vous ouure le moyen,
Et ie vous porte les nouuelles.

TAILLEBRAS.

Et bien Finet : quelles sont elles?
I'oubly toutes affaires miennes :
Parle : mes oreilles sont tiennes.

FINET.

Regardon bien alenuiron
Qu'il n'y ait point quelque larron
De nos propos : car en cachete
Il faut que l'affaire se traite.

TAILLEBRAS.

Il n'y a nul icy autour.

FINET.

Receuez ces arres d'amour.

TAILLEBRAS.

Qu'est-ce que cecy ? doù vient-il ?

FINET.

D'vn bon lieu honeste & gentil :
De la part d'vne belle Dame,
Qui, vous aimant de cœur & d'ame,
Desire autant vostre beauté
Que de vous garder loyauté.
Et j'ay reçu depuis naguiere,
Par les mains de sa chambriere,
Cet anneau pour le vous donner :
C'est à vous à la guerdonner.

TAILLEBRAS.

Mais viença dy moy, qui est elle ?
Chaperoniere ou damoiselle
De condition grande ou basse ?

FINET.

Bâ ! comme si ie vous daignasse
Porter parole de la part

D'vne autre que de bonne part :
Et qui ne fuſt autant honeſte
Pour le moins, comme à aimer preſte.

TAILLEBRAS.

Eſt-elle veufue ou mariee ?

FINET.

Elle eſt & veufue & mariee.

TAILLEBRAS.

Vne meſme, au moins ce me ſemble,
Ne peut eſtre les deux enſemble.

FINET.

Si fait, s'elle a le cœur gaillard,
Et qu'elle ait vn mary vieillard.

TAILLEBRAS.

Ouy bien ainſin.

FINET.

      Elle eſt droite,
Haute, ieunette, belle, adroite.

TAILLEBRAS.

Ne men point.

FINET.

      En tout elle eſt digne
De voſtre grand' beauté diuine.

TAILLEBRAS.

Vrayment elle eſt doncques fort belle,
Si tu dis vray : mais qui eſt elle ?

FINET.

C'eſt la femme de ce bon homme
De vieillard, que Bontams on nomme.

TAILLEBRAS.

De noſtre voiſin?

FINET.

    De luy même :
Sçauez vous comme elle vous ême ?
Tant qu'elle en meurt de belle rage :
Et fait deſia mauuais meſnage
Auec ſon vieillard, & le hait,
Ne faiſant plus d'autre ſouhait
Que de vous rendre obeïſſance,
Pour auoir de vous iouïſſance.

TAILLEBRAS.

Ie le veu bien ſi ell' le veut.

FINET.

Ne demandez ſi el' le veut.

TAILLEBRAS.

Mais que ferions nous bien, de celle
Qui eſt chez moy ?

FINET.

    Que ferez d'elle ?
Baillez luy la belle prebande
De va t'en, puis qu'on la demande,
Et qu'auſſi bien ſa ſœur jumelle,
Et ſa propre mere auec elle,
La veulent remener à Nantes.

TAILLEBRAS.

Eſt-il vray ce que tu me chantes?

FINET.

Sa mere eſt tout exprés venuë :
Ie le ſçay de ceux qui l'ont vuë.

TAILLEBRAS.

O la gentille occaſion,
Pour en nettoyer ma maiſon!

FINET.

Voulez-vous faire gentiment?

TAILLEBRAS.

Ie t'en croiray : dy hardiment.

FINET.

Voulez-vous que vous en déface,
Sans que perdiez ſa bonne grace?

TAILLEBRAS.

Ie le veu bien.

FINET.

  C'eſt le meilleur
Pour l'égard de voſtre grandeur :
Et puis vous auez prou de bien,
Et ne pourriez chommer de rien
Auec vne amie ſi riche :
Ce n'eſt pas à vous d'eſtre chiche.
Laiſſez-luy faire ſon trouſſeau,
De tout ce qu'elle a de plus beau,

De ioyaux, bagues, ornemens,
Chénes, atours, abillemens,
Tant ceux qu'elle aportà de là
Comme ceux que de vous elle a :
Et les luy leſſez emporter :
Ainſi vous la pourrez oſter,
Luy donnant honneſte congé.
C'eſt le moyen que i'ay ſongé.

TAILLEBRAS.

Ton auis me plaiſt : mais regarde
Que ie ne perde la mignarde,
Et que cette autre ne varie.

FINET.

Qui vous éme plus que ſa vie!

TAILLEBRAS.

Le Dieu d'amour m'éme en la ſorte.

FINET.

Mot mot : i'enten ouurir la porte :
Venez, retirez-vous icy :
C'eſt la ſeruante, que voicy
Qui ſort dehors, la meſſagere.

TAILLEBRAS.

Qui eſt elle? ſa chamberiere?

FINET.

Ouy, c'eſt la meſme ſeruante,
Qui a eſté ſi diligente
A me porter le bel aneau,
Qu'on vous a donné de nouueau.

TAILLEBRAS.

En bonne foy elle eſt bellette.

FINET.

C'eſt vne guenon contrefette
Pres de voſtre affectionnee.
Fét elle au moins bonne pipee,
Guignant des yeux, baiſſant la teſte?
Quelque bon meſſage elle apreſte.

ACTE IIII. SCENE II.

PAQVETE. TAILLEBRAS.
FINET.

PAQVETE.

L'EST-ce pas là deuant ſon huis
Le belier? il faut ſi ie puis
L'écorner en la meſme place:
Et vaut mieux qu'en paſſant ie face
Semblant, de ne les auiſer.

TAILLEBRAS.

Mot mot : oyons-la deuiſer :
Voyons, en ce qu'elle dira,
Si de moy elle parlera.

PAQVETE.

Mais au monde qui eſt celuy,
Qui, pour les affaires d'autruy,
Laiſſe les ſiennes ſans les faire?

*Ce n'est pas la mode ordinaire.
Ah, i'ay peur de ces hommes cy!
Ie crain qu'ils ne bougent d'icy,
Et qu'ils m'empeschent de parfaire
Comme ie voudroy mon affaire.
Mais soit ou qu'il entre ou qu'il sorte,
Il faut que ce soit par la porte:
C'est force qu'il passe par cy:
Ie le gueteray doncque icy.
Que ma maistresse en est rauie!
Et ne suis pas trop ébaye
S'elle est amoureuse de luy:
Car c'est vn bel homme que luy.
Il est beau tout à fét, adroict,
Honeste, gaillard, haut & droict:
Il n'y a qu'vn seul Taillebras:
Toutes qui l'aiment ne l'ont pas.*

TAILLEBRAS.

*Cette cy m'aime à ce que i'oy.
Comment elle dit bien de moy!
Elle blazonne ma beauté:
Ce n'est que toute honesteté
De ses bons propos: & sa mine
Ne sent le souillon de cuisine.*

FINET.

Comment le voyez-vous?

TAILLEBRAS.

     *Comment?
Car elle parle gentiment,
Et si est honeste & discrete:
Puis elle est propre, cointe & néte:
Et pour trancher le mot tout nét,
Ellè est fort à mon gré, Finet.*

FINET.

Comment ? deuant que de conoiſtre
L'autre qui à vous ſeul doit eſtre.

TAILLEBRAS.

Ie la conoy, puis qu'en la ſorte
A ton raport ie m'en raporte.
Outre la maniere agreable,
Qui rend cette mignonne aimable,
Sa maiſtreſſe, qui eſt abſente,
Vers cette cy qui eſt preſente,
De grand' amour m'affectionne.

FINET.

Gardez-vous bien d'aimer perſonne:
Ceſte-cy ſera mon épouſe,
Si ſa maiſtreſſe vous épouſe:
I'ay deſia la promeſſe d'elle.

TAILLEBRAS.

Que ne parles-tu donc à elle ?

FINET.

Suyuez-moy doncques.

TAILLEBRAS.

     Ie te ſuy,
Et ſuis à toy pour aujourduy.

PAQVETE.

O que ſi heureuſe ie fuſſe,
Qu'en ce lieu rencontrer ie puſſe
Les hommes à qui i'ay affaire !

FINET.

C'eſt choſe qui ſe pourra faire,
Il t'auiendra ſelon ton cœur :
Aſſeure toy, n'aye point peur.

PAQVETE.

Voyci quelqu'vn.

FINET.

   Qui ſcét qui c'eſt
Que tu cherches, où c'eſt qu'il eſt.

PAQVETE.

Qui ay-ie icy pres entendu?

FINET.

C'eſt ton parſonnier pretendu
A tous tes deſſeins & deuiſes,
Conſeiller de tes entrepriſes.

PAQVETE.

Donc, ce que ie tenoy ſecret,
Eſt reuelé !

FINET.

  N'ayes regret :
Il l'eſt enſemble & ne l'eſt point.

PAQVETE.

Comment ?

FINET.

  Quand c'eſt vn qui n'eſt point
Cauſeur, à qui on le reuele :
Moy, ie ſuis ſecret & fidelle.

PAQVETE.

Dy des enseignes de ce fét.

FINET.

*Vne de par le monde, fét
L'amour à vn homme qu'elle éme.*

PAQVETE.

Beaucoup d'autres la font de méme.

FINET.

*Mais bien peu tirent de leur doy
Pour leur donner ie sçay bien quoy.*

PAQVETE.

*Maintenant ie m'aperçoy bien
Que tu ne me déguises rien :
Mais quelcun n'est-il point icy ?*

FINET.

Il y est & n'y est aussi.

PAQVETE.

Que seule à seul ie parle à toy.

FINET.

*Ie le veu bien : deuant dy moy,
Me retiendras-tu longuement ?*

PAQVETE.

Ie te veu trois mots seulement.

Finet.

Ie reuien à vous tout asteure.

Taillebras.

Faudra-il qu'icy ie demeure
Cependant à faire le veau,
Moy qui suis si braue & si beau?
Me donnes-tu cette cassade?

Finet.

Ie reçoy pour vous l'embassade,
Ayez vn peu de patience.

Taillebras.

Corbieu ie per toute constance,
Tant i'ay grand haste que soit fét.

Finet.

Monsieur vous sçauez qu'en tel fét
Il faut proceder bellement:
On n'y gaigne rien autrement.

Taillebras.

Fay donc le mieux que tu pourras.

Finet.

En tout le monde il n'y a pas
Vn plus sot que ce sot benest,
Lequel est plus souche que n'est
Mesme vne souche. Ie reuien.
Fay luy donc entendre tresbien
Pour l'aimer qu'elle est au trepas.

PAQVETE.

Ie fçay cela.

FINET.

*Mais n'oubly pas
De collauder fort fa beauté,
Sa grace & fon honefteté.*

PAQVETE.

*En tout ie me comporteray
Comme tu m'as dit : & feray
Encores bien meilleure trogne
Que ne t'ay montré : va, befogne.*

FINET.

*Pran doncques garde, & confidere
Comme il faut conduire l'afere :
Et ne dedy ce que diray,
Mais fuy moy.*

PAQVETE.

Ie n'y failliray.

FINET.

De point en point, de pas en pas.

PAQVETE.

Marche, ie n'y failliray pas.

TAILLEBRAS.

*Elle l'a long temps retenu.
Et bien ? te voicy reuenu.*

Finet.

Pour faire voſtre volonté.

Taillebras.

Et bien : que t'a elle conté?

Finet.

Elle dit, que la pauure amante
Soupire, geint, pleure, lamente,
Se tourmente de ne vous voir,
D'eſtre ſans vous, & de n'auoir
L'heur d'eſtre autant de vous émee,
Comme elle eſt de vous enflâmee :
C'eſt pour cela que ceſte-cy
Deuers moy elle enuoye icy.

Taillebras.

Fay la venir.

Finet.

    Mais ſçauous-bien
Que ferez? tenez vn maintien
Orgueilleux, dédaigneux, & rogue :
Et me luy fétes bonne morgue :
Et me tanſez bien rudement,
De quoy ie vous diuulgue tant.

Taillebras.

Bien, ie n'oubliray pas cecy.

Finet.

La feray-ie venir icy,
Ceſte fame qui vous demande?

TAILLEBRAS.

Qu'elle vienne : ie le commande.

FINET.

O lá fame, ô lá la belle :
Monsieur commande qu'on t'apelle.

PAQVETE.

Dieu vous garde monsieur le Beau.

TAILLEBRAS.

Ce n'est pas vn surnom nouueau,
De long temps ce surnom m'est du :
Pour l'honneur que tu m'as rendu
Dieu te doint ce que tu souhétes.

PAQVETE.

Que fusse tousiours où vous estes,
Et Monsieur qui estant tousiours
Auec vous j'vsasse mes jours !

TAILLEBRAS.

C'est trop souhaité belle dame.

PAQVETE.

Ce n'est pour moy, mais pour Madame
Qui se meurt, tant elle vous éme !

TAILLEBRAS.

Beaucoup d'autres meurent de même
Que ie ne resuscite pas.

PAQVETE.

Vrayment ie ne m'ébaï pas,
Si eſtant des dames chery
Vous fetes tant le renchery,
Pour les beauté, valeur, vertu,
Dont tant vous eſtes reuetu!
Iamais homme ne fut plus digne!

FINET.

Iugeriez-vous pas à ſa mine
Que ſeroit vne vraye buſe?

TAILLEBRAS.

Ie ne veux oublier la ruſe:
Il faut que ie face le grand,
Puis qu'elle me colaude tant.

FINET.

Voyez ce fay-neant ie vous prie,
Comme il ſe flate en ſa folie.
Que ne demandez-vous, eſt-ce elle
Qui vient de la part d'vne telle,
Vers vn tel qui m'a dit tel cas?

TAILLEBRAS.

De quelles dames? n'eſt-ce pas?
Tant il y en a qui ſont notres,
Que les vnes font tort aux autres:
I'en ſuis ſouuent en de grands doutes,
Ne me ſouuenant pas de toutes.

PAQVETE.

Monſieur, c'eſt de la part de celle
Qui vit trop plus en vous qu'en elle!

Celle qui decore vos dois
De la defpouille de fes dois :
Et pour n'en mentir point c'eft moy,
Qui, ce bel aneau que ie voy,
Ay baillé à ce vallet cy,
De la part de celle qu'ainfi
Amour a rendu voftre efclaue.

FINET.

Mais ce poltron fait-il du braue !

TAILLEBRAS.

Et bien, fame, que me veux-tu ?

PAQVETE.

Que celle que voftre vertu,
Et voftre beauté gracieufe,
Rend de vous fi fort amoureufe,
Ne foit point de vous dedaignee :
Car fa vie n'eft affignee
Que fur voftre mifericorde :
Et ne luy refte que la corde,
Si ne la voulez receuoir :
Car la mettriez au defefpoir.
En vous feul fon efpoir fe fonde,
Ou d'eftre ou n'eftre plus au monde.

TAILLEBRAS.

Que veut elle que ie luy face ?

PAQVETE.

Part de voftre faueur & grace,
Luy permettant vous careffer,
Parler à vous, vous embraffer.

S'il ne vous plaist la secourir,
Pour certain elle est au mourir:
Parquoy (braue Roland!) vous plaise
Luy permettre qu'elle vous baise:
Faites ce dont ie vous supplie,
A fin que lui sauuiez la vie:
Vous le tresbeau sauuez la belle,
Et ne montrez vn cœur rebelle,
Mais vsez de benignité,
De clemence, & d'humanité:
Vous des fortresses le preneur:
Vous des grands Roys le ruineur.

TAILLEBRAS.

Que cecy me déplaist! combien
T'ay-ie faict defanse, Vaurien,
Sous ombre que suis recherché,
Fére de moy si bon marché,
Comme ie voy que tu veux faire,
Me rendant commun & vulgaire?

FINET.

Fame, entens-tu bien ce qu'il dit?
Long tams a que ie te l'ay dit,
Encor maintenant te le dy-ie,
Il s'abuse, & perd tams, & nige,
Celuy qui mene sans loyer
Sa vache à ce Toreau banier,
Ce Robin n'a point de courage,
S'on n'auance le robinage.

PAQVETE.

Il ara tout ce qu'il voudra.

FINET.

Cinq cens escus il luy faudra:
Il ne robine à moindre pris.

PAQVETE.

Vrayment il se met à non pris.

TAILLEBRAS.

Ie ne suis entaché du vice
De la miserable auarice:
Ie ne suis ny taquin ny chiche,
Et Dieu mercy suis assez riche:
I'ay plein vn coffre de ducats,
Et, dont ie ne me vante pas,
I'ay d'or monnoyé cent boisseaux.

FINET.

Outre ses bagues & joyaux,
Il a des montaignes d'argent,
Non pas des lingos seulement:
Le mont Senis n'est pas si haut.

PAQVETE.

Voyla debourdé comme il faut.

FINET.

Dy, au moins ne mens-ie pas bien?

PAQVETE.

O que tu es vn bon vaurien!

FINET.

Tout se porte bien iusqu'icy:
Fait-il pas?

PAQVETE.

   S'il vous plaist ainsi,
Donnez moy congé que m'en aille.

Finet.

Fetes luy responſe qui vaille :
En cecy n'y a qu'vn seul point,
Fetes-le ou ne le fetes point.
Mais pourquoy ferez-vous rebelle,
En traitant cruellement celle,
Qui onc ne merita de vous,
Sinon vn tretement bien doux ?

Taillebras.

Vaten : dy luy qu'elle s'en vienne.
Charité veut que luy fubuienne.

Paqvete.

Vela fét maintenant de même :
Vous aimez celle qui vous éme.

Finet.

Ce n'eſt vn lourdaut que mon Maiſtre.

Paqvete.

Vrayment il le fét bien pareſtre,
M'ayant de ſa grace écoutee,
Et ne m'ayant pas deboutee,
De la requeſte & la priere,
Que ie fay pour ſa priſonniere,
Ie dy priſonniere d'amour,
Qui pour luy meurt cent fois le jour.
Finet, ne me moqué-ie pas ?
Luy ay-ie pas donné ſon cas ?

Finet.

Ie ne me puis tenir de rire :
Pource à l'écart ie me retire.

TAILLEBRAS.

Fame, tu ne fcés pas (ie croy)
L'honeur qu'elle reçoit de moy.

PAQVETE.

Si fay bien : & ie luy diray.

FINET.

S'il luy plaifoit, fçache pour vray
Qu'en faifant pour vne autre autant,
Il en feroit payé contant.

PAQVETE.

Vrayment ie n'en fay nulle doute,
Et ie le croy bien.

FINET.

                Mais écoute,
Ce font des geans qu'il engendre,
En celles-la qu'il degne prendre
Pour fere race : & les enfans
Qui naiffent viuent huit cens ans.

PAQVETE.

A tous les gibets le menteur !

TAILLEBRAS.

Quoy ? les enfans qui ont cet heur
D'eftre de ma progeniture,
Viuent mille ans de leur nature,
De fiecle en fiecle, d'âge en âge.

FINET.

I'en uffe bien dit d'auantage,
Mais i'en ay dit moins, ayant crainte
Qu'elle penfaft que ce fuft fainte.

Paqvete.

C'eſt fait de nous! nous perdrons tout.
Car jamais nous n'arons le bout
Du pere de noſtre viuant,
Puis que ſes enfans viuent tant.
O combien durera ſa vie!
Ie creue icy. Ie vous ſupplie
Que ie m'en aille.

Finet.

      Qui t'empeſche?
Va, puis que tu as ta depeſche.

Paqvete.

Ie m'en vas à fin que j'amene
Celle, dont l'affaire me mene:
Ne me voulez vous autre cas?

Taillebras.

Rien, ſinon que ne m'ailles pas
Faire plus beau que ie ne ſuis,
Ma beauté me fêt mille ennuis!

Finet.

Pourquoy muſes tu plus? va t'en.

Paqvete.

Ie m'en vas auſſi.

Finet.

      Mais enten:
Dy luy treſbien qu'elle ne faille
A faire que ſon cœur treſſaille,

Tost pale, & puis rouge en visage,
Soupirant parmy son langage.
Si tu trouues Emee là,
Dy luy qu'elle passe deçà,
Qu'il est icy.

PAQVETE.

   Ie la pense estre
Icy haut à ceste fenestre,
Doù ma maistresse auecques elle,
En épiant nostre cautelle
Par sous la cage vis à vis,
Aront ouy nostre deuis.

FINET.

C'est bien fait : au moins el' sçauront
Par nos propos, comme el' aront
A se gouuerner cy apres :
Et feront trop mieux leurs aprests.
Laisse moy, tu me romps la teste,
Ne me retien plus.

PAQVETE.

   Qui t'arreste?
A Dieu, pour ne te retenir.

TAILLEBRAS.

Haste ta bien tost de venir :
Et dy luy bien que ie luy mande,
Qu'en ce lieu mesme elle m'attende.
Si de fortune ie n'y suis,
I'y viendray bien tost si ie puis.

ACTE IIII. SCENE III.

TAILLEBRAS. FINET.

Taillebras.

Mais qu'es tu d'auis que ie face,
A fin que d'elle me déface?
Cette-cy en nulle façon
Ne peut hanter en ma maison
Pour fere nos jeux, que premier
L'autre ne me faille enuoyer :
Mais comment le pourroy-ie faire?

Finet.

Demandez vous qu'auez à faire?
Ie vous ay deja dict, comment
Vous le ferez bien doucement.
C'est qu'elle emporte tout cela
D'abis & de joyaux qu'elle a,
Tant ceux qu'elle eut, quand l'amenastes,
Que ceux que depuis luy donastes :
Qu'elle les prenne & s'en saisisse.
Remontrez luy le temps propice
Qu'elle a de retourner chez elle,
Aujourduy que sa sœur jumelle
Et sa mere viennent expres
La querir : & que cy apres
Ne recouureroit la fortune,
Si propre ne si opportune,
Pour estre en seure compagnie,
Alors que luy prendroit enuie
De retourner en son païs :
En somme vela mon auis.

Taillebras.

Es-tu certain de leur venue ?

Finet.

Ouy, car ie sçay que i'ay vuë
De mes deux yeux sa sœur jumelle.

Taillebras.

Retire t'elle fort à elle ?

Finet.

Elle luy retire bien fort.

Taillebras.

De face, de taille, & de port ?

Finet.

De tout.

Taillebras.

Dy : qu'est-ce que disoit
Sa sœur, que sa mere faisoit ?

Finet.

Le batelier, lequel les a
Amenees de pardeça,
M'a conté, qu'elle est dessus l'eau
Demeuree dans le bateau,
Malade d'vne grand' descente
Dessus les yeux, qui la tourmente :
Luy est logé tout icy contre.

Taillebras.

Quel homme eſt-ce?

Finet.

    La malencontre!
Quel homme c'eſt ce marinier!
Vous ſeriez bon etalonier,
Qui vous enquerez quels & quelles
Sont les maſles & les femelles.

Taillebras.

Quand au conſeil que tu me bailles,
Ie veu que toymeſme tu ailles
Deuers elle pour moyenneur:
Car tu es ſon grand gouuerneur.

Finet.

Pour Dieu ne m'enuoyez vers elle
Porter ſi mauuaiſe nouuelle:
Elle la prendra mieux de vous
Que de nul autre d'entre nous.
Fétes vous meſme voſtre affaire:
Dites luy qu'il eſt neceſſaire
Que vous épouſiez vne fâme,
Si voulez euiter le blâme
De vos bons parens & amis,
Qui tous enſemble en ſont d'auis.

Taillebras.

Veux-tu que ie le face ainſi?

Finet.

Ouy, ſi le voulez auſſi.

Taillebras.

Ie m'en va donc en la maiſon

Tâcher d'en auoir la raifon :
Toy ce pendant icy pren garde
Si la dame fort : & ne tarde
De me venir foudain querir,
A fin que la vienne guerir.

FINET.

Donnez ordre au fait ordonné.

TAILLEBRAS.

L'ordre y eft defia tout donné :
S'elle ne veut de fon bon gré,
Ie l'enuoiray bon gré mal gré.

FINET.

Aa, Monfieur, donnez vous bien garde
D'vfer de façon fi hagarde :
Mais portez vous y doucement.
Pluftoft, donnez luy gayement
Tous fes joyaux & fes abis,
Que ne departiez bons amis.

TAILLEBRAS.

Ie le veu.

FINET.

Doncques ie ne doute
Que la belle ne vous écoute :
Mais allez, & ne tardez point.

TAILLEBRAS.

Ie t'obey de point en point.

FINET.

Voyez vous qu'en rien il varie ?
Sent-il rien de la tromperie ?

Ie vous l'auoy toufiours bien dict
Que ne ferois en rien dedict :
Il eft à moy ce Capitaine.
Il faudroit, pour m'ofter de peine,
Que Fleurie & fa chamberiere
Et Conftant n'arreftaffent guiere,
Mais qu'ils vinffent tout maintenant.
O quel heur! tout incontinant,
Au point que les ay fouhaitez,
Les voi-cy tous comme apoftez,
Qui s'en viennent à point nommé
Tiftre le drap qu'auons tramé.

ACTE IIII. SCENE IIII.

FLEVRIE. PAQVETE. CONSTANT. FINET.

FLEVRIE.

Allon : forton : mais, que lon voye
Qu'il n'y ait ame qui nous oye.

PAQVETE.

Ie ne voy perfone finon
Noftre Finet.

FLEVRIE.

Appelle don.

PAQVETE.

Viença ho noftre charpentier.

FINET.

Oé suis-ie voſtre charpentier?

PAQVETE.

Et qui donc?

FINET.

*Ie ne suis pas digne
De toucher apres toy la ligne.
O comme elle eſt fine fretee!
O qu'elle a la langue affetee!
O comme elle a donné son cas
Au Capitaine Taillebras!*

PAQVETE.

*Cela n'eſt rien : prenon courage :
Il faut bien faire dauantage.*

FINET.

*Continuez tant seulement,
Selon le bon commencement,
A bien fere voſtre deuoir.
Le Capitaine eſt allé voir
S'enuers Emee il pourra fere,
Qu'auecque sa seur & sa mere
Elle s'en veule aller à Nante.*

CONSTANT.

Cela va bien, & m'en contente.

FINET.

Qui plus eſt, luy donne en pur don,

Ce qu'elle a de beau & de bon,
Et veut qu'ell' l'emporte auec elle :
La resolution est telle,
Suiuant l'aduis que j'ay donné.

CONSTANT.

Finet, l'as-tu si bien mené?
C'est chose fort aisee à faire,
Puis qu'elle & luy le veulent faire.
S'il est prompt à lâcher la prise,
Elle est bien de bonne reprise,
Et ne demande qu'à reprendre,
Pourueu que l'autre veüle rendre.

FINET.

Ne sçauous pas, quand on poulie
Quelque grosse pierre écarrie,
Par la gruë au haut d'vne tour,
Qu'on n'en craint sinon le retour?
Ce n'est tout la monter en haut :
Sur tout en la montant il faut
Craindre que n'y regardant pas
Elle tombe du haut en bas.
Maintenant la pierre est montee :
Gardon nous de la demontee
Deuant qu'elle soit bien assise.
Maintenant la braue entreprise,
Que par-ensemble auons dressee,
Iusques au somet est haussee :
Mais gardon la du plus haut feste
De retomber sur nostre teste.
Car si Taillebras s'en défie,
Il y aura de la folie.
Et pource il faut plus que jamais
Vser de ruse desormais.

Iean de Baif. — III.

CONSTANT.

Iufque icy ne nous manque rien,
Et ne peut que tout n'aille bien :
Trop fines gens, proms à bien faire,
S'entremettent de noftre affaire :
Trois femmes qui en valent vint,
Toy pour le quart, moy pour le quint,
Pour le fizieme le vieillard,
Qui n'en quiteroit pas fa part.

FINET.

Il n'eft fi forte fortereffe
Qu'on ne print par tant de fineffe :
Faites feulement le deuoir.

FLEVRIE.

C'eft pourquoy fomes venus voir,
Et tout expres te demander,
Que tu voudras nous commander.

FINET.

C'eft bien fait : or ie vous commande.

FLEVRIE.

Dy ton vouloir que ie l'entende.

FINET.

Mon vouloir eft, que gentiment,
Proprement, & galantement,
Noftre Capitaine ait la trouffe.

FLEVRIE.

I'y cour affez tôt : ne me pouffe.
Eft-ce tout ? tu me bous du lét.

FINET.

Sçez-tu comment ?

FLEVRIE.

Ie scé le fét.
C'est qu'il faut que semblant ie face
Que pour son amour ie trepasse :
Qu'estant sans luy ie ne puis viure :
Que j'ay resolu de le suiure,
Et mon mary abandonner,
Pour à luy du tout me donner.

FINET.

Mais sur tout n'oublie à luy dire
Et luy affermer, que le sire
Ton fâcheux de mary, Bontams,
Ne retournera de long tams
D'Anuers, où il est ce jourduy,
A fin qu'en la maison d'autruy
Il entre sans aucune doute.

FLEVRIE.

Tu parles tres-bien.

FINET.

Mais écoute,
Si tôt qu'il sortira dehors,
Sor aussi toy. Ie veu qu'alors
Tu faces bonne mine à part,
Te tenant bien loing à l'écart :
Et te gardant d'estre hatiue,
Fay la honteuse, la craintiue,
La modeste, comme estonnee
De voir personne si bien nee,
En maintien, en taille, en corsage,
En plaisance de beau visage :

Comme fi tu tenois, au pris
De fes grands beautez, à mépris
Toute la tienne. Et me le louë
Tant & tant & tant, qu'il s'engouë
De fine force de louanges:
C'eft comme il faut que tu le ranges.

Flevrie.

Ie le fcé : feras-tu contant,
Quand ie te rendray tout contant,
Ma befongne fi bien conduite,
Qu'il n'y ara point de redite?

Finet.

Il me faudra lors contenter.
Monfieur c'eft à vous d'écouter
A voftre tour, pour voftre afere
Ce qu'arez maintenant à fere.
Si toft qu'on ara faict cecy,
Faites que reueniez icy,
Comme vous les verrez entrees
Dans cefte maifon, dépeftrees
De noftre fat : n'arreftez guiere,
Sortez tôt par l'huis de derriere,
Et vous en venez déguifé
En matelot, tout auifé
De faire trefbien femblant d'eftre
Des autres bateliers le maiftre,
Celuy à qui eft le bateau,
Qui attend Emee fur l'eau.
Mais venez vous-en affublé
D'vn bonnet tané, redoublé,
Efpais, enfumé, qui foit gras,
Gras à lard, à double rebras:
Chauffez-vous de ces chauffes vagues
Qu'ils portent, qui n'ont point de bragues:
Enulopez-vous d'vne grand' mante,

Qui vous traine jufqu'à la plante,
Que vous troufferez fous le bras,
Cachant la main dans le rebras.
Qu'elle foit tanee, enfumee,
Dè la teinture acoutumee
De ceux qui hantent la marine :
Et fur tout fétes bonne mine,
Le bonnet fur l'œil enfonçant,
Et les deux chatunes fronçant,
Ayant le poil auffi rebours
Et mélé, que le poil d'vn ours.
Vous trouuerez l'abit complét
Chez Bontams.

Constant.

Que fera-ce fét,
Quand ainfi veftu ie feray?
Que ne dis-tu que ie feray?

Finet.

Vous viendrez icy de la part
De la mere d'Emee, qui part
Pour s'en aller, & n'attend qu'elle
(Ce direz-vous) & que fi elle
Delibere d'aller à Nante,
Qu'en hafte elle fe diligente
Pour aller quand & vous au port,
En donnant ordre pour le port
Des hardes à mettre au bateau;
Autrement (par ce qu'il fét beau,
Et le vent eft tourné d'amont)
Que vous metrez la voile à-mont.

Constant.

Vrayment cefte fourbe me pleft:
Acheue.

Finet.

Tout le refte eft preft:

Car elle ne tardera guere,
Pour ne faire attendre fa mere.

CONSTANT.

Tu vaus trop.

FINET.

Tandis ie feray
Si bien, que celuy ie feray
Que Taillebras luy baillera,
Qui fes hardes luy portera
Au port à mettre deffus l'eau :
Et j'entreray dans le bateau:
Mais quand vne fois j'y feray,
Dieu fçache fi j'en fortiray,
Que ie ne le voye arriué
Là, doù ie verray le paué
De la bonne ville de Nante.

CONSTANT.

S'il eft vray, Finet, ie me vante,
En payment de tous ces bons tours,
Que tu n'y feras pas trois jours,
Que ie ne te donne à conoiftre,
Que tu as feruy vn bon maiftre.

FINET.

Là comme là : mais vitement
Allez changer d'acoutrement.

CONSTANT.

Eft-ce icy tout? n'oublis-tu rien?

FINET.

C'eft tout ; que le reteniez bien.

CONSTANT.

Ie m'en va donc.

FINET.

    Et vous auſſi,
Retirez-vous toutes d'icy
Dans la maiſon : ie ſçay fort bien
Que l'autre n'arreſtera rien,
Mais incontinent ſortira :
Allez : car il n'y faillira.

FLEVRIE.

Nous ferons ton commandement.

FINET.

Faites, allez donc vitement :
Et ie vas icy dans la porte,
N'atendant que l'heure qu'il ſorte.
Ie luy ay bien tendu la trape,
Et ne faut pas qu'il en échape :
Mais deuant que ſoit gueres tard,
Le verrez pris au traquenard.
Il eſt à nous ce gros poiſſon,
Qui eſt amors à l'ameçon.
Quelque abile homme qu'il ſe face,
Il entrera dedans ma naſſe.

ACTE V. SCENE I.

FINET. TAILLEBRAS.

Finet.

Gare, gare : voi-cy le braue
Qui les cœurs des Dames esclaue :
Nulle ne se treuue en sa voye
S'elle ne veut pâmer de joye :
Qu'on s'oste deuant sa fureur,
Qui ne voudra mourir de peur :
La maison tremble sous les pas
De nostre vaillant Taillebras.
Ie l'oy : le voi-cy hors la porte :
Bonnes nouuelles il nous porte.

Taillebras.

Tout cela que j'ay demandé
A Emee, m'est accordé :
D'elle par amitié j'ay u
Le tout comme ie l'ay voulu.

Finet.

Monsieur qu'auous tant fét leans?

Taillebras.

Ie n'y ay pas perdu mon tams!
Ie sçay ce que n'ay jamais sçu,
Car ie n'auois onc aperçu,
Que cette femme m'émast tant
Comme ie l'ay sçu maintenant.

FINET.

Comment cela?

TAILLEBRAS.

   Que de prieres!
Que de propos! que de manieres!
Que de foupirs! que de langueurs!
Que de larmes! que de longueurs!
Si l'ay-ie à la parfin gaignee,
Et j'en ay fét ma deftinee:
Vray eft que luy ay accordé
Tout ce qu'elle m'a demandé:
Mefme ie l'ay donné à elle,
Ne pouuant refufer la belle.

FINET.

Moy! qu'il faille que ie la fuiue!
Eft-il poffible que ie viue
Forbany de voftre prefence?

TAILLEBRAS.

Courage, aye bonne efperance:
Laiffe, ie te retireray.

FINET.

Iamais fi eureux ne feray!

TAILLEBRAS.

Vrayment j'ay pris affez de peine
Pour empefcher qu'elle t'emmeine:
Mais il m'a falu luy quiter,
Me voyant tant folliciter.

Finet.

Mon premier espoir est en Dieu,
Et puis en vous en second lieu :
Mais combien qu'il me face mal,
Comme à vostre seruant loyal,
Dequoy maintenant me faut estre
Osté d'auec vn si bon maistre,
Au moins ce m'est quelque plaisir
De vous voir ainsi paruenir,
Par moy, à la belle voisine,
Dont vostre valeur est tant dine.

Taillebras.

Que sert tenir tant de langage?
Ie te feray bon aduantage,
Et fay qu'elle te rende à moy.

Finet.

Ie l'essairay.

Taillebras.

Tant mieux pour toy :
Il me tarde que ce n'est fét.

Finet.

Monsieur, vous seriez trop parfét,
Si dontiez vos affections :
Ne monstrez tant vos passions,
Commandez-vous. Mais la voi-cy,
Qui sort pour s'en venir icy.

ACTE V. SCENE II.

PAQVETE. FLEVRIE. TAILLEBRAS. FINET.

PAQVETE.

Dame voyla le Capitene.

FLEVRIE.

Où?

PAQVETE.

Le voyla qui se pourmene
Sur main gauche.

FLEVRIE.

Ie le voy bien.

PAQVETE.

Mais sans faire semblant de rien,
Guignez-le seulement du coin
De l'œil, le regardant de loin,
A fin qu'il n'aperçoiue pas
Que nous le voyons.

FLEVRIE.

Parlon bas.

PAQVETE.

Asteure il faut que deuenions,

De mauuaifes que nous eftions,
Mechantes en extremité.

FLEVRIE.

Toy, qui defia l'as acofté,
Commence à nous batre la voye.

PAQVETE.

Dites haut, à fin qu'il vous oye.

FLEVRIE.

Las! à l'heure que ie le vy,
Mon pauure cœur me fut rauy!
Il faut maitenant aller voir,
Si ie pourray bien le rauoir.
Fy de mon cœur! il n'eft plus mien.
Si luy plaift l'auouër pour fien,
Ie ne veu qu'il me foit rendu :
Ce m'eft bien de l'auoir perdu.

TAILLEBRAS.

Entens-tu bien ce qu'elle dit ?

FINET.

C'eft de fon cœur qu'elle perdit,
Quand elle deuint amoureufe.
Qu'afteure elle fe fent heureufe
De venir en voftre prefence !

PAQVETE.

Quel heur ce vous eft, quand j'y penfe !

TAILLEBRAS.

O que lon m'aime! Ie le voy.

FINET.

Vous le valez en bonne foy.

FLEVRIE.

Mais tu me dis grande merueille,
Qu'il t'ait ainſi preſté l'oreille,
Tellement qu'il t'ait accordé.
Tout ce que luy as demandé.
Comme as-tu ſi bien rencontree
L'heure pour y auoir entree?
On dit qu'il y a plus de preſſe
Qu'à parler à vn Roy.

PAQVETE.

     Maiſtreſſe,
Longue pourſuite & patience
M'ont faict obtenir audience,
Apres vn difficile accez,
Dont auez treſeureux ſuccez.

FINET.

Monſieur voyez l'opinion,
Voyez la reputation,
En laquelle eſtes enuers elles.
Vous pipez les cœurs des femelles.

TAILLEBRAS.

C'eſt bien force que ie l'endure :
Ma beauté ce mal me procure.

FLEVRIE.

Dieu d'amours ie t'en remercie.
Mais ie te requier & ſupplie,
De faire, que celuy que j'ême

De tout mon cœur, m'ême de même.
Tant puiſſe mon amour valoir,
Qu'il condeſcende à mon vouloir.

PAQVETE.

I'ay bien eſpoir qu'il le fera :
Gracieux il vous émera,
Encores qu'il défauoriſe
Mainte Dame qui le courtiſe.
Toutes les autres il dédagne,
Sinon vous qu'il veut pour compagne.

FLEVRIE.

C'eſt la crainte qui me tourmente,
Procedant d'amour vehemente,
Pource qu'il eſt ſi difficile :
Que ie ne ſois aſſez gentile
A ſon gré : que me voyant telle
Comme ie ſuis, ie ſoy moins belle
Que ſa grand beauté ne merite :
Et qu'ainſin il me déherite
De ſa faueur & bonne grace.

PAQVETE.

N'ayez point de peur qu'il le face,
Mais pourſuiuez voſtre entrepriſe.

TAILLEBRAS.

Vois-tu comme elle ſe dépriſe ?

FLEVRIE.

Ne m'as-tu point faicte plus belle,
Que ie ne ſuis, par ta cautelle ?

PAQVETE.

Il vous trouuera plus parféte
De moitié, que ne vous ay féte.

FLEVRIE.

A ſes genoux me jeteray,
Et humblement le requerray
De me vouloir prandre pour fame,
Et luy vouray le corps & l'ame.
Mais pour pourſuite que ie face,
Si ie ne reçoy tant de grace,
Ie me turay par deſeſpoir!
Car ſans luy quel bien puis-ie auoir?
Sans luy ie n'ay de viure enuie!
Sans luy ma vie n'eſt plus vie!

TAILLEBRAS.

Ie veu garder qu'elle ne meure.
L'acoſteray-ie tout aſteure?

FINET.

Nenny non : car ſi vous offriez,
A trop vil pris vous-vous metriez :
Laiſſez-la vous venir chercher,
Vous attendre, vous pourchaſſer,
Vous deſirer, ſi tout à-coup
Ne voulez amoindrir beaucoup
De cet honneur qu'auez aquis,
D'eſtre ainſi des Dames requis.
Donnez-vous garde de le faire :
Car c'eſt vne choſe bien claire,
Que depuis que les hommes ſont,
Ie n'en ſçache que deux, qui ont
Eſté cherchez ardentement
Par les fames. Premierement
Le beau Paris natif de Troye,
Et vous à qui tant d'heur s'otroye.

FLEVRIE.

*Ie va leans : cour l'apeler,
Fay le sortir : j'y veus aller.*

PAQVETE.

*Mais atendon que quelqu'vn sorte :
Vostre passion vous transporte.*

FLEVRIE.

Ie ne puis durer que ie n'aille.

PAQVETE.

L'huis est fermé.

FLEVRIE.

*Vaille que vaille.
Ie rompray l'huis.*

PAQVETE.

*Vous n'estes sage :
Ne croyez pas vostre courage :
Dissimulez, allez tout beau.*

FLEVRIE.

*S'il est aussi sage que beau,
Quand pour son amour ie feroy
Quelque folie, j'en aroy
Aisément de luy le pardon.
Car il est aussi beau que bon.*

FINET.

Comme l'amour se jouë d'elle !

Taillebras.

Ie sen cet amour mutuelle.

Finet.

Parlez bas qu'elle ne l'entande,
Elle en prendroit gloire trop grande.

Paqvete.

Pourquoy musez vous en la sorte?
Laissez que ie batte à la porte.

Flevrie.

Celuy que j'aime n'y est point.

Paqvete.

Comment le sçauous si apoint?

Flevrie.

Ie le sçay : quand il y seroit,
Mon nez quelque vent en aroit.

Taillebras.

L'amour grande qu'elle me porte,
La fét deuiner en la sorte.

Flevrie.

Celuy là que mon cœur desire,
De qui l'amour tant me martyre,
Est icy bieu pres quelque part.
L'odeur qui de ses graces part
Me donne au nez.

TAILLEBRAS.

*Elle voit mieux
Asteure du nez que des yeux.*

FINET.

Amour l'aueugle par ma foy.

FLEVRIE.

Ie te suplie soutien moy!

PAQVETE.

Pourquoy?

FLEVRIE.

Que ie ne tombe à bas!

PAQVETE.

Qui a til?

FLEVRIE.

*Ie ne puis helas
Me tenir debout! mon cœur fond!
Par mes yeux mes espris s'en vont!*

PAQVETE.

L'auous veu?

FLEVRIE.

Ie l'ay veu!

PAQVETE.

*Où est-ce
Qu'il est donc, ma douce Maistresse?
Maudi' soy-ie si ie le voy!*

Flevrie.

Há, tu le verrois comme moy
Si tu l'aimois comme ie l'ême!

Paqvete.

Si j'ofoy dire que ie l'ême,
Vous ne l'aimez pas dauantage,
Que j'aime ce beau perfonnage.

Finet.

Toute fame qui vous regarde
Il faut que de voftre amour arde.

Taillebras.

Me l'as-tu ouy dire ou non?
Venus me tient pour fon mignon.

Flevrie.

Ma Paquete, ma bonne amie,
Va parler pour moy ie t'en prie.

Taillebras.

Comme elle craint en mon endroit!

Finet.

L'autre s'en vient à vous tout droit.

Paqvete.

J'ay affaire à vous.

Taillebras.

    Nous à toy.

PAQVETE.

Voi-cy madame.

TAILLEBRAS.

Ie la voy.

PAQVETE.

Commandez donc qu'elle s'en viene.

TAILLEBRAS.

*Fay la venir, qu'à moy ne tiene.
Ie me commande puis naguiere
D'vser de plus douce maniere,
Que quand tu m'as parlé pour elle:
Ie ne veu dedaigner la belle.*

PAQVETE.

*Vous aprochant, elle ne peut
Dire vn mot de ce qu'elle veut.
Cependant qu'elle vous regarde,
Le desir que vostre œil luy darde
A coup luy a coupé la langue,
Et ne peut dire sa harangue.*

TAILLEBRAS.

*Ie feray, sans qu'elle la die,
Medecin de sa maladie.*

PAQVETE.

*Voyez-vous pas, comme elle tremble,
Palist & rougist tout ensemble,
Depuis qu'auez mis l'œil sur elle?*

Taillebras.

Ce n'eſt pas choſe fort nouuelle:
Les hommes armez en font bien
Autant ou plus : cela n'eſt rien.
Retire la dans la maiſon.

Paqvete.

Et vrayment vous auez raiſon,
Vous l'y verrez tout à loiſir,
S'il vous plaiſt, ſelon ſon deſir.

Taillebras.

Que veut-elle que ie luy face?

Paqvete.

C'eſt qu'elle ait voſtre bonne grace:
Qu'il vous plaiſe d'aller chez elle:
Qu'elle ſoit à vous, vous à elle:
Qu'elle vſe auecques vous ſa vie:
C'eſt dequoy elle a plus d'enuie.

Taillebras.

Iray-ie vers elle qui a
Vn mary?

Paqvete.

Long tams il y a
Que ſon mary n'eſt plus leans:
Il eſt bien fort loing d'Orleans,
Au pays de Flandre en Anuers.
Que là peuſt-il paiſtre les vers
De ſa malheureuſe charogne!
Touſiours ce ſot vieillard nous hogne:
Laiſſons-le là pour ce qu'il vaut.

TAILLEBRAS.

Y eſt-il au moins?

PAQVETE.

*Il le faut
Depuis le tams qu'il eſt party:
Que Dieu luy doint mauuais party!
Mais vous plaiſt-il que ie l'aſſure
Que la viendrez trouuer aſteure.*

TAILLEBRAS.

Ouy, i'iray tout maintenant.

PAQVETE.

*Venez doncques incontinant,
Et ne vous faites point attendre,
Pour ne donner à ſon cœur tendre
Trop d'ennuis & trop de langueur
Venez & n'vſez de longueur.*

TAILLEBRAS.

Non feray-ie, retirez-vous.

PAQVETE.

Monſeigneur auſſi faiſons nous.

TAILLEBRAS.

Mais qui eſt-ce que ie voy là?

FINET.

Que voyez vous?

TAILLEBRAS.

*Vn que voyla
Tout abillé à la marine.*

FINET.

Il nous cherche, ie le deuine :
C'eſt le batelier qui s'en vient
Querir Emee : il m'en ſouuient.

ACTE V. SCENE III.

CONSTANT. FINET. TAILLEBRAS.

CONSTANT.

Si j'ignoroy que les amours
Ont faiƈt jouer bien d'autres tours
A prou d'autres, i'aroy grand honte
Et grand vergogne, & feroy conte
Qu'on me viſt en cet equipage :
Mais ſçachant qu'on fait d'auantage
Pour l'amour, ie n'en fay grand conte,
Ie n'en ay vergogne ny honte.
Mais voyla Finet & ma gruë
Qui ſe pennade par la ruë :
Il faut qu'autre propos ie tienne,
Et de mon fét il me ſouuienne.
Ie croy que la pareſſe eſt mere
De la fame : il n'a guere affere
Qui attend fame. Fetardie,
Ie dy la meſme fetardie,
Par ma foy n'eſt pas ſi fetarde
Qu'eſt vne fame : qui ſe farde,
Qui s'atife, qui ſe regarde,
Qui plaint, qui geint, qui ſe mignarde,
Et vous vela tout ébaï
Qu'il eſt nuiƈt. Seray-ie meſhuy

A tracaſſer ſur le paué?
Me voyci ce croy-ie arriué
Deuant l'huis d'Emee. Il eſt tams
De ſçauoir ſi elle eſt ceans :
I'y va tabourder. Hola hó!
Qui eſt ceans? reſpondez hó!

FINET.

Ieune homme qu'eſt-ce qu'il y a?
Qui es tu? que cherches tu là?

CONSTANT.

C'eſt Emee à qui i'ay affaire :
Ie vien de la part de ſa mere
Pour ſçauoir ſi elle s'en vient,
Sinon que c'eſt qui la retient.
S'el' vient, qu'elle vienne, on l'atend :
L'on va mettre la voile au vent.

TAILLEBRAS.

Tout eſt preſt : hó Finet auance,
Va t'en querir en diligence
Emee : haſte-la de partir.
Elle a eu loiſir d'aſſortir
Ses dorures & ſes aneaux,
Et ſes robes & ſes joyaux,
Tout ce que ie veu qu'elle emporte.
Si tu n'as l'eſchine aſſez forte
Toy tout ſeul, pren des porte-fais
Pour t'aider. Fay toſt ſi tu fais.

FINET.

I'y va.

CONSTANT.

  Pour Dieu double le pas,
Vien toſt.

TAILLEBRAS.

Il n'arreſtera pas.
Dy, compagnon, & ne t'en faches,
Qu'as-tu à cet œil que tu caches?

CONSTANT.

I'ay vn bon œil.

TAILLEBRAS.

C'eſt au feneſtre
Que ie dy.

CONSTANT.

Par ma foy, mon maiſtre,
Vray eſt qu'il ne me ſert de rien,
Mais ie m'en aidaſſe auſſi bien
Que du droiƈt (car il eſt entier)
Si i'uſſe eſté d'autre meſtier,
Ou ie n'uſſe bougé de terre:
Ie l'ay perdu par vn caterre
Qui m'eſt venu de hanter l'eau.
Mais on nous attend au bateau.
Lon me fêt trop muſer icy :
Ils tardent long tams.

TAILLEBRAS.

Les voicy.

ACTE V. SCENE IIII.

FINET. EMEE. CONSTANT. TAILLEBRAS.

Finet.

Qv'est-ce cy? n'essuyrez vous point
Ces pleurs?

Emee.

Que ie ne pleure point,
Quand c'est force que ie m'en voise,
Doù ie viuoy tant à mon aise!

Finet.

Voyez vous là (madame Emee)
L'homme par qui estes mandee
De vostre mere & vostre sœur?

Emee.

Ie le voy bien : mon Dieu le cœur!

Taillebras.

Sçais-tu, Finet?

Finet.

Plaist-il monsieur.

TAILLEBRAS.

Que ne t'en vas-tu ordonner
De ce qui m'a pleu luy donner,
Pour le fere porter au port?
Va, trouue des gens pour le port.

CONSTANT.

Madame Emee Dieu vous gard.

EMEE.

A vous auſſi.

CONSTANT.

C'eſt de la part
De voſtre mere & voſtre ſœur,
Que ie vien à vous. De bon cœur
Toutes les deux ſe recommandent,
Et par moy enſemble vous mandent,
Que vous en veniez tout aſteure,
Sans faire plus longue demeure :
D'autant que le bateau s'en va,
Et faut que la veniez voir là.
Elle fuſt venue elle meſme
Vous querir, ſans le mal extrême
Qu'elle a d'vn reume ſur les yeux.

EMEE.

Faut-il que i'aille? il le vaut mieux :
Puis que c'eſt ma mere i'iray :
Mais à regret ie partiray.
L'affection me le fet fere,
Que la fille doit à ſa mere.

CONSTANT.

Vous monſtrez eſtre bien apriſe,
Ie vous en louë & vous en priſe.

TAILLEBRAS.

Scés-tu ? tout l'honneur & le bien
Qu'elle fcét, c'eft par mon moyen :
Si ie ne l'uffe féte telle,
Ce ne fuft pas grand chofe d'elle.

EMEE.

Ha ! c'eft ce qui plus me tourmente,
Qu'il faille qu'ainfi ie m'abfente
De tant venerable perfonne !
Voftre compagnie eft fi bonne,
Si agreable, & fi plaifante,
Qu'elle poffede qui vous hante :
Quant à moy ie fentoy mon cœur,
Me tenant fiere d'auoir l'heur
D'eftre à vous : tant voftre nobleffe,
Voftre valeur & gentilleffe !...

TAILLEBRAS.

Ne pleure point.

EMEE.

Ie ne faroy
M'en engarder, quand ie vous voy !

FINET.

Prenon cœur : de ma part ie fcé
Comme ie m'en fen empreffé :
Et ie ne m'émerueille pas,
Dequoy vous faites fi grand cas,
De partir ainfi de voftre aife,
L'homme n'ayant rien qui ne plaife.
Sa beauté, fes meurs, fa valeur,
Vous touchoyent viuement au cœur :

Et moy, qui ne suis que valet,
Ie son en larmes de regret
De perdre vn maistre si tresbon,
Quand ie voy sa bonne façon:
Et vrament il m'en fait pitié,
Voyant son peu de mauuaité.

EMEE.

Au moins faites moy tant de grace,
Qu'encore vn coup ie vous embrasse,
Dauant que soy plus eslongnee.

TAILLEBRAS.

Tu ne seras point dedagnee.

EMEE.

O mes yeux! mon cœur! ô mon ame!

CONSTANT.

Laissez ie vous pry cette fame,
Vous ne luy donnez que tourment,
Vous la fetes mourir.

TAILLEBRAS.

Comment?

CONSTANT.

Si tost qu'elle s'est retiree
D'auec vous, elle s'est pámee
Entreprise d'vn mal bien aigre.

TAILLEBRAS.

Courez tost querir du vinaigre.

CONSTANT.

Il n'en faut point.

TAILLEBRAS.

Pourquoy cela?

CONSTANT.

Retirez vous vn peu de là,
Et n'y soyez quand ses esprits
Luy reuiendront.

TAILLEBRAS.

Qu'ay-ie mespris?

CONSTANT.

Vous estes cause de son mal.
Hé vray Dieu qu'elle sent de mal!
Le cœur luy estoufe au dedans:
Ie ne puis desserrer ses dens.

TAILLEBRAS.

Laisse la, qu'elle se reuienne.

CONSTANT.

Laisson la donc, qu'à moy ne tienne,
Ie regardoy s'il faisoit vent:
Nous deurions estre loing deuant,
Il faut partir : ie m'en iray,
S'il vous plaist, & la laisseray.

TAILLEBRAS.

Ie ne veu pas qu'elle demeure!

CONSTANT.

Le pauure malheureux il pleure.

TAILLEBRAS.

Or ſus donc, vous autres ſortez,
Et auecques elle emportez,
Selon ce qu'auois ordonné,
Tout ce que ie luy ay donné.

FINET.

Que ie t'acolle vne autre fois,
Mon belaud, puis que ie m'en vois.
A Dieu ſeruiteurs & ſeruantes,
Gentils garçons & filles gentes,
A Dieu vous dy : & ie vous prie,
En vous ſouhaitant longue vie,
Qu'encores durant mon abſence,
Au moins vous ayez ſouuenance
De voſtre amy & compagnon,
Et que m'appelant par mon nom
Vous diſiez ſouuent, quelque part
Que tu ſois Finet, Dieu te gard.

TAILLEBRAS.

Courage, Finet : ne te chaille.

FINET.

C'eſt donc force que ie m'en aille
D'auecques vous, & qu'au partir,
Helas, ie me ſçache tenir
De pleurer?

TAILLEBRAS.

Aye patience.

FINET.

J'ay seul de mon mal conoissance.

CONSTANT.

Madame Emee, qu'auez vous ?
Parlez : dequoy vous plaignez vous ?

EMEE.

Douce clarté, ie te saluë !

CONSTANT.

Vous vela doncques reuenuë ?

EMEE.

Pour Dieu ! quel homme ay-ie embrassé !
Peu s'en faut que ie n'ay passé
Le dernier pas : le mal extrême
Que i'ay souffert ! suis-ie moymême ?

TAILLEBRAS.

Reprenez vos espris m'amie :
Allez vous-en, Dieu vous conduie.

FINET.

Quel ménage y a til icy ?

TAILLEBRAS.

C'est que le cœur luy est transi
Au partir, & la pauure Emee
S'est euanouye & pámee.

FINET.

La personne rien n'aimeroit,
Qui de regret ne pámeroit,

Laissant si douce compagnie.
Mais monsieur, vn mot ie vous prie:
I'ay peur que soyez trop ouuert,
Et que par trop à decouuert
Nous jouyons nostre jeu.

TAILLEBRAS.

Pourquoy ?

FINET.

Pource qu'icy deuant ie voy
Vn grand monde qui nous verra
Porter cecy : qui s'enquerra
Que c'est, & qui vous le fét faire,
Vous blâmant.

TAILLEBRAS.

Qu'en ont-ils affaire?
Ce n'est rien du leur que ie donne:
Ce n'est que du mien que i'ordonne:
Ie ne fay conte de leur dire.
Mais il est tams qu'on se retire:
Allez vous en : Dieu vous conduie.

CONSTANT. EMEE.

Dieu vous doint bonne & longue vie.

FINET.

Monseigneur, c'est pour vostre bien
Ce que i'en dy.

TAILLEBRAS.

Ie le scé bien.

FINET.

A Dieu monsieur!

TAILLEBRAS.

A Dieu Finet.

FINET.

Mon bon maistre!

TAILLEBRAS.

Mon bon valet!

FINET.

Allez vous en tant vitement
Qu'il vous plaira : subitement
Ie cour à vous, & vous atrape.
Il faut qu'encores il m'échape
Deux ou trois mots enuers mon Maistre,
Pour me donner mieux à conoistre :
A fin que de moy luy souuienne :
A fin qu'vn remors luy reuienne
D'ainsi m'auoir abandonné,
Et si legerement donné.
Bien que maint autre seruiteur,
Monsieur, ait tousiours eu cet heur
D'estre tenu en ranc plus haut
Que moy chez vous, il ne m'en chaut :
Mais si c'estoit vostre plaisir,
Et qu'il fust en moy de choisir,
J'aymeroy mieux seruir chez vous,
Que commander ailleurs sur tous
Les seruiteurs d'vne maison :
Tant estes maistre de raison.

TAILLEBRAS.

Ne te décourage, Finet.

FINET.

Vne chofe au defpoir me met,
En penfant qu'il me faut changer
Toutes façons, pour me ranger
A vne autre mode nouuelle,
De feruir à vne femelle:
Voyant qu'il me faut defaprendre
Vos complexions, pour aprendre
Les facheufetez d'vne fame,
Las, las, d'angoyffe ie me pâme!

TAILLEBRAS.

Va Finet, fois home de bien.

FINET.

Ie ne fçaroy fere nul bien
Tout le demeurant de ma vie:
Vous m'en faites perdre l'enuie.

TAILLEBRAS.

Va, n'aten plus : à Dieu.

FINET.

     A Dieu.
Au moins vous fouuienne, pour Dieu,
De me faire quelque aduantage,
S'il auient que i'entre en mefnage,
Car ie vous en auertiray.

TAILLEBRAS.

Fay donc, ie ne t'y failliray.

FINET.

Penseʒ & repenseʒ souuent,
Combien ie suis loyal seruant.
Ce faisant, vous conoistreʒ bien
Qui fét le mal, qui fét le bien.

TAILLEBRAS.

Ie scé prou ta fidelité :
I'en ay conu la verité
En prou de lieux par-cy deuant,
Mais aujourduy plus que deuant.

FINET.

Vrayment vous sçaureʒ ce jourduy,
Si gaillardement ie conduy
Vn bon affaire.

TAILLEBRAS.

Ie le sçay :
Et n'en veux vn plus grand essay.
Mais Finet ie sen me venir
Vn vouloir de te retenir.

FINET.

Monsieur gardeʒ-vous de le faire,
Car les gens ne s'en pourroyent taire :
Et diroyent que serieʒ menteur,
De peu de faiɑ̃, & grand vanteur.
Mais ie veu qu'ils disent de moy
Que ie suis vn homme de foy,
Seruiteur loyal & fidelle.
Monsieur, si la chose estoit telle,
Que pensasse qu'honestement
Vous la peussieʒ faire, vrement

Ie vous conseilleroy la faire :
Mais c'est chose qu'on ne doit faire :
Ie vous pry gardez vous en bien.

TAILLEBRAS.

Bien, vaten : ie n'en feray rien,
Puisqu'il faut que passe par là.
A Dieu doncques.

FINET.

    Et moy par là.
Il vaut mieux s'en aller : à Dieu !

TAILLEBRAS.

A Dieu mon bon valet, à Dieu.

FINET.

A Dieu Dieu ! mon doux Maistre, à Dieu.

TAILLEBRAS.

Deuant qu'il eut faict ce faict cy,
Ie pensoy que ce valet cy
De tous mes valets fust le pire :
Mais l'ayant veu si bien conduire
Tout le fét de cette entreprise,
Ie voy qu'il est homme de mise,
D'asseurance & fidelité.
Ie me suis vn peu trop hasté
De le laisser, & me repens
De l'auoir perdu. Il est tams
Maintenant que j'aille d'icy
Voir mes amours, qui sont icy
Dedans. Il faut que quelcun sorte,
Car j'enten du bruit en la porte.

ACTE V. SCENE V.

SANNOM, Laquais. TAILLEBRAS.

Sannom.

Ne m'en dites pas d'auantage,
Laiſſez m'aller, ie ſuis trop ſage :
I'enten mon fait, & le feray :
Où qu'il ſoit ie le trouueray.
Ie ne veux épargner ma pene,
Tant qu'icy ie le vous amene.

Taillebras.

Ie va deuancer ce garçon :
Il me cherche, à voir ſa façon.

Sannom.

Aa Monſieur, c'eſt vous qu'on demande :
Ie vous cherche : à vous on me mande,
O grand & braue perſonnage,
Qui receuez tant d'auantage
De deux grands Dieux.

Taillebras.

Qui ſont ces Dieux?

Sannom.

Venus douce, & Mars furieux.

Taillebras.

Le gentil petit garçonnet.

Sannom.

Vne requeſte elle vous fét,
Qu'il vous plaiſe entrer. La pauurette
Vous ſonge, ſouſpire & ſouhette :
N'aime que vous : & cependant
Elle meurt en vous attendant.
Secourez toſt la pauure amante,
Qui pleure, ſanglotte & lamente.
Qu'atendez-vous? que n'entrez-vous?

Taillebras.

I'y vas.

Sannom.

   Et tant vous allez doux!
Il s'eſt jetté dans les filets
Tant des Maiſtres que des valets,
Qui luy auoyent dreſſé l'enceinte.
Le vieillard l'attend à l'atteinte,
Pour ſurprendre cet adultere,
Qu'on iugeroit, à luy veoir fere
La piaffe, quelque Rodomont.
De morgue il trauaille d'vn mont,
Mais il enfante vne ſoury.
D'vne autre choſe ie me ry,
C'eſt que le fat ſe fét accroire
Qu'il a quelque grand' beauté, voire
Que nulle fame ne ſe garde
De l'aimer, s'elle le regarde :
Mais toute fame qui le voit,
Le hayt auſſi toſt qu'el' le voit.

Or vela defia la meflee,
I'en oy le bruit & la hulee:
Il faut s'aprocher vn petit,
Pour entendre ce qu'on y dit.

ACTE V. SCENE VI.

BONTAMS. PAQVETE.
SABAT, Cuifinier. SANNOM. FLEVRIE.
TAILLEBRAS.

BONTAMS.

A *vous, à vous monfieur le veau.*

PAQVETE.

Qu'il fe déplaift d'eftre fi beau!

SABAT.

Au renard, au renard coué.

SANNOM.

Au renard qu'il foit écoué.

PAQVETE.

Hou le maftin, hou le maftin.

SABAT.

Hou le fouin, hou le fouin.

PAQVETE.

Courez, venez voir le gros rat.

SANNOM.

Gardez la part à noftre chat.

BONTAMS.

Baillez luy des femmes de bien.

SABAT.

Mais pluftoft des noces de chien.

PAQVETE.

Eft-il honteux? eft-il penaud?

SANNOM.

Demandez s'il a le cul chaud.

PAQVETE.

On l'eftouperoit bien afteure
D'vn grain de mil, ie m'en affeure.

SANNOM.

Le gueu, le poltron, le truant.

SABAT.

Le matou qu'il veffe puant.

SANNOM.

Il a trouué vne reſſourſe.

SABAT.

Mais c'eſt pour luy vuider ſa bourſe.

PAQVETE.

Cinq cens coups : le robin eſt pris.

BONTAMS.

Il ne robine à moindre pris.

FLEVRIE.

Le mignon de Venus endure.

PAQVETE.

Sa beauté ce mal luy procure.

SABAT.

Il les luy faut trancher tout net,
Au braue Roland d'Orcanet.

PAQVETE.

Gardeʒ-le qu'ayons de ſa race,
S'il nous veut faire tant de grace,
A fin que voyons des enfans
De ſon cors qui viuent mille ans.

SANNOM.

Il n'aroit garde de le faire.

PAQVETE.

Il ſeroit auſſi trop vulgaire.

BONTAMS.

S'il ne veut marcher qu'on le traine
Par force ce beau Capitaine :
Qu'on l'enleue comme vn cors faint,
Le méchant, qui ne s'eſt pas faint
De comettre telle traiſon
Dedans vne honeſte maiſon.
Qu'on le ſoutienne, & qu'on le ſerre
Haut entre le ciel & la terre.

TAILLEBRAS.

Ah ſeigneur, ah ie vous ſupplie !

BONTAMS.

C'eſt pour neant que lon me prie.
Sabat, regarde à ton couteau
Qu'il ſoit affilé bien & beau,
Et qu'il tranche comme vn razoir.

SABAT.

On s'y voit comme en vn miroir,
Tant il eſt cler : mais il ſe frippe
D'enuie qu'il a de la trippe
De ce ribaud. Qu'on me le baille,
Que ie face de ſa tripaille
Vn colier autour de ſa gorge.

TAILLEBRAS.

Ie ſuis perdu !

SABAT.

Que ie l'égorge,
A fin que ce ſoit pluſtoſt fét.

TAILLEBRAS.

Mes amis, qu'ay-ie tant forfét!

BONTAMS.

Il respond : ne l'égorge pas.
Dauant ie veu que haut & bas
Il soit estrillé dos & ventre.
Faut-il qu'en ceste sorte on entre
En la maison d'autruy, pour fére
Et comettre ainsin adultere
Auecques la fame d'autruy ?

TAILLEBRAS.

Ie meure donc si aujourduy
On ne m'estoit venu chercher.

BONTAMS.

Il ment, frapez.

TAILLEBRAS.

Ie vous pry tous
Oyez-moy.

BONTAMS.

Que ne frapez-vous?

TAILLEBRAS.

Vn mot, s'il vous plaist vous tenir.

BONTAMS.

Dy.

TAILLEBRAS.

Lon m'a prié d'y venir.

BONTAMS.

En as-tu pris la hardieſſe ?

TAILLEBRAS.

Seigneur, ie vous pry qu'on me leſſe.
Las ! i'ay eſté aſſez batu
Pour vn jour !

BONTAMS.

   T'en contentes-tu ?
Si tu l'es, ie n'en ſuis contant,
Qu'on me le bate encore autant.

TAILLEBRAS.

Au moins oyez vne parolle,
Auparauant que lon m'afolle.

BONTAMS.

Dy quelque excuſe qui nous meuue.

TAILLEBRAS.

Ie penſoy que fuſt vne veuue,
Et pour certain la chamberiere,
Qui en eſtoit la courretiere,
Me l'auoit fait ainſin entendre.

BONTAMS.

Iure de jamais ne te prendre,
Pour te vanger aucunement,
Par juſtice ny autrement,
A nul de ceſte compagnie,
Pour toute la gallanterie

De point en point fi bien complete,
Qu'à ce jourduy nous t'auons féte :
Tant pour auoir efté batu,
Que pour deuoir eftre batu
Encor autant : fi par pitié
Ne châtions ta mauuaitié,
Et fi te laiffons échaper
Sain & fauue, fans te fraper
A mort, toy le mignon chery
Et des Dames le fauory.

TAILLEBRAS.

Ie jure Dieu & tous les faints,
Si j'échape d'entre vos mains,
Et qu'il leur plaife tant m'aider,
De jamais ne vous demander
Rien qui foit, pour tout cet ennuy,
Que m'auez donné ce jourduy
En me batant. Seigneur, au moins
Ne retenez point de témoins,
Pour tout ce fét : ie vous fuply
Metton toute chofe en oubly.

BONTAMS.

Si ta promeffe tu fauffois ?

TAILLEBRAS.

Que par tout eftimé ie fois
Le plus méchant homme du monde :
Que jamais en chofe du monde
Ie ne foy creu en témoignage,
Tout le demeurant de mon âge.

SABAT.

Il faut encores nous ébatre

A l'eſtriller & le bien batre,
Et puis nous luy donrons congé.

Taillebras.

Vrayment ie t'en ſuis obligé :
Que Dieu te le rende, Sabat:
Tu es touſiours mon aduocat,
Et ne plaides que pour mon bien.

Sabat.

Ça donques ie ne ſçay combien:
Ça quelques bonnes pieces d'or,
Et plaideray ta cauſe encor:
Ça vingt écus.

Taillebras.

Pourquoy cela?

Sabat.

Pource qu'encore te voila,
Et les témoins ne retenons
Pour le fait où te ſurprenons.

Bontams.

Laiſſez-l'au diable, qu'il échappe :
Mais ne luy rendez ny ſa cappe,
Ny ſon épee, ny ſon bonnet,
Ny ſa dague, ny ſon colet.

Sabat.

Encor le pendard tire arriere.

TAILLEBRAS.

Vous m'auez d'eſtrange maniere
A cous de bâton amolly :
Mais laiſſez-moy ie vous ſuply.

BONTAMS.

Laiſſez-le aller : qu'on le delie.

TAILLEBRAS.

Humblement ie vous remercie.

BONTAMS.

Si jamais ceans te retreuue,
I'auray les témoins pour la preuue.

TAILLEBRAS.

Ie n'allegue rien alencontre.

BONTAMS.

Laiſſons-le icy fére ſa montre :
Il s'eſt mis à bonne raiſon.
Retiron-nous dans la maiſon.

ACTE V. SCENE VII.

TAILLEBRAS. HVMEVENT.

TAILLEBRAS.

Ay-ie au moins toute ma perſonne ?
Suis-ie entier ? ce qui plus m'étonne,
Ce ſont tant de gens que ie voy,
Qu'ils ne depoſent contre moy,
M'auoir vu quand ie ſuis entré.
Ie n'en ſuis pas bien depeſtré :
Quant à eux, ils m'ont fait iurer :
Mais d'eux ie ne puis m'aſſurer.
M'aroyent-ils bien faict tant d'excés,
Pour m'en mettre apres en procés ?
Nenny non : puis qu'ils m'ont láché,
I'en ſuis ce qu'en ſeray fâché.
Mais ie m'eſtime trop heureux,
Sauué d'vn pas ſi dangereux.

HVMEVENT.

Voy, voy, voy ! en quel equipage
Voy-ie mon maiſtre ? quel viſage !
Quel regard ! quel port ! quelle grace !
O qu'il eſt blême par la face,
Croyzant les bras tout éperdu !
Mais à quel jeu a til perdu ?
Ie ſuis bien fort émerueillé
Si ce n'eſt au Roy dépouillé.

TAILLEBRAS.

Ne trouueray-ie point aſteure

Quelqu'vn des miens qui me fequeure ?
Emee eſt-elle deſia loin ?
Dy le moy.

HVMEVENT.

Elle eſt bien fort loin
Long tams a.

TAILLEBRAS.

O le grand malheur !

HVMEVENT.

Vous cririez, ô double malheur
Par lequel vous eſtes paſſé,
Si vous ſçauiez ce que ie ſcé.

TAILLEBRAS.

Que ſcés-tu ?

HVMEVENT.

Celuy du bateau,
Qui auoit ſur l'œil vn bandeau,
Ce n'eſtoit pas vn batelier.

TAILLEBRAS.

Et qui donc ?

HVMEVENT.

D'vn autre meſtier.
C'eſtoit vn amoureux d'Emee,
Qui vous l'a treſbien enleuee.

TAILLEBRAS.

Comment le ſcés-tu?

HVMEVENT.

Ie le ſcé.
Car j'ay bien veu qu'ils n'ont ceſſé
De s'entrerire par la ruë,
Dés qu'ils vous ont perdu de vuë.
Et dés qu'ils ont eſté ſur l'eau,
Et de ſe baiſer en bateau,
Et de s'embraſſer, & ſe joindre,
Et de ſe jouër ſans ſe feindre :
Et Finet de ſe prendre à rire,
De ſe gaudir, & de me dire
Mille brocars, mille ſornettes,
De moy & de vous qui là eſtes.

TAILLEBRAS.

Moy malheureux! moy miſerable,
Qu'on fét ainſi ſeruir de fable!
Ah Finet, méchant que tu es,
Tu m'as tendu tous ces filets!
Tes fineſſes m'ont affiné :
Les croyant trop j'ay mal finé :
Mais ie conoy qu'ay merité
D'eſtre de la façon traité.
Si tous ceux qui ſont adulteres
Receuoyent de pareils ſaleres,
En ceſte ville on les verroit
Plus cler-ſemez qu'on ne les voit :
Et peut eſtre qu'en cette bande
La preſſe ne ſeroit ſi grande.
Ils en creindroyent plus le loyer,
Et aimeroyent moins le metier.

EPILOGVE.

RATON.

Messievrs, ce n'eſt point moquerie :
Vn mot de Raton ie vous prie :
Finet a joué le Prologue,
Raton va jouer l'Epilogue.
Il vous a faiƈt de lons diſcours,
Ie vous feray les miens plus cours :
Raton plus petit que Finet
Ne vous tiendra qu'vn tantinet.
Sçauous qui m'a fét l'entreprendre ?
C'eſt pour ceux qui voudroyent reprendre
La fin de noſtre Comedie,
D'auoir vne froide ſortie,
Dautant qu'ils ont veu Taillebras
Croizer tragiquement les bras.
Mais outre le droiƈt apparant
Nous auons vn treſbon garant,
Qui s'eſt garenty de l'outrage
De deux mille ans & dauantage.
Nul entre les bons ne ſe trouue
Tant outrecuidé, qu'il reprouue
L'euure ſi long tams aprouué,
S'il n'a le ſens bien reprouué.
Quant eſt de noſtre Capitaine,
Meſſieurs, ne vous en donnez peine :
Il eſt plus joyeux que fâché,
D'eſtre quite à ſi bon marché.
Son écornifleur Gallepain
Se contentera pour du pain :

Finet n'eſt que trop fin pour prendre
Cela qui doit content le rendre :
Humeuent quelque vent qui vente,
Face laid ou beau, ſe contente :
Emee qui eſt tant emee,
Doit eſtre contente eſtimee :
Otez vne S de Conſtant,
Conſtant demeurera Contant :
Fleurie & ſa gaye Paquete
Ont tout ce que leur cœur ſouhaite :
Quant eſt du cuiſinier Sabat,
Il eſt contant de ſon ſabat :
Le laquais de Bontams Sannom
Sçait bien s'il eſt contant ou non :
Bref nous tous, pour eſtre contans,
Allons ſouper auec Bontams,
Qui a joué le perſonnage
D'vn vieillard, eſtant de jeune âge.
Nous prenons ce jeune Bontams,
A fin qu'il nous dure long tams.
Bien peut ſe contenter Bontams,
Qui rend tous les autres contans.
Encor vn petit motelet,
Qui n'a rien de mal ny de laid :
Louange eſt de bon cœur amie,
Le blâme accompagne l'enuie :
Aſſez de hardis repreneurs,
Peu de modeſtes apreneurs.
Il vaudroit beaucoup mieux aprendre
Des maiſtres, que de les reprendre.
Si vous trouuez la Comedie
Digne qu'elle ſoit aplaudie,
Aplaudiſſez-la tous enſemble.
Allez, monſtrez que vous en ſemble.

FIN.

NOTES

1. A MONSEIGNEVR LE DVC D'ALENÇON, p. 1.

En décrivant, dans la note 1 de notre T. I, p. 397-399, les EVVRES EN RIME, nous avons dit qu'elles se divisaient en quatre parties. Les IX. LIVRES DES POEMES, qui forment la première de ces parties et qui commencent par LE PREMIER DES METEORES, ayant été composés après les AMOVRS, ont été mis dans notre second volume, auquel ils correspondent exactement. Les LIVRES DES AMOVRS, placés en second dans le Recueil, mais écrits en premier, forment notre premier volume. Les V. LIVRES DES IEVX commencent ici, par l'épître au duc d'Alençon, avec notre troisième volume, qui contient : *Les eclogues*, *Antigone* et *Le Braue*, c'est-à-dire les trois premiers livres des *Ieux*. Notre quatrième volume commencera par les deux derniers: *L'eunuque, comedie de Terence*, et *IX. deuis des Dieux, pris de Lucian*. Ensuite viendront les V. LIVRES DES PASSE-TEMS.

2. ...*la beſte rincanante*, p. 3.

L'animal qui brait, l'âne. On trouve *recaner* plus fréquemment que *rincaner*. Sainte-Palaye, dans son *Dictionnaire*, cite ce passage des *III. Maries* (p. 88) :

Li buef mugit, l'ane recane.

3. *Soutins des Satyres folets*, p. 3.

Soutins, soutenu, est ici l'ancien participe du verbe *soutenir*.

Du Bellay a dit (*Hymne au Roy ſur La prinſe de Callais*, T. I, p. 312) :

Ilʒ ne cognoiſſoyent bien voſtre fortune heureuſe,
Et ſi ne cognoiſſoyent la vertu valeureuſe
De ce Prince Lorrain, qui d'vn grand Empereur
Auoit ſouſtins à Metʒ la force & la fureur.

4. ...*apar elles*, p. 4.

C'est la traduction littérale de *à parte*, du côté, de la part.

5. Les Eglogves, p. 7.

Lisez *eclogues*, forme plus exactement transcrite du latin *ecloga*. Cette faute typographique persiste dans les titres courants jusqu'à la page 33 inclusivement.

6. *Et le nom d'Amarille aux forests en aprit*, p. 16.

Formosam resonare doces Amaryllida silvas.
Virgile, 1re Églogue, v. 5.

7. ...*leur rayons*..., p. 19.

On trouve plus bas, dans la même page, *leur esprits*. On serait tenté de voir là quelque vague souvenir de l'ancien emploi de *leur* (*lor*, de *illorum*) qui, dans la vieille langue, ne prenait pas plus l's à côté des substantifs que devant les verbes; mais, comme on rencontre aussi fréquemment *leurs* pour *leur* (Voyez ci-après les notes 36 et 43), il est probable que ce sont de pures fautes typographiques.

8. ...*entan*, p. 21.

Écrit plus ordinairement *antan*, l'an dernier.

9. *Vrayment ce fusse-mon*..., p. 22.

C'est, à un autre temps du verbe, l'expression exclamative *c'est mon*, encore employée par Corneille. (Voyez mon *lexique* de cet auteur.)

10. ... *Vn char d'Ierre enuironné*, p. 25.

De lierre; c'est la vieille forme tirée de *hædera*, à laquelle s'est plus tard incorporé l'article. Un peu plus loin (p. 27) Baïf emploie la forme moderne :

...... voy ceste belle entree
Comme de verd lierre elle est bien accoutree.

11. *Mesmes les chiens te craignent & redoutent*, p. 30.

Le texte porte :

Mesme les chiens te craignent & te redoutent,

ce qui donne un pied de trop. Nous avons supprimé le second *te*.

On pourrait dire aussi : *te craignent et te doutent*, en donnant à ce dernier mot le sens de *redouter*, qu'il a gardé jusqu'au XVIIe siècle.

12. ...*hier*..., p. 42.

Dans l'original *hïer* est ainsi imprimé avec un tréma, et la prononciation qu'il indique est du reste indispensable pour la mesure du vers.

13. *Mais cet ardeur ne fera confumee*, p. 50.

Ce mot est du féminin comme presque tous les noms en *eur*; mais souvent, ainsi que le remarque Littré, « le XVI⁰ siècle fit, contre l'usage et par zèle étymologique, *ardeur* du masculin ». Peut-être est-ce ce double genre qui a troublé le compositeur et le correcteur, et qui les a empêchés de mettre, au moins, une apostrophe à la fin de *cet* précédant le mot *ardeur* accompagné d'un participe féminin. Nous avons, du reste, déjà eu à signaler des anomalies du même genre. (Voyez T. II, p. 469, note 51.)

14. *Deffaites ces liens : Enfans, pour ma rançon
La chanfon vous aurez, c'eft pour vous la chanfon*, p. 52.

Le texte porte au commencement du second vers *là*, adverbe, au lieu de *la*, article; mais le second hémistiche ne permet guère de laisser subsister cette leçon.

15. *Et de Cnide & d'Eryce elle ne fait plus comte*, p. 53.
De Eryce, dans le texte.

16. *Ah, que le dur caillou, s'elle hafte fes pas,
Les plantes ne meurdriffe à fes pieds delicas*, p. 54.

Il y a dans le texte : *les durs cailloux*; mais la mesure du vers suivant ne permet pas de mettre *meurdriffe* au pluriel.

17. ... *par les buiffons
Les grezillons reueillent leurs chanfons*, p. 57.

Par, à travers, parmi. De même à la page 59 :

*Comme fes rets hors de Sene il leuoit,
Par les poiffons fretiller il le voit.*

Les *grezillons* sont les grillons. Ronsard a aussi employé ce mot, qui, du reste, est fort ancien et qu'il faut se garder d'attribuer aux poètes de la Pléiade. Voyez le *Dictionnaire* de Sainte-Palaye et celui de M. Godefroy.

18. *L'vn apres l'autre efcoutons noftre amour :
La Mufe plaift qui fe fuit tour à tour*, p. 60.

Alternis dicetis : amant alterna Camœnæ.

VIRGILE, *Ecloga III.*

19. *Telle faifon met Lucette
Où qu'elle fe mette*, p. 61.

Cela est évidemment fautif. Il semble qu'il faut lire :

Telle faifon m'eft Lucette.

20. ...*vn pair de Paiſſes laſciues*, p. 62.

Du Cange remarque dans son *Glossaire*, à l'article *Passa*, que les Angevins appellent le moineau *paiſſe* et *paſſe*.

21. *Plus qu'vne jeune poutre & farouche & rebelle*, p. 74.

Poutre, jument. Cinq vers plus bas, *tourte*, tourterelle, est dit pour *tourtre*, de *turtur*.

22. ...*ie nous feroy d'or*
   Tous deux en bel or reluire.
   Mettre d'or ie nous ferois, p. 78.

Le texte porte, au premier et au troisième vers, *vous*, au lieu de *nous*, mais il est évidemment fautif.

23. *Tournant la tranche de l'eſtrain*, p. 79.

Estrain est expliqué « foarre », paille, par Nicot. Le *cochevy*, dont il est question plus bas, est, d'après le même lexicographe, une « eſpece d'alouette ».

24. ...*il faut donc que ma plaine*
   Nourriſſe vn auolé?... p. 80.

Avolé, de *advolatus*, qui est arrivé tout à coup d'un pays autre que celui que nous habitons.

25. *De nuages éueux le Marin tenebreux,*
   L'Autom de noirs brouillas couure le ciel ombreux, p. 81.

Éveux, aqueux, de *ève*, forme septentrionale du mot *eau*. *Le Marin*, le vent de mer.

26. *Et feruent aux poiſſons des counils les lanieres*, p. 83.

Counil n'est pas une faute pour *connil*, lapin. On disait indifféremment au XVIe siècle : *connil*, *connin*, *counil* et *counin*; ces quatre formes sont dans le dictionnaire de Cotgrave de 1611.

27. *Charmes rendez Roulin, ou mon cœur rendez moy*, p. 85.

Ce refrain, souvent répété dans cette page et dans les suivantes, est quelquefois imprimé fort incorrectement dans le texte. On trouve par exemple :

Charmez, rendez Roulin, ou mon cœur rendez moy.

28. ...*le crouillet de ſon huis...*, p. 86.

Le loqueteau de sa porte.

29. *De rien ie ne te deparage*, p. 101.

Déparager. Mot à mot tirer de pair et, par conséquent, mésallier :

30. *Me veux-tu par terre touiller*, p. 102.

Nicot explique ainsi *touiller* : « Mefler confufement auec faleté & ordure... De là vient patouiller. »

31. ...*à vne verféne*
    De nous..., p. 104.

Verfenne, « Mot saintongeois qui fignifie *fillon*. » (MÉNAGE, *Dictionnaire étymologique*.)

32. ...*pleuſt à Dieu qu'vn foc en fuſt oſté*, p. 105.

Il y a bien *foc* dans le texte, mais l'ensemble du passage indique qu'il est indispensable d'y substituer *fac*.

33. *De la gueule des loups...*, p. 110.

Il n'est peut-être pas inutile de remarquer que, dans le texte, il y a *geule*, comme si le *g* avait un son dur par lui-même.

34. *De ce à quoy lon me force, à ceux de fous la terre*, p. 122.

Pour ramener ce vers à sa mesure il faut prononcer *De c'à quoi*.

35. *Les vns de boucliers & de mailles*, p. 124.

Boucliers ne compte que pour deux syllabes, comme plus loin (p. 156) *sangliers*, et tous les mots de cette terminaison. Corneille a été blâmé pour avoir fait *meurtrier* de trois syllabes. (Voyez mon *lexique* de Corneille.) Voyez aussi les notes 4 et 11 du tome II de Baïf, p. 464 et 465.

36. *Qui a decouuert leur retrette*, p. 125.

Ici, et au vingtième vers de la page 132, il y a dans le texte *leurs* au lieu de *leur*. Voyez ci-dessus, note 7.

37. *Mais quant à* Polynic, *qui laiſſant fon païs*, p. 128.

Il y a *Polynice*, dans le texte, ce qui rend le vers faux. Nous nous sommes trouvé autorisé à y substituer *Polynic*, écrit ainsi deux fois par le poète (p. 116 et 117) dans des circonstances analogues.

38. *Et qu'elle eſt innocante & qu'elle eſt la moins dine*
    De toutes de mourir d'vne mort tant indigne, p. 151.

Indigne se prononçait *indine*, même lorsqu'il ne s'écrivait pas ainsi, ce qui du reste arrivait souvent; ainsi nous avons trouvé, page 122 :

Delaiſſees nous deux, de morts bien plus indines.

Maintenant le *g* se prononce toujours, excepté dans *signet*, unique débris de l'ancien usage. (Voyez la note 54, t. II, p. 469.)

39. *Et là de fon Pluton qu'elle eſſaye obtenir,*
    Puis qu'ell' honore tant, d'au monde reuenir, p. 156.

Ce second vers serait plus clair si l'on mettait : *Puis qu'el' l'honore.*

40. *Maintenant ie sor presque hors de moy-mesme*, p. 157.

Il faut remarquer que l'*e* final de *presque* s'élide devant l'*h* de *hors* considérée comme muette.

41. *Fut dans vn antre ataché*, p. 164.

Le texte porte à tort : *vn autre*. Du reste, la confusion est facile entre ces deux mots. (Voyez la note 59 du tome II, p. 470.)

42. *Et mal dou bien on esperoit*, p. 171.

Dou est ainsi dans le texte, pour *d'où*. Nous avons respecté cette forme qui se rencontre assez souvent chez notre auteur, et à laquelle nous avons quelquefois ajouté l'accent (*Doù*) pour la rendre plus intelligible.

43. *Pâmant entre leurs bras*, p. 174.

Le texte donne *leur bras*. Voyez les notes 7 et 36.

44. LE BRAVE, p. 183.

Cette comédie, imitée très librement du *Miles gloriosus* de Plaute, renferme, pour le fond et la forme, de nombreux souvenirs de Rabelais (voyez ci-après les notes 75 et 76) que Baïf semble avoir étudié pour se plier au style comique. L'édition originale de cette pièce, publiée en 1567, forme un volume de quatre-vingt-dix-neuf pages et un feuillet blanc, dont voici le titre exact, qui porte la marque d'Eſtienne, avec la devise *Noli altum ſapere :*

LE BRAVE,
COMEDIE DE IAN ANTOINE DE BAIF,
IOVEE DEVANT LE ROY EN L'HOSTEL DE GVISE A PARIS LE XXVIII. DE IANVIER M. D. LXVII.

A PARIS,
Par Robert Eſtienne Imprimeur du Roy.
M.D.LXVII.
AVEC PRIVILEGE.

On trouve au recto du second feuillet :

LES CHANTS RECITEZ
ENTRE LES ACTES DE LA COMEDIE.

AV ROY.

CHANT I. DE RONSARD.

(Ce chant sera placé dans notre édition des *Œuvres* de Ronsard.)

A LA ROINE.

CHANT II. DE BAIF.

Qui pouſſera ſi haut ſa voix,
Qu'il entone vne chanſon dine
De vous, ô Roine CATERINE,
Mere du Peuple & de nos Rois?
O voſtre doux ſurnom fatal
Et bien eureus à noſtre France,
Puis que de ſi promte alegeance
Aueʒ apaiſé ſon chaud-mal!
Lors que du fer, qu'elle tenoit
En ſes mains tremblantes de rage,
La pointe pour s'en faire outrage,
Contre ſon ventre elle tournoit.
Mais vous fuſtes ſa gueriſon :
Son mal tout à coup ſe relâche :
Auſſi toſt le fer elle lâche,
Que luy rendiſtes la raiſon.
La flamme par l'oſcure nuit
Plus belle & profitable eclaire :
Voſtre vertu plus néte & claire
Au tams plus orageux reluit.
Pourueoir au bien commun de tous,
Eſtre aux affligeʒ pitoyable,
Deteſter le meurdre execrable,
Amollir le haineux courroux,
En paix & repos gracieus
Maintenir ſon peuple & ſon réne,
C'eſt c'eſt la vertu ſouueréne
Qui ouure le chemin des cieux.
O Royne, ô l'appuy des vertus,
(Trop nous fait beſoin votre vie)
De cent ans ne vous prene enuie
Du loyer qu'attendeʒ là ſus.

A MONSIEVR.

CHANT III. DE DESPORTES.

Lors'que le preux Achile eſtoit entre les Dames,
 D'vn habit feminin deſguiſé finement,
 Sa douceur agreable en cét accoutrement
 Allumoìt dans les cueurs mille amoureuſes flames.
En voyant ſes attraicts, ſa façon naturelle,
 Les beaux lis de ſon tainct, ſon parler gracieux,
 Les roſes de ſa ioue & l'eclair de ſes yeux,
 On ne l'eſtimoit pas autre qu'vne pucelle.
Mais bien qu'il ſurpaſſaſt la plus parfaicte image,
 Qu'il euſt la grace douce & le viſage beau,
 Le taint frais & douillet, delicate la peau:
 Il cachoit au dedans vn genereux courage
Dont il rendit depuis mille preuues certaines,
 Faiſant ſur les Troiens les ſiens victorieux,
 Et s'acquit tel renom par ſes faicts glorieux,
 Qu'il offuſqua l'honneur des plus grandz Capitaines.
Ainſi ceſte beauté qu'on voit en vous reluire
 Vous faict comme celeſte à bon droict admirer:
 Amour dedans vos yeux s'eſt venu retirer,
 Et de là ſans repos mille fleches il tire.
Mais bien que vous ayez vne douceur naïue,
 Et que rien de ſi beau n'apparoiſſe que vous,
 Que vos yeux ſoyent rians, voſtre viſage doux,
 Vous auez au dedans vne ame ardante & viue.
Et ſerez comme Achille au millieu des alarmes,
 Fouldroyant les plus forts, tuant & renuerſant.
 Et tout ainſi qu'vn ours ſe fait voye en paſſant,
 Vous paſſerez par tout par la force des armes.
Heureux en qui le Ciel ces deux treſors aſſemble,
 Qu'il ait la face belle, & le cueur genereux:
 Vous qui eſtes guerrier aymé & amoureux,
 Nous faites veoir encor Mars & Venus enſemble.

A MONSIEVR LE DVC.

CHANT IIII. DE FILLEVL.

Iamais la mort n'efface
 Le nom des vertueux,
 On voit luire en leur race
 Leurs faicts victorieux.

De Henry *la memoire*
Viura mal gré les ans :
On voit peincte ſa gloire
Au cœur de ſes enfans.
Verſeʒ ſur eux les roſes,
Repandeʒ les odeurs
Au doux printams écloſes,
Vous Deeſſes des fleurs.
Faites que François *croiſſe*
Des vertus le ſeiour,
Come vn peuplier ſe dreſſe
Plus beau de iour en iour.
Le vice ſe recule,
Vertu haſte ſes pas :
Il tura come Hercule
Les monſtres de ſon bras :
Egalant en proüeſſe
L'honeur de ce Gregeois :
Surmontant en ſageſſe
L'autre Hercule Gaulois.

A MADAME.

Chant V. de Belleav.

(Ce chant a été reproduit par nous dans les *Œuvres* de Remy Belleau, t. II, p. 461. Voyez, dans le même volume, la note 116, p. 490.)

45. ...*Edinton*, p. 188.

Forme francisée de Haddington, ville d'Écosse.

46. ...*Dombarre*, p. 190.

Dunbar, ville voisine de celle dont il est question dans la note précédente.

47. ...*Iſles d'Orcanet*, p. 193.

Les îles Orcades, en anglais Orkneys. Plus loin (p. 362), Taillebras est appelé ironiquement : *braue Roland d'Orcanet.*

48. (*me dict elle*) *ó vray Dieu comme*, p. 194.

Il semble manquer un pied à ce vers; mais la parenthèse dans laquelle sont renfermés les mots (*me dict elle*) les isole et empêche l'élision de l'*e* devant *ó*. Dans ce vers (p. 199) :

D'Eſcoſſe. Il y feit ſejour

l'élision n'a point lieu non plus, à cause du repos indiqué par le point.

49. *Me pourmenant par le Martroy*, p. 195.

Le Martroy est une place publique d'Orléans, ville où se passe la comédie du *Brave*. On appelait en plusieurs endroits *martroi* ou *martray* l'endroit où l'on torturait et où l'on exécutait les criminels. Voyez Du Cange, *Glossaire*, au mot *Martreium*.

50. *Par tel ſi...*, p. 197.

A telle condition. La Fontaine a encore employé cette vieille locution (*Contes*, La Chose impossible):

> Je te la rends dans peu, dit Satan, favorable:
> Mais *par tel ſi*, qu'au lieu qu'on obeit au Diable
>   Quand il a fait ce plaiſir là,
> A tes commandemens le Diable obeira.

51. *Rieʒ voſtre ſoul : ie ſcay comme,
Le rire eſt le propre de l'homme*, p. 197.

Baïf semble tenir à montrer qu'il n'a pas oublié la vérité fameuse inscrite par Rabelais à la fin de l'avis *Aux lecteurs* de *Gargantua*:

> Mieulx eſt de ris que de larmes eſcripre,
> Pource que rire eſt le propre de l'homme.

52. *Et s'en jouë à la nique noque,
Ou pour mieux dire au papifou*, p. 198.

La nicnocque figure dans les jeux de *Gargantua* (tome I, p. 81, de mon édition de Rabelais); on n'y trouve point *le papifou*, mais, ce qui pourrait bien être la même chose, *le chapifou* (p. 83).

53. *...Pour vn affaire*, p. 199.

Ce mot était masculin en ancien français.

54. *D'Eſcoſſe. Il y feit ſeiour*, p. 199.

Voyez ci-dessus note 48.

55. *Cheʒ vn amy, qui nous moyenne*, p. 201.

Voyez ci-après la note 81.

56. *Ou que leur poule eſt adiree*, p. 203.

Adiré, pour perdu, égaré, se dit encore en Normandie.

57. *Elle a vne carre aſſuree*, p. 206.

Care, *carre*, *chère*, sont des formes différentes signifiant toutes *Visage*.

58. *...là tu matagraboliſes
Les deſſeins de tes entrepriſes*, p. 207.

« Il y a dixhuyt iours que ie fuis à *matagrabolifer* cefte belle harangue. » (*Gargantua*, tome I, p. 71.)

59. *Comme penfif il fe renfrongne,*
Et fes chatunes il rabaiffe, p. 207.

L'expression *chatune*, qu'on ne trouve pas dans les dictionnaires, signifie les oreilles d'un bonnet, comme on le voit par le passage suivant :

Le bonnet fur l'œil enfonçant,
Et les deux chatunes fronçant, p. 325.

60. *Que tes fortreffes foyent garnies,* p. 208.

Le texte porte *fortereffes*; mais les poètes de la Pléiade, de quelque façon qu'ils écrivent ce mot, ne le comptent que pour deux syllabes. (Voyez Baïf, T. II, p. 467, note 37, et ci-après note 80.)

61. *Qu'elle ne s'entretaille point,* p. 211.

Qu'elle ne se coupe point. On trouve plus bas (p. 233), dans un sens un peu différent :

Tu t'entretaillois de la vuë :
Il n'y a ryme ne raifon
Qu'elle ait bougé de la maifon.

C'est-à-dire : tu te troublois, tu t'embarraffois la vue. « On ne laiffe pas de dire vn cheual *s'entretailler*, ores que d'vn pied il fiere l'autre en marchant, fans plus, ce que aucuns difent entreferir. » (Nicot.)

62. *Tu te gardras d'en faire bruit,* p. 217.

Ainsi dans l'édition originale. La réimpression porte : *Tu te garderas*, ce qui rend le vers faux.

63. *Ouy, ie l'ay dict ce maidieux,* p. 228.

Forme très altérée de la vieille affirmation : *Se Dieus* (ou *Diex*) *m'aït* (Puisse Dieu me venir en aide aussi sûrement que...).

Si m'aït Diex, grant amiftié a ci.

(*Raoul de Cambrai*, v. 2288, publié par MM. Paul Meyer et Longnon, pour la Société des anciens textes français, Paris, 1882.)

64. *Qu'auous fongé ?* p. 230.

Dans les deux éditions cette phrase demeure isolée, sans former un vers et sans rimer avec ce qui précède ou ce qui suit.

65. *Tu t'entretaillois de la vuë,* p. 233.

Voyez ci-dessus, la note 61.

Iean de Baif. — III.

66. *Brique des facheux...*, p. 236.

C'est une exclamation d'impatience :

*Que tu es pareſſeuſe : brique
I'ay vne eſpingle qui me pique
Iuſtement ſur le droit coſté.*

(BELLEAU, t. II, p. 366.)

67. *S'il eſt vray ce que tu me dis*, p. 243.

Les deux éditions portent : *ce que tu dis*, ce qui rend le vers faux; nous avons ajouté *me* pour le régulariser.

68. *En tout affaire d'importance*, p. 258.

Affaire est encore masculin ici comme plus haut. (Voyez note 53.)

69. *Ie ne ſer icy que de chifre*, p. 259.

C'est-à-dire de zéro, sens primitif du mot chiffre.

70. *Il eſt trop ouuert & benin,
Et courtois pour vn bon Gueſpin*, p. 261.

Les habitants d'Orléans sont désignés par le sobriquet de *Guespins*, suivant toute apparence parce qu'ils sont piquants comme des guêpes. Voyez sur les *Guespins* : PELLUCHE, *Lettres au Mercure de France*, 1732, et une notice spéciale dans le *Recueil des meilleures dissertations relatives à l'Histoire de France*, de Leber.

71. *Laiſſon-le : il eſt en ronfle vuë*, p. 261.

La *ronfle* était un jeu de cartes.

Cotgrave, dans son *Dictionnaire*, explique : *Vous me remettez à point en ronfle veuë*, par : « You put me ſhrewdly to my plunges, driue me to the wall, haue me at a bay. » C'est-à-dire :

« Vous me mettez artificieusement dans l'embarras, vous me poussez au mur, vous me retenez dans un coin. »

72. *C'eſt vn vray Bontams conſomé*, p. 261.

« Rogier Bontemps » figure dans la moralité intitulée *L'omme pecheur*, et dans la *Bergerie nouuelle fort ioyeuſe & morale de mieulx-que-deuant*. C'est donc à tort que Roger de Collerye passe pour avoir créé ce personnage au XVIe siècle, ou du moins pour avoir attaché son prénom de Roger au type déjà créé de Bontemps. (Voyez PETIT DE JULLEVILLE, *Répertoire du théâtre comique*, p. 72 et 179.)

73. *Faiſon le mettre au papié verd*, p. 270.

Ce papier vert est probablement destiné à confectionner au

prodigue un de ces fameux bonnets verts que portaient ceux qui, ne pouvant payer, faisaient cession de leurs biens, et dont il est encore question dans Boileau (*Satire* I) et dans La Fontaine (*Fables*, XII, 7).

74. *Il ne démordra ſa hauee*, p. 270.

Havée, morceau saisi, happé.

75. *Ce vieillard à la bouche frêche*, p. 271.

Qui parle facilement et avec abondance. Voyez mon édition de Rabelais, t. IV, p. 98.

76. *Donnez-vous gardꝭ auſſi de faire*
 Comme on voit les Aduocas faire,
 Qui diſent, Il n'en faloit point
 Et ſerrent le poing bien apoint, p. 271.

Encore un souvenir de Rabelais (tome II, p. 168) : « Luy miſt en main ſans mot dire quatre Nobles à la roſe. Rondilibis les print treſbien : puys luy diſt en effroy comme indigné : He, he, he, Monſieur, il ne failloit rien. Grand mercy toutesfoys. » Voyez t. IV, p. 253, de mon édition, des passages analogues dans Regnier et dans Molière.

77. *C'eſt ton parſonnier pretendu*, p. 301.

Parſonnier, participant, complice; de *parſon* ou *parçon*, portion, part.

78. *Que fuſſe touſiours où vous eſtes,*
 Et Monſieur qui eſtant touſiours
 Auec vous j'vſaſſe mes jours! p. 306.

Les deux éditions portent *qui eſtant*, mais le sens exige *que eſtant*.

79. *Voyez ce fay-neant ie vous prie*, p. 307.

Fay-neant ne compte que pour deux syllabes. Voyez T. II, p. 470, note 60.

80. *Vous des fortreſſes le preneur*, p. 309.

Voyez la note 60 ci-dessus.

81. *Ie veu que toy meſme tu ailles*
 Deuers elle pour moyenneur, p. 317.

Moyenneur est la forme populaire. La forme savante *médiateur* a prévalu. Nous avons rencontré le verbe plus haut, page 201 :

 Chez vn amy, qui nous moyenne
 Tout ce que l'amy pourroit faire.

82. *Oé Juis-ie voſtre charpentier?* p. 320.

Oé est une interjection qui ici ne forme qu'une syllabe; c'est le cri de surprise qui, encore au XVIIe siècle, prend les formes différentes de *ouais, voi*, etc.

83. *Qui eſt amors à l'ameçon*, p. 327.

Amors, participe du verbe *amordre*, mordre, s'attacher à.

84. *Ie ſen cet amour mutuelle*, p. 337.

Ainsi dans les deux éditions. On pourrait ajouter une apostrophe après *cet'* pour expliquer dans l'écriture l'élision faite par la parole; mais ce n'est pas la première fois que nous rencontrons de la sorte un nom de genre douteux précédé d'un adjectif déterminatif de forme masculine et suivi d'un qualificatif féminin. Voyez ci-dessus, note 13.

85. *Quand c'eſt force que ie m'en voiſe,*
Doù ie viuoy tant à mon aiſe! p. 346.

La rime exige qu'on prononce *vaise*; ce qui du reste n'a rien d'extraordinaire, puisque ce mot, ancien subjonctif du verbe *aller*, se rattache étroitement à *je vais*.

86. *Laiſſe la, qu'elle ſe reuienne*, p. 350.

Qu'elle revienne à elle. Lorsque l'action était, pour ainsi dire, intérieure et se passait chez la personne même, on employait autrefois d'une façon fort logique le verbe *réfléchi*. C'est de la sorte que La Fontaine a encore dit (*Le Meuſnier, ſon Fils & l'Aſne*):

Le premier qui les vid de rire s'éclata.

87. *Aa Monſieur, c'eſt vous qu'on demande*, p. 358.

Voilà encore une interjection qui, malgré la manière dont elle est écrite, se prononce en une seule syllabe. Voyez la note 82.

88. *Au renard, au renard coué.*
— Au renard qu'il soit écoué, p. 360.

Coué. « Celuy qui a queuë, *Caudatus* », comme l'explique Nicot qui donne aussi « *Eſcoué*, celuy auquel on a oſté la queuë, *Excaudatus* ».

89. *Hou le ſouin, hou le ſouin*, p. 361.

Souin, pourceau. Ce mot, qui ne figure pas dans les dictionnaires, est encore en usage dans le nom du *marſouin*, appelé populairement pourceau de mer.

90. *Cinq cens coups: le robin eſt pris.*
— Il ne robine à moindre pris, p. 362.

Robin mouton est connu par Rabelais et par La Fontaine. Ce nom s'emploie quelquefois pour désigner le bélier, appelé plutôt *Belin*; et, par suite, Baïf a dit *robiner* dans le sens où l'on employait *béliner*.

91. *Au braue Roland d'Orcanet*, p. 362.

Voyez ci-dessus la note 47.

92. *Si jamais ceans te retreuue,*
    J'auray les témoins pour la preuue, p. 368.

Il renouvelle la menace de faire de lui comme Sannom l'a dit plus haut, page 360, *un renard écoué*. On lit dans le *Dictionnaire* de Furetière, au mot *Testicule* : « Le peuple les appelle *tefmoins*, parce qu'ils rendent tefmoignage de la virilité. »

TABLE DES MATIÈRES

CONTENUES DANS LE TROISIÈME VOLUME.

LES IEVX.

A Monſeigneur le Duc d'Alençon. 1

LES ECLOGVES.

Eclogve i. Au Roy.	7
— ii. Brinon.	11
— iii. Le Vœu.	15
— iiii. Marmot.	21
— v. Les Sorcieres. A Iaq. du Faur. . .	29
— vi. Les Amoureux	36
— vii. Ianot.	40
— viii. Le Cyclope ou Polyfeme amoureux.	45
— ix. Pan.	51
— x. Les Bergers.	56
— xi. Le Deuis.	63
— xii. Le Paſtoureau de Theocrite. . . .	69
— xiii. Les Paſtoureaux.	72

Ecloqve XIIII. Les Moiffonneurs de Theocrite. . 75
— xv. Damet. 80
— xvi. La Sorcière 84
— xvii. Charles. 89
— xviii. Le Satyreau 96
— xix. Le Combat 104

ANTIGONE. Tragedie de Sophocle. A tres
  augufte Princeffe Elizabet d'Autriche Royne de
  France. 115

LE BRAVE. Comedie. A Monfeigneur le Duc
  d'Alençon. 183

Notes. 375

FIN DE LA TABLE.

Achevé d'imprimer

LE VINGT MARS MIL HUIT CENT QUATRE-VINGT-SIX

PAR JOUAUST & SIGAUX

POUR A. LEMERRE, LIBRAIRE

A PARIS

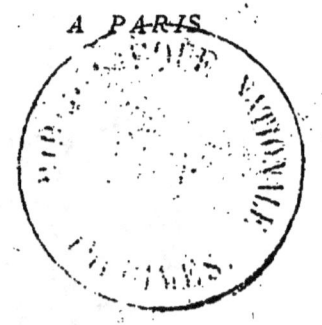

www.ingramcontent.com/pod-product-compliance
Lightning Source LLC
Chambersburg PA
CBHW071900230426
43671CB00010B/1413